体操

教学艺术

TICAO
JIAOXUE
YISHU

主编—蔺新茂 李向朝 姚 星

重庆大学出版社

图书在版编目（CIP）数据

体操教学艺术/蔺新茂，李向朝，姚星主编. -- 重庆：重庆大学出版社，2022.3（2024.7 重印）
ISBN 978-7-5689-3198-4

Ⅰ.①体…　Ⅱ.①蔺…②李…②姚…　Ⅲ.①体操—高等学校—教材　Ⅳ.①G83

中国版本图书馆 CIP 数据核字（2022）第047978号

体操教学艺术

主编　蔺新茂　李向朝　姚　星
策划编辑：唐启秀

责任编辑：黄菊香　　版式设计：唐启秀
责任校对：关德强　　责任印制：张　策

重庆大学出版社出版发行
出版人：陈晓阳
社址：重庆市沙坪坝区大学城西路 21 号
邮编：401331
电话：（023）88617190　88617185（中小学）
传真：（023）88617186　88617166
网址：http //www.cqup.com.cn
邮箱：fxk@cqup.com.cn（营销中心）
全国新华书店经销
重庆升光电力印务有限公司印刷

开本：787mm×1092mm　1/16　印张：17.5　字数：396 千
2022 年 3 月第 1 版　　2024 年 7 月第 2 次印刷
ISBN 978-7-5689-3198-4　定价：54.00 元

什么是艺术？艺术是用特殊的方法、手段或媒介来塑造形象，并通过这些典型或特殊的形象来营造氛围、反映现实、寄托情感的一种社会意识形态，是可以让人得到享受和启迪的一种高级文化表达方式。

教学为什么要讲求艺术性？因为教学是在特定的环境中，教师通过有目的、有计划、有组织地对学生进行知识技术传授、行为方式指导、思想情感培育、意志品质锤炼等，促进学生身心全面发展的方式和手段。从某种意义上说，这种方式和手段就是对学生的思想、行为、情感实施影响、干预、改造的活动。对学生来说，这种被改造、被转化的过程本身就是一个心理落差大、不良情绪体验多的过程。同时，这种活动自身还有其特殊的组织形式，即班级授课制，为了保证班级授课的顺利开展，提升班级授课的效率，必须强调课堂行动设计与安排的统一性和纪律性，而纪律约束对学生来说无疑是难以接受的。从某种程度上说，这种课堂组织形式阻滞了学生的自由活动，束缚了学生天性的自然发展，制约了学生个性的充分发挥。所以，对学生来说，被动接受的教学过程无疑是痛苦的，至少不会是一种轻松、愉快的身心体验。但是，班级授课制又是教师进行教学工作最好的组织方式，在短期内无法改变这一方式的前提下，学校或教师只有通过优化自己的教学方式和手段来激发学生的兴趣，提升学生参与班级授课的积极性和热情，而提升教学的艺术性就是教师优化教学方式的必然选择之一。

教学和追求教学艺术的差别是教学可以给人以启迪，但未必能让人享受，低质量的教学还可能导致给予学生基本性启迪不够充分；追求教学艺术不仅能促进教学目标与任务的完美实现，而且能拓展和延伸学生的创造性思维活动，提升学生知识技能掌握的稳定性和长久性。教学艺术不是教学与艺术的简单结合，诸如电影、舞蹈、音乐、美术、相声、小品等艺术手段显然与教学毫无关系，也难以直接与教学结合。同样，美感很强的PPT、教师漂亮的板书、生动风趣的语言以及偶尔的音乐导入等，虽然会给课堂带来美感和享受，但这些终究只是手段性的，最多属于艺术性的点缀，不足以形成一名教师的教学艺术主体，用多了还会有反效果，使"点缀"变成"累赘"。真正的教学艺术，其主要成分应该是"教师用最精辟的语言或最有说服力的事例，鞭辟入里，让学生理解其所讲述的道理感觉豁然开朗、掌握其所传授的知识技术感觉茅塞顿开，这种良好的情绪体验最终会形成学生快乐学习的持续记忆"。教学艺术现场最直接的外在效果表现为：学生或是匆匆记笔记害怕会漏掉一个字或一句话，或是频频点头表示深深的理解，或是捧腹大笑表示由衷的会意，或是学习情绪高涨、行动积极。

良好教学艺术的中短期效果必然是学生对知识学习的兴趣激发，学习主动性的增强，学习效率的提高；长期效果必然是学生对教师高超教学艺术的大加赞赏，对教师经典名言、举手投足或所列举过的典型事例的无穷回味，甚至终生难忘。教师高超教学艺术中的那些精辟的语言和具有说服力的事例都是教师不断用心收集、反复揣摩加工和验证，再经无数次的总结、使用，并与学生不断交流，收集学生的意见反馈进行改进完善而得到的。因此，教学艺术是教师智慧的凝聚和讲解的升华，是教师辛勤汗水的结晶。教学艺术的"闪现"不会很多，在每节课中一定会有几个点，如相声的"包袱"、音乐的"起伏"，有经验的教师一定会准备好精彩的"包袱"，教学时掌握足够准确的节奏，在恰当的时候自然地、毫不做作地"抖响"。

《体操教学艺术》正是在思考上述良好教学艺术的基本意蕴基础上，深度剖析体操动作的特点和体操教学的基本规律编写的。

体操教学是我国最早的学校体育教育与身体锻炼形式，19世纪末20世纪初，西方近代体操运动首先以"兵式体操"的形式传入我国，作为我国学校体育教育和军事体育训练的主要内容，至今已有100多年的发展历史。由于体操运动具有包括跑、跳、投、抛、钻、悬垂、支撑、平衡、腾跃、滚翻、空翻等多种运动形式在内的身体练习规范性要求，以及对提升人体全面运动能力独有的基础性，对塑造健美形体、培养互助协作精神、锤炼勇敢顽强意志品质的针对性和对练习者美感、节奏感、空间感、规范动作技术学习等多元智力培育的多功能性等多维度价值，所以，体操运动也被专家称为"所有体育运动项目的识字课本"。

体操教学是由教师、学生、体操教材、体操场地、器械、设施等基本要素组成的完整的教育系统，充满认知因素、非认知因素、生理因素及生化因素的变化，是集身体锻炼、思维活动、情感体验、思想品德、意志品质教育于一体的一种艺术活动。因此，体操教学的艺术水平越高，体育教学质量也越高，体操教学越向前发展，越需要讲求艺术性。

《体操教学艺术》充分研讨了《国家中长期教育改革和发展规划纲要（2010—2020年）》以及《国务院办公厅关于强化学校体育 促进学生身心健康全面发展的意见》（国办发〔2016〕27号），以"终身体育"教育思想为指导，坚持"以人为本、科学发展"和"立德树人"的基本教育理念，遵循教材编写规范以及学校体操教育的基本规律和要求，坚持教材编写内容的科学性、知识的系统性、结构的完整性、逻辑的严密性、语言的规范性、多层次适用性等原则，重视教材的基础性引导、发展性提高、内化性拓展功能的发挥，力求强化教材的趣味性、适用性、可读性、可视性等。本书严格按照"任务驱动型"教学模式，明确高校体育院系学生体操辅修、普修、专修等多种形式，将"终极性"目标科学分割为多个"阶段性"目标，并依据不同的阶段性目标梯次确立学生的学习目标，再依据学习内容进一步将学习目标分解成若干学习任务，以保证学生学习目的明确、任务合理、安排适中，从而获得良好的教学效果。

《体操教学艺术》依据新时代社会主义建设人才培养和高等学校课程思政教育的基本要求，在教材编写过程中，重视充分利用"体育"与"体操"教材对促进学生全面发展，特别是在对学生进行思想品德教育方面的先天优势，尝试添加了对学生进行社会主义核心价值观与体育核心素养等教育内容，帮助学生在学习过程中从多个维度潜移默化地接受思想品德教育，如爱国主义、集体主义、团队协作、持之以恒、勇敢顽强、吃苦耐劳的精神，勇于努力拼搏、敢于知难而上、能够客观面对挫折与成功的意志品质，以及公平、公正、客观、严谨的行为习惯与作风等等。

《体操教学艺术》是 2019 年江苏省高等学校重点教材立项建设项目，由淮阴师范学院体育学院、河南大学中原武术研究院蔺新茂（第一章）、李向朝（第二章至第五章），河南科技大学体育学院姚星（第六章至第九章）编写，淮阴师范学院体育学院"翔宇学习团队"的后依晨、董鑫、井秀萍、王耀兰等同学参与了书稿的后期整理工作，蔺新茂教授统稿。

由于编者水平有限，编写过程中难以准确把握教材编写的基本规律，也难以将美好愿景一一实现，书中难免会存在不足或错误之处，敬请体操界同人多提宝贵意见，以补苴罅漏、修改完善！

蔺新茂

目　录

第一章

体操教学艺术简论

【学习目标】

　　通过本章学习，了解体操教学的特点、原则、过程、方法以及体操教学设计等，了解体操动作技能形成的三个阶段，掌握体操教学在教学实践过程中的具体应用等。

【学习任务】

　　1. 了解体操教学的特点与原则，了解体操动作教学的价值。

　　2. 明确体操教学的基本过程，掌握体操教学的基本方法，熟悉体操教学设计方式与方法。

【学习地图】

　　1. 体操教学特点→体操教学基本原则→体操动作教学的价值。

　　2. 体操教学过程→体操教学方法→体操教学设计。

第一节　体操教学基本理论

体操动作的教学与其他项目动作的教学相比有显著的特点。这些特点首先体现在体操动作结构—时间—空间三者的辩证统一及其蕴含的内在规律性的变化上，充分认识和遵循这一内在规律性，对有效提高教学质量、顺利完成教学任务是必不可少的。

因此，体操教学的特点是以体操动作的特点为基础的，体操动作教学过程中所采用的方法、教学组织、教学要求，以及学生在学习动作技能过程中的反应、感受和学习动作的规律性，形成了体操教学的特点。

一、体操教学的特点

体操教学的特点是与体操动作的非常规性、复杂性、艺术性等特点直接相连的。正因为体操动作本身具有的这些特点，所以体操动作的教学过程必须结合这些特点，有针对性地设计教学方案，以期取得最佳的教学效果。

（一）运用保护与帮助的广泛性

体操动作的非常规性和复杂性，不仅决定了体操动作不能个人自学，也决定了体操动作的教学离不开保护与帮助。保护与帮助不仅是一种有效的教学方法，而且是预防伤害事故的有力措施，还是教师业务素质的集中体现，是培养学生团结协作、共同提高、积极负责的良好品德和提高教师教学能力的有效措施。因此，在制订教学计划时，保护与帮助不仅要贯穿教学始终，而且要在教师身体力行的同时，积极引导和安排学生之间的相互保护与帮助，全面培养学生素质。

（二）教学组织的安全性

体操动作与日常生活有相当的距离，体操动作结构—时间—空间的关系中蕴含极其复杂多变的因素，动作具有较明显的难度梯度。然而，高校体育院系的学生在入校前对体操的认识和接触是比较肤浅的，这就意味着学生的体操运动基础比较差，对动作的复杂性和可能的危险性认识不足，从而导致在学习动作的过程中常常发生伤害事故。通常易受伤部位包括手掌、手腕、肘关节、肩关节、腰部、踝关节；受伤的时间常常在教师宣布下课后个别学生的最后一次动作尝试过程中；受伤者一般是练习课堂上未安排的教学内容和非教学项目的"自由兵"，或是在心理上自控能力不足、兴奋有余的学生。因此，教师应始终将教学组织的安全性放在首位。要做到教学内容清晰，教学步骤紧凑，教学方法得当，课堂要求严明，对内向消极的学生要多鼓励表扬，对易兴奋、善表现的学生要适当控制，同时加强保护与帮助，尽可能消除或减少教学中的干扰因素和不利因素。

（三）教学手段的多样性

学习体操动作技能是一种建立条件反射的活动，体操动作结构—时间—空间辩证统一整体所蕴含的因素具有明显的非常规性和复杂多变性，使建立体操动作技能的条件反射活动过程也显得较为复杂。这样，在学生理解认识和掌握动作的过程中，通过多样性的教学手段、多通道的信息传感，加速学生建立动作概念，提高完成动作的质量就显得十分必要。通过语言的方法，如讲述、讲解、分析、要求、口令等，将体操动作的相关信息作用于学生的听觉器官，从较抽象的层面帮助学生理解动作。通过直观的方法，如正面示范、侧面示范、慢速示范、重点示范、正误对比示范、图解、模型、录像等，将体操动作的相关信息作用于学生的视觉器官，从直观感受的层面帮助学生建立正确完整的动作表象。通过练习的方法，如斜面练习、台阶练习、平台练习、在帮助下练习、在保护下练习等，将体操动作的相关信息作用于学生的肌肉感受器，从肌腱、肌梭等内感受器的层面，让学生亲身体会和感受体操动作的结构—时间—空间特征。

（四）教学程序的严谨性

按时间先后或依次安排的教学步骤称为教学程序。体操动作的内在联系表现在不同方面和不同层面上，在教学中顺应这一规律，严谨地安排教学程序，从不同角度逐层揭示动作的特点，使学生从易到难、由浅入深，如同剥葱一般逐步认识、理解、把握到完成并充分表现动作。严谨科学地安排教学程序，可以有效缩短并加速学生对动作的认识过程，取得事半功倍的效果。教学程序安排失误，往往会延误教学时间，并可能导致错误动作，甚至可能造成不应有的伤害事故。教学程序的严谨性一方面要遵从学生的认知规律、动作技能形成规律、心理发展规律以及人体能量供应规律等，另一方面还要研究探讨体操动作体系在逻辑层面上的发展脉络，教学程序要顺沿这一脉络，从而获得突出的教学效果。对绝大多数体操动作的教学来说，可以按如图 1-1 所示的程序安排教学。

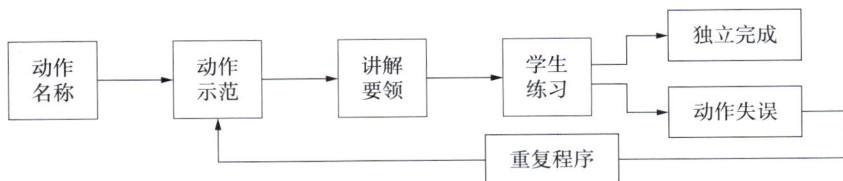

图 1-1

难度和危险性较小的动作，可采用"问题法"程序进行教学，即在教师介绍了动作名称并做完整的动作示范之后，学生开始直接练习体会动作，经过各种方式的练习之后，教师组织学生就如何较好地完成动作提出问题，再由学生自己讨论回答，总结完成动作的基本要领，最后由教师将学生的感受概括为简明的动作要点，指导学生进行下一步的练习，如图 1-2 所示。如此反复，逐步完善，最后达到较理想的效果。这种教学程序能较好地调动学生学习的积极性，促使学生互相观察，启发学生主动思考问题，提高学生对动作要领的表述能力。

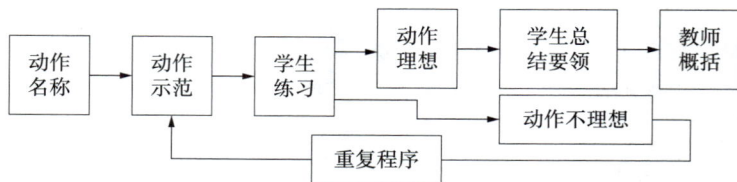

图 1-2

（五）教学过程的美娱性

体操教学过程的美娱性是指学生在教学活动中对体操动作美的主观反应、感受、欣赏和评价。就学生在体操教学活动中的美娱感受而言，不同的学生会有不同的感受，从而形成对体操动作美娱性感受程度上的差异。但在体操教学活动中，学生通过观摩、欣赏和亲身体验，对动作丰富的运动线路、准确的运动部位、严谨的运动节奏、优美的运动姿态、令人兴奋的音乐旋律以及克服困难后所取得的成功等，都会产生特殊的兴奋和愉悦感受。这种积极的心理效应，对下一步的教学活动会产生十分积极的强化作用。体操教学过程的美娱性特点在培养和提高学生认识运动美、理解运动美、表现运动美和创造运动美等方面发挥着十分积极的作用。

二、体操教学的原则

体操作为体育运动的一部分，它的教学需要遵循体育教学的一般原则，如自觉性与积极性原则、从实际出发原则、直观性原则、巩固与提高原则等。但是，体操运动有自己的特点，它的教学除了应遵循体育教学的一般原则，还要遵循自己的特殊原则。

（一）学习技术动作与发展身体素质并重原则

完成体操动作需要克服人体自身的重量，足够的相对力量是学习体操动作的前提，缺少这一前提，许多体操动作便无法掌握。例如，在学习单杠翻上成支撑时，如果手臂与腹部肌肉力量不足，体育教师无论采取什么教法都难以让学生掌握。体操动作常需要以各种超常规的身体姿势来完成，这些姿势对学生的柔韧性要求较高，如果学生柔韧性较差，不但会影响动作的幅度，还会影响动作的顺利完成。例如，在学习技巧的燕式平衡时，如果学生腿部的柔韧性不好，就难以完美地做出这一动作。同时，提高身体素质水平，能有效地防止运动损伤的发生。因此，体操动作的教学，不但能使学生的动作技术得到提高，还能使学生的身体素质水平得到提高。但这种身体素质水平的提高，仅靠动作学习来实现是远远不够的，教师在强调技术动作学习的同时，还应贯彻学习技术动作与提高身体素质并行的原则，系统地安排身体素质练习。在体操教学过程中，应根据学生身体素质发展的规律，适时发展学生的各种素质，并在学习某些技术动作之前，有针对性地安排专门的身体素质练习，为技术动作的学习打好基础。

（二）技能系统整体性原则

体操动作是一个结构复杂、内涵丰富、涉及因素繁多，而又相互作用、相互依赖的动作体系。众多不同项目的体操动作，从外部特征来看似乎是彼此独立的，但从技术结构的角度来看，它们又是一个相互联系的整体。体操动作中蕴含特殊的"要素链""结构链"，这些"链"将大部分体操动作联系在一起，形成纵横交错、纲目分明、相互联系、相互包含、辐射发展的动作网络体系。这一体系是立体的，每一个动作在这一体系中无论是在纵向上还是横向上，都与其他动作有着紧密的联系，每一个动作既是本项目中高一级动作学习的基础，也可能是学习其他项目中技术相似动作的基础，相同的技术要素将它们紧紧地联系在一起。所以，在体操教学过程中，教师要全方位地考虑各个项目、各个动作之间内在的逻辑脉络，系统全面地安排整体教学计划，在有限的时间内获得最优的教学效果。例如，技巧的前滚翻直腿起是由前滚翻发展而来的，它可以发展为鱼跃前滚翻直腿起，同时它又和跳箱的前滚翻及双杠的前滚翻分腿坐技术相似，都含有前滚翻和屈体直腿这两个技术要素。体操技术结构的立体化特点，要求我们在制订教学计划时，应从整体上认识体操教学内容之间的技术联系，并根据动作技能的迁移原理科学地安排教学，促进技能之间的正向迁移，提高教学质量和学习效率。

（三）技能学习安全性原则

体操动作结构—时间—空间关系中蕴含极其复杂多变的因素，体操动作较为复杂且有一定的难度，体操器械又有一定的高度。同时，因为学生在学习时往往对动作的复杂性和可能遇到的危险认识不足，所以在动作学习过程中常常会发生伤害事故。为了体现以人为本的精神，教师在体操教学中应始终把安全放在首位，从多方面着手预防运动伤害事故的发生。教师应当认真分析伤害事故发生的原因，经常进行课堂安全教育，增强学生的安全意识；教学程序的安排应该循序渐进，防止不切实际的冒进行为；加强课堂的组织纪律，适当控制一些兴奋性和表现性学生的自不量力的行为；做好课前场地器械的安全检查，铺设好保护垫；教学中应加强保护与帮助，培养学生互相保护、帮助与自我保护的能力；加强素质训练，提高学生的身体素质。

（四）审美性原则

审美性原则是指在体操教学过程中要始终坚持对美的追求。教师在体操教学中应讲究姿态美、协调美、节奏美、表情美以及音乐与动作融合之美，要求学生在举手投足之间有体操"味道"，展示出体操动作健与美的特征。在讲究美的体操氛围中，学生通过观摩、欣赏和亲身体验，接受美的熏陶。体操练习中表现出的丰富的运动路线、优美的运动姿态、协调的肢体配合、和谐的运动节奏以及展示美的自豪感，都会使学生产生兴奋和愉悦的心情。教师在体操教学中坚持审美性原则，可使学生经常体验到运动之美、形体之美，并逐渐将这种美感内化，从而提高他们感受美、欣赏美和评价美的能力。

三、体操动作教学的价值

人类在漫长的进化过程中，其动作在目的性、计划性、控制性、协调性、复杂性、灵活性和可塑性等方面不断达到新的水平，形成人类独特的活动模式，并在人类从动物界脱离出来的过程中发挥着不可替代的作用。尽管人类的动作在速度、力量方面明显逊于一些动物，然而人类在协调性、控制性和灵活性等方面有所提高，并通过与特异化工具的结合，不仅弥补了不足，而且使其动作具有更为广泛、高效的环境适应性。

正是由于人类动作在长期进化过程中形成的高度复杂性、控制性、协调性和灵活性，所以动作的发展成为个体发展的重要任务。从人的一生来看，动作的发展贯穿个体生命的始终。人类动作的获得与学习不仅是简单的肌肉、骨骼和关节的连续模式的发展，也与活动的目的、条件和任务相关，在与物理和社会环境的互动中，作为适应行为发展的一部分而存在。因此，重要动作的获得、变化，与个体的认知、社会行为等多个方面具有密切的功能联系。

目前，人们日益重视从个体发展的背景出发，认识个体动作、动作发展以及个体发展的内在机制问题。近年来，在科学研究中，多种学科融合的趋势，为全面、深入地认识个体动作及其与个体运动系统、神经系统、循环系统、内分泌系统、心理系统等的内部关系提供了可能性。一些基于边缘学科而产生的研究领域不断涌现，不仅推进了人类对自身动作的认识，也促进了人类对个体发展实质和规律的了解。

从体操动作的产生、执行、结果等各个环节看，在肌肉外显活动的背后，有着相当复杂的生理、心理、物理性与社会性的原因和过程。因此，依据体操动作对人体生长发育、发展的主要作用，可将体操动作教学的价值分为以下几类（图1-3）。

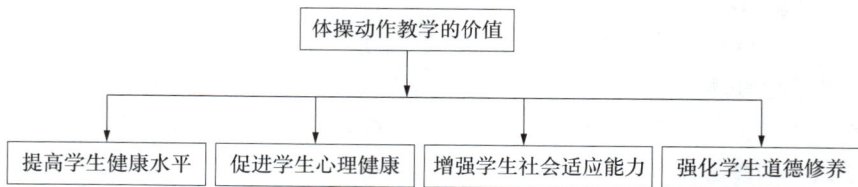

图1-3

（一）提高学生健康水平

1. 提高身体素质

身体素质是指人体在日常生活及运动中所表现出来的各种能力，包括力量、速度、耐力、柔韧性、灵敏度等。身体素质是构成体能的重要因素，是衡量一个人体质状况的重要标志。身体素质的强弱不仅取决于肌肉本身的解剖结构、生理特征与生物化学成分，而且取决于肌肉工作时的能量供给、各组织的物质代谢、内脏器官的配合以及神经系统的调节功能。必要的身体锻炼可以提高身体素质。由于体操内容丰富、项目众多，锻炼的作用各有侧重，所以在各项体育活动中，体操对提高身体素质的效果较为明显。练习者可以根据不同目的、任务以及各自的身体状况选择不同的体操内容。例如，为了发展人体的柔韧性，可以选择柔韧性体操进行练习。所谓的柔韧性体操，就是把发展人体的柔韧性，提高肌肉、韧带的伸展性、弹性，扩大关节活动范围作为直接目标的身体活动。练习者通过柔韧性体操练习，可以提高关节活动的幅度，预防各种损伤事故的发生，还可促进血液循环，减少疲劳。同时，柔韧性练习也是进行其他体育活动时必不可少的准备活动之一。总之，体操项目的特点决定了体操在提高身体素质中的特殊价值。

2. 提高活动能力

身体的活动能力是人类生存必备的本领。人类从出生之日起就开始逐步掌握各种活动能力，如从出生到周岁就要先后掌握翻身、爬越、滚动、坐起、站立等各种基本活动能力，并随着人的成长而不断发展。儿童满周岁后，开始学走路，3～4岁可以认识走与跑的区别。跳的技能从3岁开始形成，随着年龄的增长，身体活动能力的发展，跳的技能不断完善。

随着现代文明的不断发展，人的生活方式、生活环境都发生了很大的变化，从而使人类身体活动的机会日益减少。例如：在现代生活中人们以乘车代替了走路，减少了走路的机会；以电梯代替了爬楼梯，减少了人们锻炼的机会；家庭生活智能化，减少了家务劳动的机会；等等。这些使人们在日常生活中身体活动机会减少，身体活动的能力减弱，各种现代文明疾病随之产生，从而影响人们的健康。因此，开发多种活动方式、创造多种活动内容来提高身体基本活动能力已势在必行。

体操是把提高身体活动能力、增进健康作为直接目标的运动，体操中的各种基本练习、韵律体操练习、实用性体操练习等，都是发展身体活动能力的有效方法。体操中开发身体活动的练习，主要是根据走、跑、跳等运动的特征，从不同角度进行变化、发展，从而形成提高身体基本活动能力的有效手段。例如，通过变化方向、速度、姿势、幅度、节奏等，创造出更多的练习方法，使人们能走得更远、跳得更高、跑得更快，从而使身体活动更轻便、敏捷、省力。这正是体操提高身体活动能力的价值所在。

3. 改善机能状况

体操练习可以改善人体机能状况，增强适应能力。所谓机能是指细胞组织或器官等的作用和活动能力。所谓适应能力是指人体受到外界环境的影响，在中枢神经系统支配下，不断调节有机体，使之处于正常的、稳定的机能活动状态。

体操练习对人体机能状况的改善，首先表现在提高人体前庭器官机能的稳定性上。前庭器官是一种位置与平衡的感受器。它的作用是感受人体在空间中的体位变化，保持人体的平衡。体操动作类型多样，有转体、滚翻、倒立、悬垂、回环等。当人们在完成这些动作时，身体在空间中的位置就会随时发生变化，这些刺激被传到前庭器官，会反射性地引起肌紧张的变化，从而提高人体机能的稳定性。

学生长期进行体操练习，可以提高神经系统的调节机能。体操中的某些动作，要求人体具有较高的协调性、准确性，所以在完成动作时，肌肉收缩性质复杂，这些都对支配和调节人体运动的神经系统提出了较高的要求。

学生进行体操练习，还可以提高心血管系统的调节机能。体操中的某些动作因离心力与重力的作用，会使血液重新分配。例如，做单杠大回环时，由于离心力对血流的影响，血液会因重力作用向头部聚集，因此，缺乏锻炼者会出现面红耳赤、静脉扩张等。如果长期进行这些动作练习，便可以通过加压或减压反射的机理来改善血管的收缩机能，从而调节血压与血流量，使之适应运动的要求。

4. 塑造健美形体

健美的形体应包括健美的体型与良好的姿态。体型是指人体整体形态结构方面的指数以及各部分的比例关系。其主要表现在人体解剖结构所形成的外观特征，它的实质是肌肉、骨骼和脂肪的组成比例和分布情况。健美的体型是指身体整体的完善、和谐，各部分肢体的协调、均衡发展。体型美的标准男女有别，一般男子讲究身材魁梧、躯体成三角形；女子讲究身材苗条，具有女子所特有的线条美。此外，由于地域或人种的差别、民族风俗与传统观念的影响，人们对体型美具有不同的要求。姿态是指人体处于某种姿势时的形态，是人在日常生活中处于静止或活动时身体各部分位置的相互关系。良好的姿态是指人体表现出各种姿势时的形态美，通常人们将立、走、坐的姿势视为最基本的姿势。早在古代时期，我国就将良好的姿态概括为"行如风、立如松、坐如钟、卧如弓"。

人的形体具有一定的可塑性。因为人体的各项形态指标受遗传因素和环境影响的比率并不一致。例如，人的纵向指标受遗传因素影响的比率较大，而横向指标受遗传因素影响的比率较小，这样就可以通过改善营养结构和加强身体锻炼等手段，在纵向指标相对稳定的情况下，通过改变横向指标来改善身体各部分之间的关系，使之协调发展。

体操对形成健美的形体有特殊的功效，体操中的许多内容是塑造健美形体的有效方法、手段。例如：体型美的关键是防止肥胖、肌肉发达、身材匀称、线条优美。而体操中的有氧练习和腹背肌练习等可以起到减肥的作用；体操中的双杠、单杠等练习可以促进上肢肌肉发达；体操中的跳跃、踢腿等练习可以促进下肢肌肉发达；体操基本训练中的把杆练习等可以使身材更加匀称。长期坚持体操锻炼，可以使骨骼、关节、肌肉和韧带发生一定的适应性变化，从而使人的体型更加健美。

人的行为姿态大多为后天所得，即从日常生活、劳动、体育锻炼中习得。不良的姿态也是在日常生活、学习、劳动中无意养成的，但不良的身体姿态可以通过体育锻炼得以纠正。而体操练习对培养良好姿态、纠正不良姿势和动作具有重要作用。例如，双腿站立姿势是人类区别于其他哺乳动物的一个重要特征，良好的站姿应挺拔、直立、重心高。而这正是体操中站立姿势的最基本要求。

目前，国内外都广泛采用体操中的韵律体操、徒手操、器械体操的内容来塑造健美的形体，保持良好的姿态。

（二）促进学生心理健康

1. 促进学生的认知与学习

体操教学可以通过促进个体智力因素（如感知、记忆、思维、想象、语言等）与非智力因素（如动机、情感、意志、性格等）的发展来提高学生的认知与学习能力。人脑大约有 150 亿个神经元，大脑存储信息的容量相当于世界上所有图书馆藏书的信息总量。目前，人的脑力资源仅用了 1/5 左右，人的智力发展潜力极大，而智力的发展有赖于大脑各区功能的充分发挥。许多研究材料指出，人脑各区功能的发挥主要依靠信息转化。体育活动可使学生获取多方面的信息来充实大脑，经常从事体育活动有利于激发神经元的活性水平，挖掘大脑潜力。

体操教学是以体操健身知识、体操动作技术传授与习得为主要形式，通过健身知识的指导和对动作技术的练习达到健身的目的。学生在学习过程中，需要排除室内外影响学习的诸多不利因素的干扰，集中注意力，从整体到局部仔细观察教师的示范，熟记教师对动作要领的描述，形成正确的表象和概念，并体会动作。在想象中与正确的动作进行比较，分析不足之处，在下一次练习过程中进行调整，并在熟练掌握以后将动作进行拓展与创新，以提高学生解决问题的能力。这一过程包含注意、观察、记忆、想象、思维与创新等智力因素，并且符合从感性认识到理性认识，再回到实践的一般规律。因此，体操教学实质上是一门科学的智力开发课程。

2. 培养学生坚强的意志品质

体操运动是磨炼与考验人的意志品质的一项体育活动，能体现一个人是否具有坚强的意志品质。在体操活动中，需要克服身心疲劳，消除厌倦、胆怯、慌乱等消极情绪，才能达到健身的目的。例如，支撑跳跃除能发展学生的速度、力量、协调、平衡等身体素质外，还能让学生通过身体活动来克服一个个困难，培养学生勇敢、果断等良好的心理品质。如果学生能把通过健身活动形成的意志品质迁移到日常的学习和生活中去，就可以增强学生对学习、生活的自信心，发展学生的个性。

3. 培养学生良好的情绪控制能力

当今的学生是在赞美和宠爱中成长起来的，感情和意志都表现得很脆弱。同时，他们的依赖心理强烈，缺乏竞争意识，特别是在困难和逆境中缺乏必要的磨炼，一旦遇上不顺心的事，就会无所适从、消极颓丧，产生过大的心理压力，不利于他们适应社会生活。而现代社会是竞争激烈、变化迅速的社会，工作和生活中的挫折在所难免，对挫折的不良反应是心理疾病产生的主要原因。学生一旦有了对挫折的耐受能力，就可以在各种挫折环境中及时疏导消极情绪，减轻和排除精神压力，防止心理失调。挫折承受能力主要体现为对挫折有正确的认识和态度，能够选择理智的应对方式，掌握情绪的调节方法。

在体操教学过程中，学生经常会受多种因素的影响而导致动作失败。此时，教师应引导学生向困难挑战，在学生学习方法不当时授以学习技巧，在学生体力不支时及时调整、休息，在学生困惑时指点迷津，在学生怯懦时给予精神上的鼓励和及时的帮助，以实现培养学生良好的情绪控制能力和调节能力的教学目标，促进学生心理健康发展。

4. 发展学生的自我评价能力

《义务教育体育与健康课程标准（2011年版）》（以下简称《体育与健康课程标准》）在学校体育课程评价方面明确指出："课程评价是促进课程目标实现和课程建设的重要手段。"《体育与健康课程标准》把学生的态度、行为表现和体能、技能的进步幅度纳入评价范围，并让学生参与评价过程，以体现学生学习的主体地位，提高学生的学习兴趣。由此可见，学生的评价是体育课程教学中的重要环节，是体育教学改革的一项重要举措。体操项目的动作数量多，种类繁，且还处于不断的创新中。学生在进行体操学习的过程中，所接触的运动技术动作比其他项目多得多。在学习新的内容时，教师应引导学生在进行身体练习的同时，学会对自身动作的完成情况进行自我评价，使学生了解自己的学习结果。自我评价既能提高学生的学习热情，增强努力程度，激发学习动机，提高学习效率，又能使学生看到自己的不足，激发上进心，强化自我锻炼需求，进而提高学习的自觉性，为自我学习、自我锻炼奠定良好的基础。

5. 增强学生的身体意识

身体意识是指身体意象、身体图式、身体概念和身体自尊等与身体相关联的意识。它是以如何意识与控制自我的身体等要素为基础，在与外界的交往关系中确立自我的过程，是个体出生后通过各种体验或学习逐渐发展起来的。

身体意象是身体所有感觉的总和。体操教学可以通过练习刺激动作、肌肉紧张与松弛动作、肌肉运动知觉刺激的动作等来发展学生的身体意象。身体图式是个体对自己整个身体及其部分的认识能力、身体表现能力、组织姿势与环境空间能力的综合反映，只凭借视觉刺激去理解环境中物体的相对位置，以辨别自己的运动方向。在体操教学中，学生可以通过对一些动态平衡动作、静态平衡动作和物体平衡动作等的学习，如燕式平衡、手倒立等来发展身体图式。身体概念是指个体对身体的事实或机能的认识。这种概念主要以身体部位的认知为基础，其形成过程受到身体意象与身体图式的极大影响。体操教学过程中，教师在运用语言法教授动作要领以指导学生做各种动作或身体姿势控制时，就是对学生进行身体概念的培养。身体自尊是指一个人对自己运动能力、身体、吸引力（外貌）、抵抗力及健康状况的综合评价。它与身体意象和整体自我概念密切相关。无论男女学生，对身体的不满意会使他们的自尊心受损，并产生不安全感和抑郁症状，加强体操动作的学习与训练，塑造学生的健美形体，会使他们的自尊心明显增强。

（三）增强学生社会适应能力

适应是一个来源于生物学的名词，用来表示能增加有机体生存机会的那些身体上和行为上的改变。皮亚杰认为，智慧的本质从生物学来说是一种适应。它既可以是一种过程，也可以是一种状态。有机体是在不断运动变化中与环境取得平衡的。社会适应是指个体为了适应社会生活环境而调整自己的行为习惯或态度的过程。在社会生活中,每一个个体都有自己独特的为人处世、待人接物的方式,都有人际交往、合作、友情、尊重、名誉及取得成就的愿望和需要,所有这些需要的满足都依赖于个体的社会适应。同时,它们又能促进个体的社会适应。

个体的社会适应包括一系列自主的适应性行为,通常表现为顺应、自制、同化、遵从、服从等具体的适应方式。经常参加体育活动的人,其社会适应能力会得到提高。体操锻炼对学生社会适应能力的培养具体表现在以下几个方面。

1. 促进学生自我观念的形成

自我观念是个体主观上对自己的身体、思想和情感等的评价。它由许多的自我认识组成,包括"我是什么人""我主张什么""我喜欢什么""我不喜欢什么"等。体育活动能加快自我意识的发展。在体育活动中,每个人都有展示自己的机会,个体的能力高低、修养好坏、智力、情绪等可以较为充分地表现出来。同时,体育给个体提供了体验控制感、成功感的情境,增加了相互间交往的机会,从而有助于个体对自己形成比较全面、正确的认识。调查表明,经常参加体育锻炼和运动竞赛的人比其他人有更强的自信心。

人本主义心理学家马斯洛认为,人类的需要可以分为 5 个层次,即生理的需要、安全的需要、归属和爱的需要、尊重的需要和自我实现的需要,其中自我实现的需要最大限度地发挥个人自身潜能和才华,是最高层次的需要。体操活动有一个重要的特点就是重复某一个身体练习动作,并在这个过程中不断地感受和体会,加深对这一身体练习动作的了解和认识,以达到自我实现的目的。

2. 增进学生之间的人际交往

人际交往是指在社会活动中人与人之间进行信息交流和情感沟通的联系过程。它反映了个人或团体满足其社会需要的心理状态,人际交往的发展变化取决于双方社会需要的满足程度。

体操活动常会有双人练习与群体练习等形式,多种多样的练习要求学生有与他人合作及分享合作的能力,与他人交流及寻求帮助的能力,面对并战胜困难的勇气和能力,灵活运用身体的能力,适应多变环境的能力。在这些练习中,学生之间的接触程度密切,随时会和一些熟悉或不熟悉的同学形成组合,进行对抗或合作的练习。在这些练习中,学生扩展了自己的交往范围,增加了人际交往的机会,学会了互相协作与帮助,体验到了被助与助人的快乐。人际关系是社会关系中最基本的关系,适应人际关系也是社会适应中最基本的适应。体操活动中所提供的人际交往的时间与空间,有助于学生学会正常的人际交往,协调人际关系,学会与他人和睦友好地相处。

3. 使学生体验各种社会角色

社会是一个由政治、经济、文化等因素构成的交互场所,每一个人在社会中都要充当几种甚至多种社会角色。在不同的场合以不同的身份与他人交往,能根据不同的社会环境进行相应调整，做出恰当的、合乎角色的反应，这是社会适应能力良好的重要表现。社会学家认为，儿童在游戏中模拟父母的角色，就是在为将来所要承担的父母角色进行预期社会化。体育运动场合恰好能为学生学会承担社会角色提供优越的环境与适宜的条件。例如，在体操活动中，通过相互保护与帮助，履行义务，对同伴负责，能有效地增强责任心，或者在活动过程中被要求承担裁判工作，公正执法则是该角色要履行的义务。社会角色是完成社会活动的必要的社会形式和个人的行为方式，通过角色转换练习，可使学生懂得社会角色是与人们的某种社会地位、身份相一致的一整套权利义务的规范与行为模式。它是人们对具有特定身份的人的行为的期望，有利于人们懂得"做什么像什么"的社会意义。体操活动中的社会角色转换练习能为将来更好地融入社会、适应各行各业的需要、干好本职工作打下思想基础。体操教学活动中，学生的角色会经常发生转换：学习时是学生；与他人练习时既是同伴的教师，又是同伴完成动作的保护与帮助者；在同伴做动作出现心理障碍时，又是心理医生；有时还是教师示范的替代者。因此，体操教学过程中，学生能够体会到经过个人努力是可以成功扮演各种角色的，从而体会到人的主观努力是改变社会地位的重要途径。对青年学生来说，这一点尤为重要。

（四）强化学生道德修养

世界卫生组织把道德修养作为精神健康的内涵，其内容包括："健康者不以损害他人的利益来满足自己的需要，具有辨别真与伪、善与恶、美与丑、荣与辱等是非观念，能按照社会行为的规范准则来约束自己及支配自己的思想和行为。"以实践为主的体育教学活动为强化学生的道德修养创造了极其便利的条件。体操教学对学生的道德健康的促进作用主要体现在以下几方面。

1. 增强规范意识

在人际交往的互动过程中，由于群体中的每个个体或多个群体之间有着不同的偏好和价值观，容易出现兴趣上或利益上的协调与冲突。为了避免冲突，建立一种和谐与平衡的环境或气氛，使互动过程能够得以顺利进行，人们制定了一套社会文化规范，如社会角色规范、社会公平规范、社会道德规范等来协调彼此的行为。

人在社会化过程中，对规范的认识和遵守是必不可少的。遵守各种社会规范的意识，也是人的社会适应性的基本内容。从儿童时代人人都参加的各种游戏，到当今高水平的奥林匹克运动竞技，都需要参与者约定共同的活动规则，来保证活动得以顺利进行。每个参与者必须自觉遵守这些规则，才有权利与他人共享活动的乐趣或获得奖励。因此，从某种意义上讲，体育竞赛是社会竞争的一个缩影，人们在各种体育竞赛活动中，通过担任运动员、裁判员、观众等各种角色，逐渐领悟和内化竞赛活动的规则、规范意识，而这种意识将会延伸到其他社会活动中去，为今后参与社会竞争、遵守社会各种法规奠定良好的基础。体育竞赛建立在平等、公平、公正的原则之上，应尊重每个参与者在各种环境中、在各种条件下进行公平竞争的权利。体操教学在培养学生规范意识、竞争意识的同时，也使他们增强了平等、公平的意识。

2. 培养责任感

责任感是指个人对自己、他人和社会所承担的责任和任务，以及对自身行为过失和不良后果要承担责罚的认识。责任感是构成道德健康的重要内容。人生与责任相连，责任与人生同在，人生责任是实现人生价值的中介与桥梁，是人们实现自我价值和社会价值的内驱力。个体存在是社会和他人负责的结果，同时个人也要对他人和社会承担一定的责任。责任包括三方面的内容：一是自我责任，即一个人对自己的生存与发展应承担的职责和任务；二是角色责任，即人在社会生活中所承担的自身角色的职责与任务；三是社会责任，即人对社会所负有的职责和任务。

作家穆尼尔·纳素夫说："有无责任心，将决定生活、家庭、工作、学习的成功与失败。这在人与人的所有关系中也无所不及。"如果一个人不履行应尽的责任，违背自己的良心，将会产生愧疚感，进而在生理和心理上引起相应的情绪体验，并最终影响一个人的身心健康。医学家马丁斯研究发现，屡犯贪污、受贿的人易患癌症、脑出血、心脏病和神经过敏症。相反，一个对自己行为一贯负责的人会产生一种道德崇高感，心情愉快，有助于身心健康。例如，一个人在比赛、游戏过程中被要求承担裁判工作，公正执法则是他要履行的义务。

在体操教学中，学生被安排进行轮流保护与帮助，承担保护与帮助任务的同学有义务对其他同学的动作成功和安全负责，当同伴在自己的保护与帮助下顺利完成学习任务时，保护与帮助者和练习者一样会有成就感和愉悦感，这无疑有利于身心健康。相反，如果同伴因为自己的疏忽和不负责任造成伤害事故，保护与帮助者会产生内疚感、惭愧感。

3. 养成关爱他人的良好品质

关爱他人特别强调对弱者的尊重和关心，因为弱者的利益是最容易受到漠视的。欺侮弱者的人会受到严厉的道义谴责，心绪不宁，在很大程度上会影响身心健康。而对弱者给予关爱和帮助的行为会使人有一种崇高感，也会给人一种身心境界高尚的自豪感，这些感觉对身心健康具有促进作用。在体育教学过程中，受先天遗传和后天发育等诸多因素的影响，学生与学生之间存在体育能力的个体差异，特别是以动作技术教学为主要内容的体操教学，学生经常会出现学习与掌握动作比较缓慢的情况。通过教师的正确引导，在班级形成互相关心、互相爱护、互相帮助的良好学习风气，创造和谐共赢的良好氛围，这无疑会对学生的身心健康起到全面的促进作用。相反，如果对后进学生漠然视之或冷嘲热讽，不只被欺侮的学生身心会受到伤害，教师同样也会因受到道义的谴责而不利于身心健康发展。值得一提的是，在体操教学过程中的这种关爱教育的直观示范性比其他教学更明显，其教育意义也更深远。

第二节　体操动作教学过程

动作技能的形成有其特定的规律，根据运动生理学的研究，学生从研究学习动作到能轻松而准确地完成动作、形成动作技能，大致要经过三个阶段：初步建立动作概念阶段、改进提高动作质量阶段、巩固完善动作技能阶段。相应地，根据体操动作结构、动作空间、动作时间及三者之间的辩证关系，可将教学过程分为三个时相区（图1-4）。在第一教学时相区，采取优化动作时空条件的方法，降低完成动作的难度，加速学生掌握动作的进程。在第二教学时相区，按正常的动作结构—空间—时间关系，重复练习动作，巩固正确动作技术。在第三教学时相区，适当降低完成动作的时空条件，主动和适度地加大完成动作的难度，力图超量提高学生完成动作的能力，使动作质量和稳定性上升到新的层次。

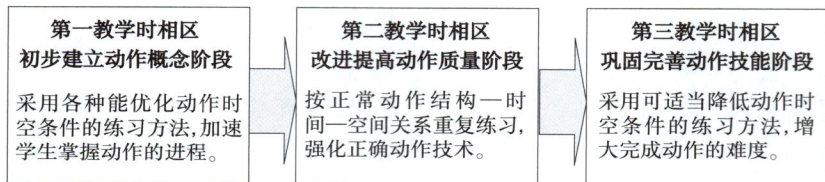

第一教学时相区 初步建立动作概念阶段	第二教学时相区 改进提高动作质量阶段	第三教学时相区 巩固完善动作技能阶段
采用各种能优化动作时空条件的练习方法,加速学生掌握动作的进程。	按正常动作结构—时间—空间关系重复练习,强化正确动作技术。	采用可适当降低动作时空条件的练习方法,增大完成动作的难度。

图 1-4

一、初步建立动作概念阶段

在这一阶段的教学中，教师的主要任务是让学生了解动作技术，获得感性认识，初步形成动作技能，并能粗略地掌握动作。其生理学特征是大脑皮层兴奋与抑制过程相互转化的灵活性差，处于泛化时相。练习动作时，对动作各环节肌肉的紧张程度缺乏必要的协调性，带有多余动作，动作外观显得牵强费力、不连贯，动作错误多等。学生在这一阶段只能初步掌握动作，尚不能顾及动作细节。因此，教师要注意引导学生抓住动作的关键技术环节，精讲多练，加强保护与帮助，注重重点示范和讲解，使学生明确地建立正确的动作概念，了解完成动作的基本方法和要领。在这一阶段，教学过程处于第一时相区。因此，教学方法的选择和设计原则是设法采取措施，优化完成动作的空间和时间条件，降低完成动作的难度，加速完成动作的进程，主要的教学方法如下：

①降低器械的高度，减轻学生恐惧心理，便于保护与帮助，如在倒立架上练习双杠肩倒立、手倒立等。

②增加器械宽度，如跳平台，练习屈腿腾越、屈体腾越等。

③调整器械角度，在斜面上从上往下练习动作，使动作易于完成，如技巧前滚翻、后

滚翻等。

④增加器械弹性，如利用弹网或在器械上增设弹簧或在器械上放置海绵垫。

⑤教师参与保护与帮助，保证动作顺利完成。

二、改进提高动作质量阶段

在这一阶段的教学中，教师的主要任务是逐步改正学生的各种错误动作，使学生正确掌握动作技术，改善动作协调性，提高完成动作的质量。这一阶段的生理特征是大脑皮层兴奋与抑制转换过程的灵敏性、协调性逐步提高，处于分化阶段。经过反复练习和思考，错误动作逐渐消失，学生能独立且正确地完成动作，动作的协调性大有改进，肌肉过分紧张的现象逐渐消失。但这些好的变化尚不十分巩固，受到不良刺激时，动作的协调性易受到破坏。因此，教师在这一阶段要组织学生反复练习，强化正确动作，注意及时纠正错误动作，采取多种手段，提高学生完成动作的能力。示范要注意正误对比，突出重点，讲解注意细节，精讲多练。同时注意调整运动负荷，强化身体素质训练，以适应技术发展的需要。适时减少和结束保护性帮助，以免学生形成依赖性，注意培养学生互相帮助的能力。

在这一阶段，教学处于第二时相区，教学方法的选择和设计要围绕正常的动作结构—时间—空间关系进行，重复练习动作，强化正确技术，必要时穿插选用第一教学时相区和第三教学时相区所采用的方法。

三、巩固完善动作技能阶段

这一阶段的生理学特征是大脑皮层兴奋过程高度集中，内抑制能力强，兴奋和抑制过程的转换高度灵敏和协调。此时，学生对所学动作技术的掌握日臻完善，并能轻松自如地完成动作，即使练习间隔时间较长，也不会遗忘动作技术，或稍加练习即可恢复。教师此时应注意进一步提高学生身体素质水平，引导学生对动作技术理论的探讨，加深对动作全面的深层的认识，组织学生互相帮助，互相纠正错误。

这一阶段的教学处于第三时相区，教学方法的选择和设计是设法采取措施，适当降低完成动作的空间和时间条件，有限度地提高完成动作的难度，锻炼学生完成动作的能力，提高完成动作的技术水平和动作质量，主要的教学方法如下：

①增加器械高度，锻炼学生完成动作的信心和毅力。

②调整器械角度，在斜面上从下往上做动作。

③变平面为高低台阶，从低台阶往高台阶做动作。

④增设限制物、标志物，提高完成动作的规格。

⑤将动作编成联合动作、成套动作练习。

⑥采用教学比赛、游戏、测验、考试等方法。

动作技能的形成过程是一个有机整体，三个阶段的划分是相对而言的，并没有明显的界限，各阶段教学方法的选择、设计和运用，要因人、因时、因项目、因动作而异。在教学实践中应按各阶段特征去观察分析和评定教学状况，及时采取有效措施，使学生尽快形成动作技能，并进一步巩固、提高和发展。

第三节 体操动作教学方法

教学方法是指教学过程中实现教学目标、完成教学任务的途径和手段。体操动作教学方法是指教师向学生传授有关体操动作知识、技术、技能的途径和手段，是学生掌握体操动作知识、技术、技能过程中必不可少的。体操动作教学有自己的特殊性，在教学中应根据自身的特点，创造性地加以应用。所有体操动作的教学方法都是以学生理解和掌握所教授动作结构—时间—空间概念及其相互之间辩证关系的信息为最终目的的。根据这种信息本身的传输和接收的途径、方式，可将体操动作教学方法分为直观法、语言法、动作练习法、游戏法与比赛法、程序教学法、立体教学法、断面教学法等。

一、直观法

直观法是通过体操具体动作的示范、图解、模型等将动作的过程显示出来，使学生了解动作结构—时间—空间等的外部运动学特征。教师的示范、教具的演示、图解的表达将动作过程的信息通过光波传递给学生的视觉器官，视觉器官感知这些信息后，传递给大脑，大脑通过加工整理后形成动作的表象。当前，在体操动作教学中常采用的直观法是动作示范法和影像演示法。

（一）动作示范法

动作示范法是指为学生提供学习的典范动作，让学生了解动作的结构、速度、节奏、幅度等的方法。动作示范法是体操动作教学中最常用的直观教学法，这是因为动作示范法最为简便、真实，最具有感染力，它不但可以帮助学生建立正确的动作表象，还能激发学生的学习热情，产生进行动作练习的冲动，起到鼓舞和激励的作用。教师优美的示范动作，还能起到提高教师威信的作用。由于体操动作教学内容较多，因此其动作示范的方法也较多。

1. 动作示范法的分类

常用的动作示范法包括完整动作示范法、分解动作示范法、重点动作示范法、慢速动作示范法、对比动作示范法以及领做动作示范法等。

（1）完整动作示范法

完整动作示范法是指对单个动作、联合动作和成套动作从头到尾进行示范。一些简单、难度小的动作及组合可采用完整动作示范法。完整动作示范法的优点是可以将动作的全过程展现给学生，让学生建立起完整的动作表象，达到提高教学效果的目的。

（2）分解动作示范法

与完整动作示范法相反，分解动作示范法是指对单个动作、组合动作或成套动作在时间、空间、结构上进行调整，分别进行示范的方法。一些复杂、难度高或连接困难的动作及组合动作可采用分解动作示范法。

（3）重点动作示范法

重点动作示范法是指体操动作教学内容中有一部分难度较大、路线较复杂的动作，教学中必须将它们分解成若干部分来示范，对动作的关键点及难点，要区别于其他部分进行示范，以增加其鲜明感，从而加强学生对该部分动作的注意和理解的一种教学方法。

（4）慢速动作示范法

慢速动作示范法是指人为地延长完成动作的时间，使动作的速度明显慢于正常速度。放慢动作的速度可使学生更清楚地看清动作的过程，有利于学生观察和理解动作。但慢速动作示范法只能局限于难度相对较小的动作，常在徒手体操和轻器械体操教学中运用。

（5）对比动作示范法

对比动作示范法是指针对学生在学习中出现的常见错误，相继做出正确的动作和典型的错误动作，以此引导学生对正误动作进行比较和鉴别，弄清错误所在，强化对正确动作的理解。运用对比动作示范法时，应注意避免过分夸张地展示错误动作，也不要过多地重复错误动作，以免造成适得其反的效果。

（6）领做动作示范法

领做动作示范法是指教师与学生同步进行练习。领做动作示范法有利于学生在练习中模仿教师的动作和节奏，提高学习效率，多用于徒手体操和轻器械体操教学。

2. 运用动作示范法的注意事项

①示范动作应准确优美，精神饱满，具有感染力，起到既能给学生建立正确、清晰的视觉表象，又能使学生产生美感，激发起他们的学习热情的作用。

②应根据教学的不同阶段，有针对性地进行示范。在教学的第一阶段，应做正确完整的示范，并配合精练、生动、形象的讲解，使学生建立起完整的动作概念。第二阶段除了做完整示范，还应针对学生学习中出现的问题做分解示范或对比示范，以利于预防和纠正错误动作，改进和提高动作技术。第三阶段可少做示范，着重完善动作细节，提高动作质量。

③正确地选择示范位置和示范面。示范位置是指示范者与学生之间的空间关系，其距离多远、位置多高应根据学生的队形、人数来决定，应保证全体学生都能看清楚。在徒手体操和轻器械体操教学时，对于长方形或正方形的队形，示范位置应在与前排成等边三角形的顶点处；对于圆形或弧形的队形，示范位置应在其圆心处。如果人数较多，示范者应站在较高的位置上做示范。体操动作教学中常用的示范面有正面、侧面和背面3种。镜面

示范是正面示范的一种形式，其特点是示范者在面对学生的情况下运动方向与学生一致。对于体操动作教学，一般采用正面与侧面示范两种形式。具体采用哪一种示范面，则要看动作技术结构的特点和教学的需要。徒手体操和轻器械体操教学常采用镜面示范、侧面示范和背面示范。以左右和上下动作为主且路线较简单的动作，一般采用镜面示范；以前后方向为主的动作，一般采用侧面示范；路线较为复杂、四肢配合较难的动作，一般采用背面示范。

（二）影像演示法

影像演示法是指运用图解、电影、卫星电视、摄影、录像、计算机多媒体技术、模拟、幻灯、投影等多种现代化仪器设备显示动作的完整过程，使学生了解动作的运动学特征的一种教学方法。影像演示法可以打破时间和空间的严格限制，为教学提供了极大的方便。如现代电化教学技术，尤其是计算机技术，可以从更多的角度展示动作，可以任意地控制动作完成的时间，要快可快，要慢可慢，还可以定格在某一时段上，将它暂停在屏幕上，便于我们分析其技术，达到动作示范法达不到的效果。运用现代摄像技术还可以现场将学生的动作拍摄下来，并立即放映给学生看，使学生真正了解动作存在的问题。另外，还可以采用计算机技术，在三维动画平台制作教学动画，还可以采集学生的动作图像，并用数码技术输入计算机进行比较分析，还可以制作教学课件，利用课件的互动作用，让学生自主地进行分类学习、插入学习、比较学习和问答学习等。教材的立体化发展趋势，还将为我们提供体操的电子版教材。总之，随着现代教学技术的不断提高，更加先进的电化教学手段将逐渐进入体操动作教学课堂，为体操动作教学改革提供更为有效的手段。但需要指出的是，运用现代教育技术的各种手段应当有明确的目的性和针对性，绝不能盲目地滥用。电化教学毕竟只是一种辅助性的教学手段，只有与其他方法、手段合理配合，才能取得更佳的教学效果。

运用影像演示法时应当注意以下几点：

①根据不同教学时段的需要。

②针对不同教学内容的特点。

③掌握好运用的时机。

④注意与其他教学方法、手段的有机结合。

⑤考虑学生的需要和观察的效果。

⑥考虑实际条件和可行性，与传统教学方法密切结合，相得益彰，提高教学的优化水平。

二、语言法

语言法是指运用第二信号系统的条件联系，教师（或音响）向学生发出有关体操动作的语言信息，促进学生掌握动作技术的教学方法。语言法作用于学生的听觉器官，使学生进一步理解动作和获得如何进行练习的信息。语言法能启发学生积极思维、想象和联想，加深学生对动作的理解，并能培养学生分析问题和解决问题的能力。

（一）语言法的分类

语言法包括讲解法、设问法、提示法、口令法、即时评价法等。

1. 讲解法

讲解法是指以语言的方式向学生说明体操动作的名称、要领、要求以及动作的基本原理，说明动作的结构和关键技术，揭示技术的内在联系，以加强学生对动作的理解。

运用讲解法时应注意以下几点：

①要有明确的目的性和针对性，应根据教学的主要任务和要解决的主要问题进行讲解。

②讲解要注意科学性，用学生已学的知识讲解动作的基本原理，从而使他们加深对动作的理解。

③语言要精炼，突出重点，提倡运用术语、口诀等方式进行讲解。

④语言要形象生动，富有启发性，激发学生的想象力，加快对动作的理解。

⑤要注意讲解与示范的合理配合，必要时可以边示范边讲解。

2. 设问法

设问法是指在教学中，教师向学生提出问题，并要求学生回答的教学方法。设问法是体操动作诱导性练习的一个重要步骤，运用设问法可以培养学生分析问题和解决问题的能力。

运用设问法应注意把所提的问题用简练的语言讲清楚，要根据学生的实际水平提问，不要太难，也不要太容易，应是学生经过短时间思考即能回答的，在学生难以回答时教师应给予必要的提示。

3. 提示法

提示法是指教师在学生练习过程中，用短促有力的口令提示动作的方向、用力的时机和部位及关键的技术，以此强化正确的技术，抑制错误的动作。例如，在做前滚翻时，当学生两腿蹬地后教师立即发出"低头"的口令，以提示学生迅速低头，避免出现抬头的错误动作；当学生在练习中出现腿弯曲时，立即发出"腿伸直"的提示，提醒学生立即纠正。

运用提示法应注意提示的时机要与动作同步，做到准确、及时，语音应清脆、洪亮，以起到警示的作用。

4. 口令法

口令法是指由教师（或音响）发出的指挥学生统一行动的命令式的口头信息。口令可分为队列指挥的口令和做操的节拍口令两种。无论是指挥队列还是指挥做操，下达口令时都要求做到准确到位，声音清晰、洪亮、短促有力，还要有节奏感。做操口令还要求做到快慢结合，强弱分明，有一定的提示和感染作用。

运用口令的具体要求如下：刚健的动作，口令应当短促有力，音调高而重；柔和、舒展的动作，口令应当柔而轻；跳跃性的动作，口令应当轻而快，节奏明快；幅度大、路线长的动作，口令应当缓慢悠长，深沉有力；做整理运动时，口令应轻松缓和，音调低平。在做操过程中，教师还可以根据练习的需要，有意识地在口令中加入一些提示和启发性的语言，以利于学生更好地完成动作，如"一、二、抬、头"，"五、六、用、力"等。

5. 即时评价法

体操动作教学中的即时评价法是指对学生完成动作的质量及时准确地给予简明的口头评定。教学中常在学生完成动作后立即给予口头评定，如"很好""不错"等。对学生完成动作的质量进行评价，可让学生明白自己练习的实际效果，还可以激起学生的成就感，调动学生学习的积极性。当然，教师对学习中存在的问题必须明确指出，但要注意措辞，避免伤害学生的自尊心，打击学生学习的积极性。

（二）运用语言法的注意事项

运用语言法时应注意以下几点：

①所用语言应力求生动形象、通俗易懂，既要正确使用体操专业术语，又要符合学生的接受能力。

②要简明扼要，突出重点和关键，揭示动作结构—时间—空间的内在关系。

③在不同的教学阶段，有不同的目的和针对性。如：在第一阶段，配合动作示范精讲动作要领和完成动作的方法；在第二阶段，针对教学中出现的问题，重点分析和纠正错误动作；在第三阶段，进一步深入地揭示动作的内在规律，对动作质量提出更高要求，注意语言的启发作用，引导学生积极思维和想象。

三、动作练习法

体操动作是典型的封闭式运动技能，这种运动技能的学习需要反复练习才能掌握。因此，动作练习法是体操动作教学中最常用的教学方法。体操内容的丰富性和技术的复杂性，决定了体操动作练习方法的多样性，其中的主要方法包括完整练习法与分解练习法、重复练习法、同步练习法等。

（一）完整练习法与分解练习法

1. 完整练习法

完整练习法是指将单个动作或组合动作视为一个整体，学生一开始学习就通过练习建立完整的动作概念。该方法的局限性在于不适合某些较难、复杂动作的学习。

2. 分解练习法

分解练习法是指将单个动作或组合动作分成几个有机联系的部分进行教学，待学生通过练习掌握了各部分的技术后，再将各部分组合起来完整地进行练习。该方法的优点是可以将所学的动作简化，集中精力学习某些较难的技术环节，使学习容易入手并较快地掌握技术动作。其缺点是容易割裂各部分之间的内在联系，破坏动作之间的结构，不利于学生形成完整的动作概念。

运用分解练习法时应注意以下几点：

①对于一些较简单的动作，不必刻意将它们分解开进行学习，以免降低学习效率。

②在采用分解练习法以前，应对动作的技术结构进行深入分析，以便科学地将动作进行分解。

③分解练习的时间不宜过长，否则易形成分解动作的动力定型而影响完整动作的练习。

④分解练习法的最终目的还是让学生掌握完整的动作，运用分解练习法时应注意与完整练习法的合理配合，使两者相互促进、相得益彰。

分解练习法在具体运用中有多种形式，如图1-5所示。

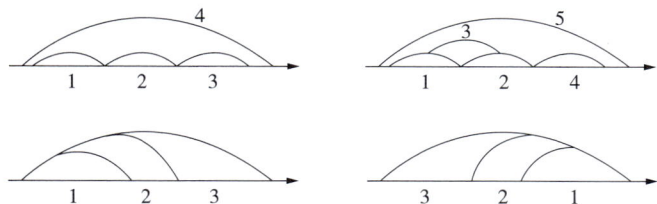

图1-5

图中的"1、2、……"是指构成动作整体的各部分，这几个部分既可相互区别又密切联系，其中又可区分为"重要部分""次重要部分"和"一般部分"。分解练习法有利于简化教学过程，缩短教学时间，突出教学重点，减少伤害事故。分解练习法的局限性在于如果对动作各部分的分解缺乏科学性，会割裂动作的内在联系，破坏动作应有的结构—时间—空间关系，不利于学生形成完整的动作表象，建立正确的动作概念。

（二）重复练习法

重复练习法是指在相对固定的条件下，不改变动作的结构，按照动作要领反复练习。这种方法在单个动作和成套动作练习中均可采用。重复练习法还可以分为连续重复练习法和间歇重复练习法。

1. 连续重复练习法

连续重复练习法是指连续不断地做相同的动作或成套动作，如连续做前滚翻、连续做挂臂屈伸上、连续做后倒屈伸上等。在体操动作教学过程中，一般是在复习课或学习技术较为简单的动作时采用此种方法。运用连续重复练习法不仅可以促进动作技能的巩固和提高，还可以发展学生的专项素质，增强学生体质。运用连续重复练习法应注意以下几点：

①应注意防止错误动作的重复，一旦发现学生出现错误动作就立即予以纠正，避免出现错误动作的定型。

②在学习动作技能的第一阶段与第二阶段一般不采用连续重复练习法，以免影响学生对正确技术的掌握。

③运用连续重复练习法时，应按照学生的实际能力确定练习的次数，避免因重复次数

过多、学生负荷强度过大而影响他们的身体健康或出现伤害事故。

2. 间歇重复练习法

间歇重复练习法是指在重复练习的过程中，有相对固定的间歇时间，间断性地反复进行一个动作或一套动作的练习。此种方法有利于对动作技术进行精细研究。在动作学习的第一阶段，一般采用间歇重复练习法。

连续重复练习法和间歇重复练习法各有长处，但都有一定的局限性。在体操动作教学中，教师应当根据教学的不同阶段、不同动作的特点以及学生的实际情况进行选择和搭配。

（三）同步练习法

体操动作教学是一个双边活动过程。它既包括教师教的方法，如直接助力学生、设置一个斜面、改变动作的结构等，也包括学生学的方法，如观察思考、练习模仿等，将教师教的方法寓于学生学的方法中，使教与学同步进行，融为一体，称为同步练习法。同步练习法直接作用于学生的本体感受器，通过有步骤的练习使机体的工作能力逐步达到完成动作的要求，使条件反射逐步达到系统化，从而建立动作概念，形成动作技能。

对具有相当难度和审美特征又不易自学的体操动作来说，练习具有举足轻重的作用。其他教法，如直观法、语言法等都是与学生练习脱离的间接教学方法。学生只有经过练习，才能达到掌握动作的目的。因此，教师的精力应更多地放在同步练习法上。同步练习教学手段在某种程度上反映了教师的专项技术和理论素养。

根据体操动作结构、动作时间、动作空间的含义和三者之间的辩证关系，在教授某一动作的初期，一般可采用简化动作结构、优化动作时间和空间条件的方法，降低完成动作的难度，使学生尽快地认识动作、体会动作，提高把握动作结构—时间—空间的能力。在学生能够完成动作之后，重复练习动作，强化对动作内部特征的认识和理解，提高完成动作的能力。对体操普修课的教学来说，至此可告一段落，而对体操选修尤其是体操训练来说，还要在学生掌握动作之后，设法降低完成动作的时间—空间条件，使学生或运动员在相对更困难的情况下练习动作，从而进一步提高完成动作的能力，达到更完美的程度。

1. 同步练习法的分类

根据体操动作结构—时间—空间之间蕴含的辩证关系，同步练习法可分为改变动作时间的方法、改变动作空间的方法、改变动作结构的方法、改变动作时间—空间关系的方法、改变动作结构—时间关系的方法、改变动作结构—空间关系的方法等。

（1）改变动作时间的方法

改变动作时间是指改变或调整动作的时间因素。在不同的教学阶段，调整练习动作的难度，使动作变得相对容易或更难。改变动作时间的方法主要如下：

①延缓动作时间。如：摆动动作稍用力慢速做，以降低动作难度；手倒立延长动作持

续时间，提高控制身体的难度。

②缩短动作时间。如练习慢起倒立，最初可稍加摆动，用加快速度的方法降低身体上起的难度。

③改变动作节奏。无论是单个动作还是成套动作，都有其特殊的动作节奏，放慢或加快动作节奏，可使动作产生或难或易的变化。

（2）改变动作空间的方法

改变动作空间是指调整构成动作的空间因素，以改变动作的难易程度，提高教学效果。具体做法如下：

①调整器械的高度。如：双杠的肩倒立、手倒立、倒立转体等动作可在倒立架上练习；山羊、鞍马全旋等动作可用无腿山羊、无腿鞍马等低器械练习；高单杠的短半径回环等动作，如支撑后回环可在低单杠上练习；平衡木上的跳步、滚翻等动作可在地平衡木（无腿平衡木）上练习。降低器械高度可消除或减轻初练者的恐惧心理，增强其完成动作的信心，同时便于提供保护与帮助。

②调整器械宽度。如：跳马可采用平台或跳桌练习，以消除初练者害怕撑空的心理（图1-6）；在地面上画线练习平衡木动作。调整高低杠杠距，使其最大限度地变宽或变窄，降低动作技术难度，提高完成动作的成功率。

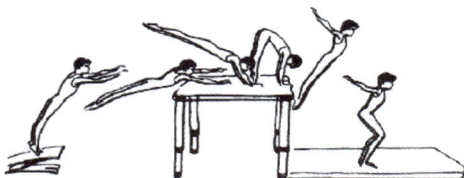

图 1-6

③调整器械角度。如：第一，斜面练习滚翻类动作，变平面器械为有一定角度的斜面器械，从上往下做动作，使动作一开始就处在有利位置，完成动作就变得非常容易（图1-7），也可反方向做，从下往上做动作，增加完成动作的难度；第二，将跳马调整为斜面马，练习者较易看清支撑的部位，可减轻练习者怕碰撞马的恐惧心理（图1-8）；第三，将双杠调节成斜面状，练习挂臂屈伸上，提高初练者的重心位置（图1-9），使动作易于完成，也可反方向做，提高练习的难度。

—7

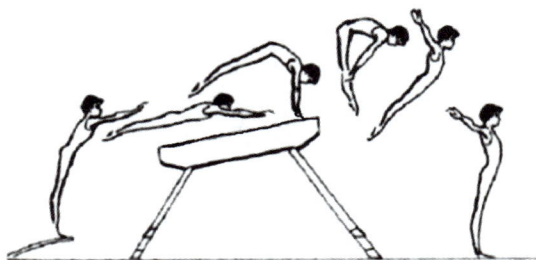

图 1-8

图 1-9

④调整器械长度。如用双山羊替代纵跳马，在山羊前横拉一根橡筋，双山羊之间的距离可视情况调整，提示学生第一腾空的高度和远度等（图1-10）。

图 1-10

⑤调整器械弹性。如：第一，在跳马的马身上搭一块海绵垫，推手时既可减轻手腕的冲击力，也可给学生安全可靠的感觉（图1-11）；第二，双杠杠面上放一块海绵垫，练习前摆下、后摆下、前滚翻、挺身后滚翻等动作时，可避免因动作失误或腿部碰杠、打杠造成伤害（图1-12）；第三，跳桌上放一块跳板，推手时可以获得更大的反作用力（图1-13）。

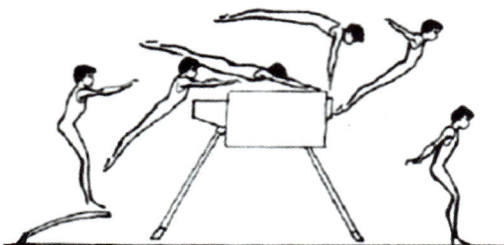

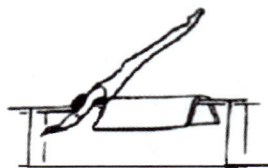

图 1-11   图 1-12

图 1-13

⑥调整动作在器械上的部位。如做双杠杠中绕杠下，初学时可在杠端练习，以防动作失控打杠受伤（图 1-14）。

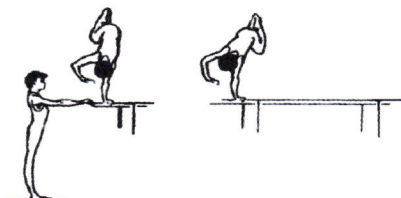

图 1-14

⑦附加器械、辅助器械、保护设施。如：第一，在跳箱面上放一个小球作为标志物，提醒学生支撑位置和推手角度（图 1-15）；第二，在双杠外侧放置一平台，练习一些下法动作（图 1-16）；第三，在吊环绳带上绑上横杆，练习慢起倒立及控倒立动作；第四，在器械上安装保护绳、带等；第五，制作蘑菇山羊、环形山羊等，改善手腕支撑方式；第六，教师直接帮助学生练习动作（图 1-17），保证学生安全、顺利地完成动作。

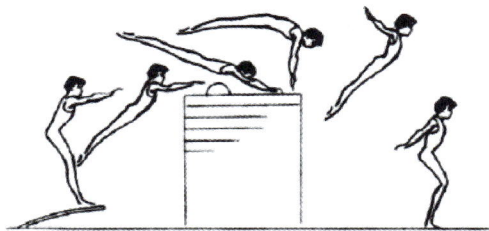

图 1-15

图 1-16

图 1-17

（3）改变动作结构的方法

改变动作结构是指改变动作结构中的基本要素及连接方式。体操动作结构中的一些要素非常活跃，能起到"集成电路块"的作用，形成动作结构中的要素链，在体操动作体系中起着举足轻重的作用。沿着这些要素链发展动作，形成技术个性，掌握一连串的动作，所谓的立体教学法、断面教学法的基础也就在这里。改变动作结构的具体做法如下：

①改变动作的开始姿势。如学习鱼跃前滚翻时，可先蹲在体操凳上开始，体会动作的关键环节撑地前滚动作（图 1-18）。

图 1-18

②改变动作要素链中的成分。在横向和纵向方面发展动作数量和动作难度，如下面的过渡：

身体姿势要素链：团身—屈体—直体—屈直体。

转体度数要素链：转体 90°—180°—270°—360°。

结束姿势要素链：悬垂—挂臂—屈臂支撑—支撑。

（4）改变动作时间—空间关系的方法

将垫子摆成如图 1-19、图 1-20 所示的台阶，练习头手翻、前手翻、空翻等动作。从高台阶向低台阶做动作，可提高完成动作的时间—空间条件，使动作易于完成，从低台阶向高台阶上做动作，能降低完成动作的时间—空间条件，加大完成动作的难度，提高学生完成动作的能力。

图 1-19

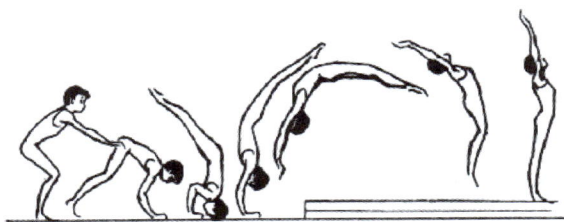

图 1-20

（5）改变动作结构—时间关系的方法

如单个动作→联合动作→上半套→下半套→成套动作→连续成套动作。

（6）改变动作结构—空间关系的方法

在不改变动作构成要素和原貌的情况下，重复练习所教授的动作。

同步练习法在形式上近似于体操界所广泛认识的完整练习法与分解练习法，但同步练习法又不等同于这些方法。分解练习法与完整练习法是相对于动作结构而言的，主要从教师的教学步骤考虑安排。而同步练习法包括更广泛的含义，这一方法是在理论和实践的基础上，将动作结构、动作时间、动作空间三者构成的有机整体及其辩证统一关系，适时恰当地分解和调整，包括教师的"教"和学生的"学"两方面因素。在教学实践中，根据实际需要，既可采取各种方式降低动作难度，使其简单易学，加快学习进程，提高教学效果，又可反其道用之。设置适当的方式使动作难度相对提高，以此锻炼和进一步发展学生完成动作的能力。同步练习法具有难易双向可调性。

2. 设计和运用同步练习法的注意事项

①要有明确的目标，每种练习方式都要向学生提出具体而切合实际的要求和目标，小目标与大目标要有机地联系在一起，以取得最好的练习效果。

②要根据学生的特点、动作的难易程度及教学过程的不同阶段，巧妙地设计同步练习的具体手段、时间、重复的次数等，使学生能尽快掌握动作，并进一步提高完成动作的质量和控制动作的能力。

③注意预防和及时纠正动作错误。练习过程中适时运用示范、讲解等方法，及时进行技术分析，让学生在理解动作技术的基础上练习。

四、游戏法与比赛法

（一）游戏法

游戏法是指在体操动作教学中，结合教学的需要，采用游戏的形式组织学生练习的方法。游戏法的特点是具有趣味性、竞赛性和创造性。游戏可使一些枯燥的体操练习变得妙趣横生，达到活跃课堂气氛、调动全体学生积极参与活动的目的，还可以培养学生的团队精神和良好的心理素质。游戏一般安排在课的准备部分或结束部分，以游戏的方式达到活动身体、集中注意力或放松心情的目的。

　　丰富的体操内容为我们创编各种各样学生喜欢的游戏提供了诸多的素材。如：利用吊绳、横绳、爬竿、肋木、云梯等器械，组合成"过河""探险"等游戏；把双人操练习变为各种互顶、互拉、互相破坏对方平衡的游戏；将短绳、长绳、体操棒、实心球等轻器械练习组合成游戏；将某些发展身体素质的练习演变成游戏，如"抬木头""推小车""爬倒立"比赛等；还可以将学过的体操动作组合成游戏，如技巧前滚翻—单杠翻上—单腿摆越成后撑跳下—技巧后滚翻—接力跑等。在体操动作教学中，教师可发挥自己的创造性，针对所要完成的教学任务，创编富有特色的游戏。但在游戏的创编与实践中要注意以下几个方面：

　　①要有明确的目的性。游戏创编要有助于教学任务的完成，应选择有助于基本教材学习的一些辅助性练习作为游戏内容，不应单纯为游戏而游戏。

　　②要有明确的规则。创编时应制订好规则，规则应简单明了。游戏进行前必须讲明规则要求，游戏中应监督学生遵守规则，游戏结束立即宣布结果，并对输赢双方做出合适的评价。

　　③要注意安全性。游戏所选用的活动内容一般应是学生已掌握的较简单的动作；游戏的路线、方向、距离应合理，防止游戏中互相碰撞；应用器械时应事先检查器械的安全性。

　　④要有创新性。游戏有创新才能引起学生的兴趣，过多地重复某一种游戏，将失去新鲜感和趣味性。

（二）比赛法

　　比赛法是指以比赛的形式组织教学的一种方法，它的主要特点是竞争性和趣味性。运用此法，可使学生情绪高涨，促进学生最大限度地挖掘身心潜能，超常规地发挥技术水平，可培养学生的集体主义精神和顽强拼搏的意志品质。

　　体操动作教学中运用比赛法的形式是多种多样的，可以是游戏比赛，也可以是教学比赛、测验比赛等，可以是个人与个人比赛、小组与小组比赛，还可以是班级与班级比赛。

1.比赛法的分类

　　根据不同阶段的教学任务，体操动作教学比赛可分为比成功率、比动作质量和比动作数量三种形式。

　　（1）比成功率

　　体操动作有一定的难度，一般要经过多次练习才能掌握。体操动作从不会做到初步会做，需要付出一定的努力，甚至要吃点苦头，否则就难以突破这一关。例如，在学习单杠挂膝摆动上这个动作时常会遇到挂膝、膝后部与杠发生摩擦感到疼痛而产生放弃的念头。为了解决这一问题，可以采用比成功率的形式进行教学比赛，促使学生全力以赴。比赛的办法是把学生分成人数均等的若干组，每组同时指派一位学生做同一个动作，只要动作完成了就得一分，完不成不得分，每位学生都要做，以得分多者为胜方。用此法进行比赛，可激发学生的练习热情，提高动作完成的成功率。

（2）比动作质量

体操动作教学的目的不仅是让学生学会动作，还要求学生做好动作。教学中往往有一部分学生只满足于会做动作，对动作质量不在乎。因此，在教学的第二阶段，可采取比动作质量的形式促进学生纠正错误，提高动作质量。比动作质量，通常采用 10 分制评分方法。为了便于计分，比赛中还可采取低分值评分法，如 1 分制、2 分制、3 分制等。具体做法是，根据不同阶段的教学要求设定分制，如在初学前滚翻时，要求学生做到方向正、团身紧，比赛时就按 2 分制进行评分，这两个要求都做到了得 2 分，只做到一个则只得 1 分，两个要求都没做到得 0 分。分组比赛，可以把全组学生的得分累加起来，比较哪一组得分最高。运用这种简便的评分办法可突出教学重点，使学生更加明确学习目标，达到提高动作质量的目的。

（3）比动作数量

体操动作教学中比动作数量的目的主要是发展体操专项素质。比赛内容一般都是学生已掌握的、技术较简单的动作，如可比跳绳的次数，比靠倒立的时间，比双杠的支撑摆动臂屈伸、挂臂撑屈伸上的次数，或者比单杠的慢翻上成支撑的次数等。比赛内容的选择可针对学生素质存在的薄弱环节，动作数量的比赛同样可以采用个人赛的形式，也可以采用小组赛的形式。

2. 比赛法的注意事项

设计、组织体操动作教学比赛应注意以下事项：

①比赛的设计与实施应紧密结合教学目标，为教学目标的达成服务。

②比赛内容的选择应考虑学生体能和技能掌握的实际情况，并确保不危害学生的身体健康。

③比赛规则要简明扼要，易于操作；要向学生讲明规则并加强监督；比赛结果的判定要迅速、果断、公正、准确；比赛后要进行总结性评价，提出今后努力的方向。

④比赛的组织要合理严密，避免拖拉而影响教学进程；分组比赛应使各组的实力大致相当，提高竞争的激烈程度。

⑤比赛过程中应注意安全，要采取必要措施防止伤害事故的发生。

五、程序教学法

（一）程序教学法的内涵

程序教学法是根据身体练习的技术结构，结合教学实践经验编制若干有严格顺序的教学小步骤，每一步骤都有明确的任务、要求和检验标准。学生每一步的学习结果都作为反馈信息，反作用于教师和学生，达到标准者进入下一步骤的学习，否则返回该步骤重复学习，直至达到要求。完成各步骤的学习之后，该程序教学便告一段落。

程序教学能较好地给学生创设循序渐进的学习条件，注重学习效果的及时反馈，使正确技术得到及时强化、错误动作得到及时纠正。程序教学的局限性在于它只适用于数量有限的学生，当人数超过一定限度时，便难以有效实施。程序教学在体操动作教学中并不陌生，现代程序教学理论更有助于我们自觉地运用这一教学思想的精髓，为体操动作教学服务。体操动作技术性强、结构复杂，教师对每位学生单独指导和信息交流的时间较多，可以说，每一个动作的教学设计都包含若干小步骤。就个别学生而言，每一步的学习进展都要得到教师及时的指导和认可后，才可决定是否继续下一步的教学安排。

（二）程序教学法的设计

设计程序教学法时应注意以下几点：

①设计每一动作教学的小步骤时，要紧密结合动作结构及技术特点，同时在实际操作上要切实可行。

②对每一小步骤的学习要提出具体明确的目标，加强指导检查，及时反馈动作完成情况，多鼓励学生，激发其进取心。

③对"原地踏步"和前进到下一步的学生，要分别对待，加强保护与帮助，最好是分人管理，职责分明。如挺身鱼跃前滚翻的教学基本程序如图1-21所示。

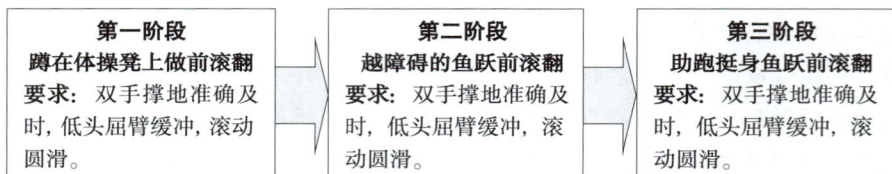

第一阶段 蹲在体操凳上做前滚翻 要求：双手撑地准确及时，低头屈臂缓冲，滚动圆滑。	第二阶段 越障碍的鱼跃前滚翻 要求：双手撑地准确及时，低头屈臂缓冲，滚动圆滑。	第三阶段 助跑挺身鱼跃前滚翻 要求：双手撑地准确及时，低头屈臂缓冲，滚动圆滑。

图 1-21

六、立体教学法

（一）立体教学法的内涵

体操动作是一个结构复杂、内涵丰富、涉及因素繁多且相互作用、相互依赖的动作体系。从全方位的角度，考虑各个项目、各个动作之间的内在逻辑脉络，系统全面地安排整体教学规划，在有限的时间内获得最优教学效果，就是我们所说的体操动作立体教学法。

体操动作中蕴含特殊的要素链、结构链，这些"链"将绝大多数体操动作联系在一起，形成纵横交错、纲目分明、相互联系、相互包含、辐射式发展的动作网络体系。同一结构链上的动作在教学中哪个项目先安排、哪个动作先出现、何时出现、如何排列才能取得最佳教学效果，是体操立体教学要探讨和解决的问题。如倒立类（包含倒立部位）动作的立体教学思路（图1-22）分为以下几种。

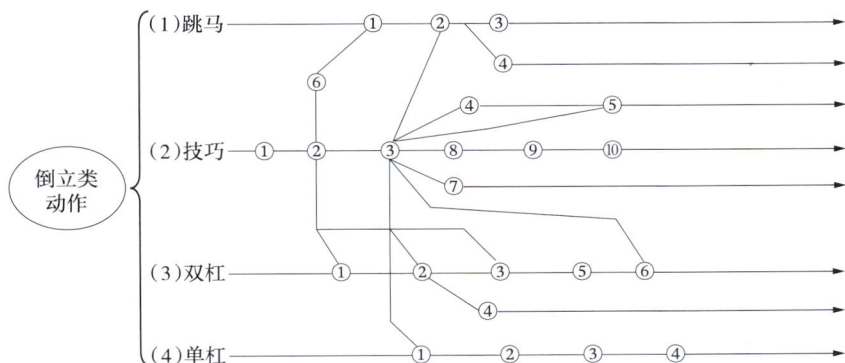

图 1-22

（1）跳马

①头手翻；②跳起后摆倒立；③前手翻；④侧手翻。

（2）技巧

①肩肘倒立；②头手倒立；③手倒立；④倒立前滚翻；⑤后滚翻成倒立；⑥头手翻；⑦前手翻；⑧侧手翻；⑨踺子；⑩后手翻。

（3）双杠

①慢起肩倒立；②支撑摆动肩倒立；③肩倒立前滚翻；④肩倒立侧翻下；⑤挺身后滚翻；⑥支撑摆动手倒立。

（4）单杠

①支撑后摆倒立；②腾身回环；③向前大回环；④向后大回环。

（二）立体教学法的注意事项

运用立体教学法时的注意事项如下：

①立体教学法是在较充分地考虑各项目动作之间结构联系的基础上，对整个体操教学的全面规划和设计。因此，教师要从系统的观点出发，借助其中的结构、层次、要素、功能等理论，研究探讨体操动作的立体教学，以提高教学的科学化和优化水平。

②立体教学法要求教师纵览整个体操动作体系。因此教师要加强专业技术的素养，提高对体操动作发展规律的认识水平，注意教学经验的积累。

③立体教学法应注意学期与学期、学年与学年以及普修与专修之间教学的衔接。

七、断面教学法

（一）断面教学法的内涵

断面教学法是指在体操动作体系中有一些具有技术辐射意义的关键动作，这些动作处于同类动作的中心点，对这些动作的掌握，直接影响着对同类动作的掌握，这些动作称为断面动作。

以断面动作为重点，举一反三，带动同类动作全面发展的教学安排，就是断面教学。断面教学与立体教学密切相关，可以说立体教学是若干断面教学有机结合的整体，断面教学是蕴含于立体教学中的不同侧面或层次。这里之所以将断面教学单独讨论，是因为断面教学在体操教学中有十分典型的意义。

断面动作在高水平的运动训练中是非常明显的，如鞭打振浪等。在高校体育院系体操教学的动作体系中，同样也有相应的断面动作，对教学效果起着举足轻重的作用，如支撑摆动（图1-23）。

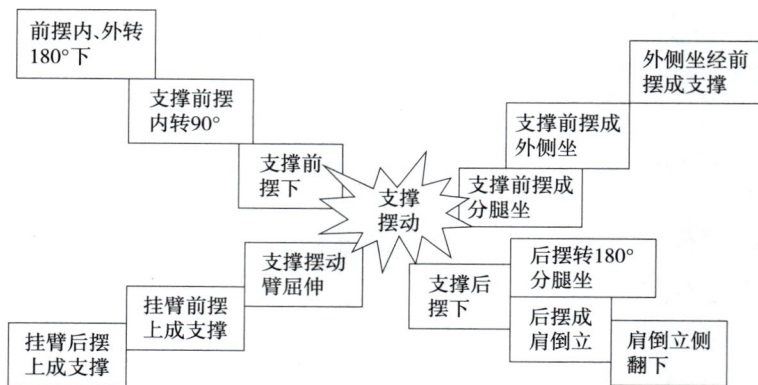

图 1-23

（二）断面教学法的注意事项

①实施断面教学法首先要掌握断面动作，以断面动作为突破口，带动一个结构面上动作系列的教学。

②断面动作的基本特点是难度不大，但动作技术的波及面较广，对动作技术的质量要求较高。断面动作在教学计划中要优先安排，经常练习，严格要求。

③断面教学作为一种教学思想，应在整个体操教学计划中统筹安排，对所教授的动作进行恰当地分类，从中筛选出若干意义重大的断面动作，重点安排在教学计划中。

第四节　体操教学设计

教学设计是以解决教学问题为宗旨的一种理论与实践方法。它追求的是教学效果的最优化。教学设计是从教学的规律出发，运用系统方法分析教学问题、确定教学目标、决定教学策略和实施方案、确定评价方法、给出评价结果修改教学设计方案的过程。体操是各级学校体育课程的重要组成部分，它有自己的显著特点，教学设计时，应相对独立地考虑体操这一教学子系统的设计问题。

体操教学设计是一种微观层次的设计，它是系统研究、规划体操教学系统、教学进程和制订教学计划的过程。运用系统方法进行设计，可对体操教学中的学生、教师、教学内容、教学条件等教学要素进行全面分析，协调各要素之间的关系，制订出最优的教学策略，并通过评价来实现体操教学设计。体操教学设计的步骤是：学习需要分析、学习目标的确定、学习内容分析、学生分析、教学策略的制订和教学设计成果评价。

一、学习需要分析

学习需要是指学生在体操学习方面当前状态与期望达到状态之间的差距，学习需要分析是教学设计的一个前端分析，主要解决"为什么要教"的问题。只有解决了"为什么要教"，才能为"教什么"和"怎么教"打下基础。

在分析学生学习体操的需要时，不但要考虑学生的需要，还要考虑社会的需要。当前，社会的发展对体育课程提出了健康第一、全面发展、培养个性和培养终身体育能力等期望，体操作为体育课程的重要组成部分，应当为这些期望目标的实现作出贡献。学生的学习需要，包括学生对体操的情感态度以及他们为获得健康和全面发展而对体操提出的需求。在分析学生的学习需要时，首先，要弄清体操能为社会期望目标的达成起什么作用。其次，要通过调查研究，了解哪些体操内容是学生感兴趣的，哪些练习能对学生的生长发育起到明显的促进作用，哪些内容能使学生终身受益等。通过调查研究，体育教师可以发现体操教学中存在的问题，根据教学资源的现实情况，探讨解决问题的合适途径。最后，要分析当前学生的体能与技术水平，在此基础上提出各阶段的学习目标。

二、学习目标的确定

体操教学的学习目标包括：①学生对体操的兴趣和学习的主动性、积极性有所增强；②对学生身体的健康成长起到一定的促进作用，对学生的平衡、协调、柔韧、灵敏、力量等素质的发展起到促进作用，尤其是对塑造学生健美形体与良好的身体姿态产生积极的效果；③学生的体操运动技能在原有基础上有所提高，掌握一定的体操健身手段和在特定条件下求生存的基本技能；④对学生心理健康发展，尤其是对培养学生良好的意志品质起到促进作用；⑤培养学生的协作精神、团队精神和人际交往能力。

三、学习内容分析

体育教学改革的不断深入赋予了体育教师更大的课程自主权。正在推行的《体育与健康课程标准》只对各水平段的体操教学内容提出总体的要求，具体教什么则由教师自己选定。因此，对体操教学内容作出正确分析是一个体育教师应当具备的基本素质。学习内容分析是为了规定学习内容的范围、深度和揭示学习内容之间的内在联系，以保证取得最佳的教学效果。体操学习内容分析包括学习内容的选择与组织两个步骤。

（一）学习内容的选择

现代体操运动为我们提供了丰富多彩的学习内容，众多的体操动作只有科学地加以选择才能适合教学的需要。体操学习内容的选择实际上是一个根据教学目标对体操素材进行分析、判断和优选的过程。选择时，首先要对各种体操素材进行价值判断，分析它们在促进学生身体发展、体操运动知识技能学习、审美教育、情感体验和培养良好心理品质等方面的价值；其次分析它们对达成体育课程总目标的贡献率；然后再根据学生身心的特点和技能基础，分析这些内容能否被学生喜欢和接受，能否被学生掌握；最后分析场地、器材以及其他教学条件是否具备。

为了选好体操学习内容，选择时应考虑以下几个方面：

①健身性所选的内容应能对不同年龄阶段学生的身体发育有明显的促进作用，有助于学生身心的全面发展和终身体育能力的培养。

②健美性所选的内容应具有美育价值，能促进学生的体形与姿态朝健与美的方向发展，有利于学生审美能力的培养。

③趣味性所选的内容应是学生感兴趣的，有利于调动学生的学习积极性和对体操产生良好的情感与态度。

④实用性体操练习中有不少动作与我们平常的生活技能有联系，因此，应注意选择一些生活化的、有助于提高学生基本生活能力的内容。

（二）学习内容的组织

体操学习内容的组织是指对所选的学习内容进行单元化的系统安排过程。经过选择的体操素材还必须应用技能整体性原则，将它们组成一个结构合理的内容体系。在构建内容体系时，应全面分析各项目、各动作之间的逻辑关系，使动作之间在纵向上和横向上紧密联系，相互影响、相互促进。具体地说，就是要考虑哪个项目先学、哪些项目同时学、各项目中动作出现的顺序与时机等。体育课程教学一般是以单元来安排的，组织学习内容时还应考虑如何将素材组成单元，以及如何将各单元有序地安排到各学年和各学期中去。全面、系统地规划体操学习内容，要严格遵循技能形成规律和学生身心发展规律，达到促进学生运动技能掌握和身心全面发展的最佳效果。

在组织学习内容时应注意以下几个方面：

①学习内容的组织是对选定的体操素材进行全面规划和设计。教师应对这些素材进行深入分析，了解它们之间的内在联系，用系统的方法将它们组合起来。

②要根据不同水平段学生的身心特点组织体操学习内容、制订体操学习规划，并要考虑不同水平段体操学习内容之间的衔接，还要注意学年、学期与单元之间的衔接。

③体操素材的组织需要教师具有较高的业务水平。因此，教师应当注意体操教学经验的积累，深入研究教学设计的理论与方法。

四、学生分析

体操教学设计的成功与否关键是看能否促进全体学生更好地学习，获得全面的发展。因此，要提高体操教学设计的质量，就必须重视对学生的分析。学生分析主要包括学生的一般特征分析、学生体操学习风格分析、学生初始能力和教学起点的确定。

（一）学生的一般特征分析

学生的一般特征是指对学生从事体操学习产生影响的生理、心理和社会特点，主要包括学生的年龄、性别、身体发育水平、运动素质基础、已有的体操知识技能、体操学习动机、个人对体操学习的期望、学生的人际关系、班级组织状况及协作精神等。对学生的一般特征进行分析，有利于根据不同教学对象的身心特点，选择适宜的体操学习内容和教学策略。例如，对年纪小的学生，应根据他们的素质发展敏感期选择发展平衡能力、协调能力和灵敏素质的练习，不宜选择过多的力量性练习；对初中生的讲解应当注意形象生动，而对高中生则应启发他们运用已学的力学知识分析动作的技术结构。了解学生的一般特征，可以通过观察、调查、测试等手段收集相关信息，也可以直接查阅学生的健康卡片、体育成绩等。

（二）学生体操学习风格分析

学习风格是指学生在学习中对不同刺激做出反应的所有心理特点。它包括学生对信息的加工方式、对学习环境和条件的需求，以及认知方式是依从型还是独立型，是沉思型还是冲动型等。由于学生之间存在生理和心理的个体差异，在体操学习中会表现出不同的学习风格。例如：有的学生掌握动作快，一学就会，而有的学生虽掌握动作较慢，但能刻苦学习；有的学生练习时大胆果断，而有的学生则胆小犹豫；有的学生在课堂上易冲动、好表现，而有的学生则沉稳不张扬。因此，在教学中要真正做到区别对待，培养学生的个性，教师就必须了解和分析每一位学生的学习风格，针对不同的学习风格制订不同的学习计划。

（三）学生初始能力和教学起点的确定

分析学生学习的初始能力是为了确定一个相对明确的体操教学起点，主要包括以下几个方面：

①了解学生的体操专项素质，包括力量、柔韧、平衡、协调、灵敏等方面的素质状况，以便制订具体的发展目标。

②分析学生已有的体操技能，即了解学生的体操知识和技能的掌握情况，确定学生学习体操的起点。

③知晓学生的体操学习态度，体育教师通过观察、调查、面谈等方法，了解学生对所

学的体操内容的认识水平和态度。这对选择体操教学内容和确定其教学策略等都会产生重要的影响。

五、教学策略的制订

解决了"为什么要学""学什么""从何处开始学""学习目标是什么"等问题后，就要解决"怎么学"的问题，即要制订合理的教学策略。体操教学策略是为完成体操教学目标而对教学活动的程序、方法、形式和媒体因素进行的整体考虑。

（一）优化教学程序

教学设计的目的就是科学地影响学习过程，优化教学程序。当前一部分教学模式在体操教学中得到了较好的应用，不同的教学模式都有独特的教学程序（或称为教学过程结构）。

1. 传授体操技能的教学程序

这是一种常见的以传授体操技能为主的教学程序，它的过程结构是：教师提出教学任务—教师讲解示范—教师组织指导练习—教师总结学习结果。这种程序一般在较复杂的体操动作教学中运用。它的优点是有利于体操技能的传授，缺点是不利于学生主体性的发挥和创造性的培养。

2. 提高学生自学、自练能力的教学程序

受现代教学思想的影响，体操教学出现了一种以提高学生自主学习、自主练习能力为主的教学模式，如"自学辅导模式"。这种教学模式的教学过程结构是：教师讲解并提出若干任务—教师帮助学生选择学习方案—学生选择、设计学习方案—学生自己练习、教师辅导—教师协助学生进行自我评价。这种教学程序可在基本体操或较简单动作的学习中运用，其优点是能培养学生自主学习的精神和自学能力，缺点是它的适用范围有限。

3. 主动性教学模式的教学程序

这种教学模式力图打破传统的"教师说，学生练"的被动式体操教学，希望通过对教学活动结构的调整，发挥学生在教学中的主动性，促进学生积极思维，使学生通过学习既掌握体操技术，又懂得技术的基本原理，并由此促进他们情感体验的深化。这种教学模式的教学过程结构是：启发动机—提出问题—学生思考—学生实践与讨论—归纳总结。这种教学程序对教师的教学艺术和学生的知识基础与思维能力要求较高，如设计不当会影响教学进度。

4. 情景教学模式的教学程序

情景教学模式是指在体操教学中通过设置相关的故事情节、场地器材和情感氛围，提高学生的练习兴趣，发展学生学习能力的一种教学模式。它的过程结构一般是：设置情景—引起运动兴趣—体验情景—获得运动乐趣—还原。这种教学程序一般在低年龄段的学生中运用，或者在各种实用性体操中运用。

教学模式是多元和动态的，它将随教学改革的发展而发展。我们在体操教学过程中应

当根据不同的教学目标、教学手段、教学对象、教学条件等选择合适的教学模式，以优化教学程序，提高教学质量，还应该提倡发挥创新精神，创造性地优化自己的教学程序。

（二）优选教学方法

任何教学活动要实现其教学目标，都必须借助各种教学方法。现代体育教学方法丰富多彩，但不存在某种万能的教学方法，方法众多，贵在精选。因此，在体操教学中，应根据教学实际优选教学方法，选择时应注意以下几个方面。

1. 要有利于体操教学目标的达成

选择和运用教学方法的最终目的是更好地实现教学目标。因此，在选择方法时首先应该考虑的是它对完成教学目标能起多大的作用。

2. 要针对教材与学生的特点

在选择教学方法时，应当深入分析教材的特点与价值，再考虑使用合适的教学方法使其价值得以实现。例如，支撑跳跃练习具有培养学生意志品质的价值，为了使这一价值得到实现，在教学中就应当采取各种适宜的练习方法，帮助学生树立信心，克服心理障碍，培养勇敢、顽强、果断的意志品质。教学方法的选择还应当考虑学生的身心特点，针对不同年龄、性别和性格特征的学生群体采取不同的方法。例如，游戏法对于低年龄段学生较适合，但高中生如果过于频繁地采用游戏法，未必能奏效。

3. 要重视学生的学法

体操教学是实时互动的双边活动，既包括教师的教，也包括学生的学。因此，在选择教学方法时，不仅要考虑教师的教法，还要考虑学生的学法。例如，教师在做示范动作时，不仅要考虑动作是否优美、到位，还要考虑如何引导学生观察动作，了解动作过程和关键技术，而不仅仅是看热闹。教师在教学过程中要摆脱以教为中心的教学习惯，给学生一定的学习自由度，充分发挥学生的学习主动性和创造性。

4. 合理组织教学方法

在体操教学过程中，为完成教学任务，往往需要多种方法配合使用。例如，完整练习法与分解练习法在具体使用过程中总是你中有我、我中有你，问题的关键是两者如何有机地结合，如何根据具体情况安排谁先谁后以及各自所占的练习时长等。实际上，单一孤立地使用一种教学方法的情况在体操教学中是不存在的。在进行教学设计时，应当根据教学的实际需要将各种方法合理地组织起来，让优化组合的方法体系发挥出其整体的功能，以取得最佳的教学效果。例如，我们可以在比较单调的队列练习中穿插分组操练比赛，用比赛法提高学生的练习兴趣。又如，为了提高前滚翻动作的熟练度，锻炼学生的前庭器官，我们可以变换前滚翻的练习形式，如单腿前滚翻、手拉手做前滚翻、不用手做前滚翻、前滚翻接挺身跳等，不断变换的练习形式可使学生产生新鲜感，提高练习兴趣。

在体操教学中选用教学方法，需要考虑场地器材、教学设备等实际情况，缺乏必要的条件，方法再好也难以实施，还应根据教师自身的知识结构、教学经验和驾驭教法的能力，实事求是地选择合适的教学方法。

六、教学设计结果的评价

教学设计初步完成后，还需要对设计结果进行评价，并依据评价结果进行修改，促使教学设计不断完善。教学设计成果评价一般包括形成性评价和终结性评价两种，在教学实践中多采用形成性评价。经过精心研制的体操教学设计方案，应当在我们的试行过程中，有目的、有计划地通过调查、访问、测试等手段，搜集试行的相关信息，对试行结果进行评价分析，发现存在的问题，找出解决办法，使设计方案逐步趋于完善。

本章小结

本章重点强调了体操教学与训练实践过程，介绍了体操教学的特点与原则、体操动作教学的价值、体操动作教学的过程、体操动作教学方法、体操教学设计的方式与方法等。学生通过本章的学习，能够对体操基本理论、体操动作教学的基本方法与教学过程及教学设计等内容有比较全面的了解和掌握。

回顾与思考

1. 如何根据体操动作技能形成的三个阶段安排教学？
2. 论述直观法在体操教学中的运用。
3. 设计 3 ~ 5 个同步练习教学法，并说明其在体操教学中的作用。
4. 试述体操动作教学的特点。
5. 怎样根据中学生的性别特征安排体操教学？

第二章

体操教学艺术基础

【学习目标】

通过本章学习，了解体操术语的基本概念、体操术语的分类、价值、意义，熟悉体操基本术语、基本体操术语、器械体操和技巧运动术语的应用；掌握体操保护与帮助的基本概念、特点、价值、意义、方法、运用等，熟悉体操教学和训练中对保护与帮助者的基本要求，通过具体课堂实践提高保护与帮助的应用能力。

【学习任务】

1. 掌握体操术语的基本概念；理解体操术语的分类；熟知体操的基本内容；掌握体操术语的运用方法；掌握熟悉的器械体操动作、技巧动作术语。

2. 熟悉体操保护与帮助的基本概念；掌握体操保护与帮助的方法；熟悉保护与帮助的要求、保护与帮助的技巧；培养保护与帮助者的责任心。

【学习地图】

1. 体操术语的基本理论→体操基本术语介绍→基本体操术语介绍→器械体操术语介绍。

2. 体操保护与帮助的基本理论→体操保护与帮助的具体实践→体操保护与帮助过程中常见问题分析。

体操运动是体育项目群中最具代表性的"难美项目群"，其对身体动作表现力的要求最为全面、最为严谨，正因为如此，体操动作及体操动作教学对体操术语的运用要求也最为规范、最为严格。一方面，在体操动作教学过程中，教师需要准确、生动地运用体操教学术语，这种术语运用的能力就反映出教师教学运筹能力与水平，是体操教学艺术的基础之一。

另一方面，在体操动作学习与训练过程中，由于身体练习的一部分动作在时空关系转换过程中是违反人体常态的，一部分动作在练习中对学生身体的要求较高、具有一定的危险性，所以，教师广泛运用保护与帮助是体操动作教学过程中必须具备的能力，在学生动态练习过程中及时、准确、安全地进行保护与帮助，也是体操教学艺术的基础。

第一节　体操教学术语运用艺术

术语是语言的一种特殊表现形式，体操术语是体操理论和运动技术的专门用语。体操术语有着悠久的历史，它随着体操运动的发展而发展。我国自古以来就流传着一些具有中国特色的体操术语，如"前扑""下蛋""回笼"和"顶"等。这些术语与现代体操术语相比，具有简练、形象的特点。因而，这类术语至今仍在我国体操教学训练中使用，并在运用中不断发展。

现代体操术语始于19世纪中叶，流行于欧洲，鸦片战争以后传入我国。当时，我国尚未形成自己的体操术语体系，主要是译用欧洲体操学派的术语。我国较完整的体操术语体系是在中华人民共和国成立以后才逐渐建立的。1956年，原国家体委运动司根据苏联体操术语学的理论，结合当时的实际情况，编印了我国第一本比较完整的《体操术语》，从而使我国体操术语趋向科学化和统一化。随着体操运动的发展和历次高校体操教材的编写，体操术语仍在不断地修改、补充和完善。

一、体操术语基本理论

体操术语来自体操实践又指导体操实践，它是体操教学、训练、科研和交流不可缺少的工具。正确地运用体操术语，不仅有助于理解和掌握体操技术，提高教学与训练效果，而且对普及体操运动、开展体操竞赛、促进体操科研、发展和丰富体操理论都具有重要的意义。

（一）体操术语的分类与内容
目前体操术语主要分为体操基本术语、体操动作术语两类（图2-1）。

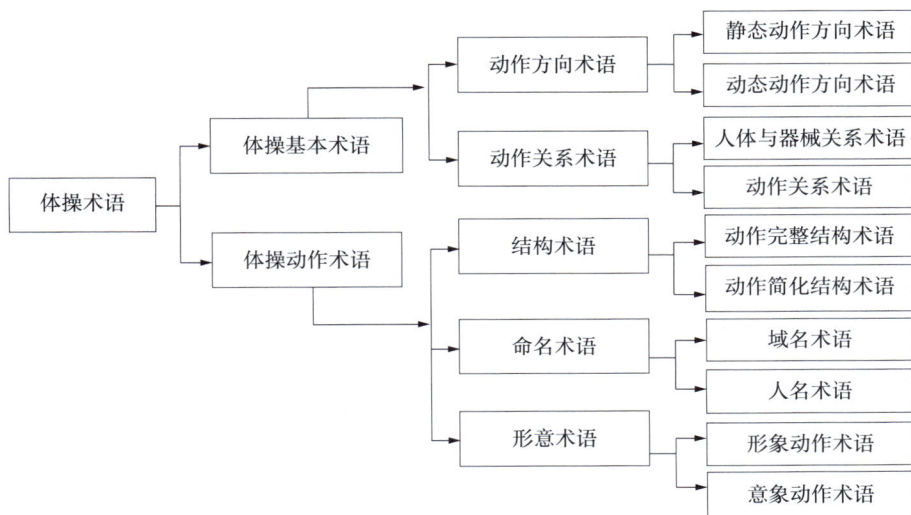

体操术语
├─ 体操基本术语
│   ├─ 动作方向术语
│   │   ├─ 静态动作方向术语
│   │   └─ 动态动作方向术语
│   └─ 动作关系术语
│   ├─ 人体与器械关系术语
│   └─ 动作关系术语
└─ 体操动作术语
    ├─ 结构术语
    │   ├─ 动作完整结构术语
    │   └─ 动作简化结构术语
    ├─ 命名术语
    │   ├─ 域名术语
    │   └─ 人名术语
    └─ 形意术语
        ├─ 形象动作术语
        └─ 意象动作术语

图 2-1

1. 体操基本术语

体操基本术语可分为动作方向术语和动作关系术语。

（1）动作方向术语

动作方向术语是表述动作在静止和运动状态下具体形态、状况的方式和方法，包括静态动作方向术语和动态动作方向术语。静态动作方向术语表述人体在静止状态下，身体肢体方向的术语。动态动作方向术语表述人体在运动状态下，身体肢体所处的方向或运动方向的术语。

（2）动作关系术语

动作关系术语是表述人体与器械、动作与动作之间关系的术语。

2. 体操动作术语

体操动作术语可分为结构术语、命名术语和形意术语。

（1）结构术语

结构术语是指描述动作形式及本质特征的专门用语。这一类术语是标准或规范术语，是表述体操动作的常规性用语，是体操术语运用的主要形式。由于结构术语中有的高难度动作术语在表述时较为困难或文字较多，为了方便体操教学与训练的实践，常用简化了的结构术语。因此，结构术语分为动作完整结构术语与动作简化结构术语两类。

①动作完整结构术语是指结构完整、书写规范的专门用语。动作完整结构术语是最为典范的体操用语，是其他体操术语的基础。动作完整结构术语的表述主要包括开始姿势、动作部位、动作方向、动作形式、动作类型、动作做法和结束姿势等部分，如，分腿立撑慢起手倒立。

②动作简化结构术语是指为了便于平时的教学与训练而使用的将某些完整结构术语简化了的专门用语。随着体操运动的不断发展，体操技术水平的日新月异，这类术语的应用

也在不断增加而日趋频繁，但其表达方式、方法与体操动作有着紧密的联系，易引起人们对动作形象的联想，使用简单方便。如，用"前团"代替团身前空翻，用"翻上"代替单腿蹬地翻上成支撑。

（2）命名术语

命名术语是根据国名、地名等区域名称，以及以体操运动员的名字来表述体操动作的专门用语。这类术语一方面便于记忆，另一方面也有纪念、激励的意图。因此，命名术语分为域名术语和人名术语两类。如，俄式挺身、阿拉伯空翻等就属于域名术语；而马燕红下、李宁正吊、托马斯全旋、程菲跳等就属于人名术语。

（3）形意术语

形意术语是用体操动作的外观形象以及体操动作意象等来表述体操动作的一类术语，是广大体操工作者从我国民间歌舞、戏曲、杂技等艺术中借用而来的，也是在我国民间艺术中长期使用的一类术语，具有浓厚的民族色彩和民族文化特征。由于这类术语具有体操动作的具体形象、意象等特点，因此简单易记，很容易被人们接受。一部分体操形意术语也一直在体操教学和训练中广泛应用。如：蛇腰、波浪、马车轱辘等形象术语；大顶、垛子、虎跳等意象术语。

（二）体操术语的应用要求

应用体操术语时要：①正确，即要确切地反映该动作的结构和本质。②简练，即语言和文字要简明精练。③易懂，即要使人容易理解。

二、体操基本术语

（一）动作方向术语

1. 静态动作方向术语（图2-2）

（1）基本方向

静态动作方向是指以人体直立时为基准，分前、后、左、右、上、下6个基本方向。胸对的方向为前，反之为后；左侧所对的方向为左，反之为右；头顶所对的方向为上，反之为下；四肢向人体中线运动称向内，离开中线运动称向外。人体与地面约平行时，胸对地面称俯，背对地面称仰。

（2）中间方向

两个基本方向之间成45°角的方向，分前上、前下、侧上（左、右）、侧下（左、右）、前侧等。如前与上之间称前上，前举与上举之间的举称前上举，依此类推。

（3）斜方向

三个基本方向之间构成的中间方向，分前侧上、前侧下、后侧下等。如前、侧、上之间称前侧上（前斜上），依此类推。

在任何情况下，四肢的方向是以它们与上体的关系来确定的，不是按四肢与地面的关系来确定。如左腿支撑的俯平衡动作，右腿后举，左臂前举，右臂上举。

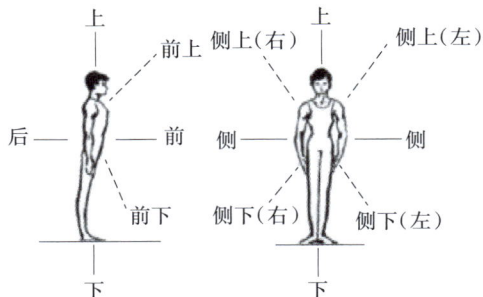

图 2-2

2. 动态动作方向术语

动态动作方向主要是指身体和身体各部位运动的方向，运动方向一般是根据人体直立时的基本方向确定的。

①向前：开始做动作时胸部所对的方向，如果动作是由倒立或倒悬垂开始的，则"向前"是指背部所对的方向。如技巧手倒立前滚翻、双杠肩倒立前滚翻成分腿坐。

②向后：开始做动作时背部所对的方向。如果动作是由倒立或倒悬垂开始的，则"向后"是指胸部所对的方向。如技巧肩肘倒立经单肩后滚翻。

③向上：开始做动作时头所对的方向。如果动作是由倒立或倒悬垂开始的，则"向上"是指脚所对的方向。

④向下：开始做动作时脚所对的方向。如果动作是由倒立或倒悬垂开始的，则"向下"是指头所对的方向。

⑤向侧：指身体的侧面朝向做动作的方向，必须指明左（右）侧。如向左侧手翻。

⑥向内：两臂相对向异侧移动的方向。如立正，两臂向内绕至侧上去。在器械的一侧（或移向一侧）做向前转体动作时，胸部开始转向器械方向叫向内。如双杠支撑前摆向内转体180°下。如果是向后的转体动作，则背部开始转向器械方向叫向内。如支撑后摆向内转体180°下。

⑦向外：两臂相对向同侧移动的方向。如立正，两臂向外绕环成侧举。在器械的一侧（或移向一侧）做向前的转体动作时，背部开始转向器械方向叫向内。如双杠支撑前摆向外转体180°下。如果是向后的转体动作，则胸部开始转向器械方向叫向外。

⑧同侧：动作开始时的方向与动作的上肢或下肢方向相同。如鞍马单腿同侧全旋。

⑨异侧：动作开始时的方向与动作的上肢或下肢方向相反。如鞍马单腿异侧全旋。

（二）动作关系术语

1. 人体运动轴与器械轴

（1）人体运动轴（图2-3）

通过身体重心上下的连线称纵轴，也称垂直轴，人体围绕纵轴可做各种转的动作；通过身体重心左右的连线称横轴，也称额状轴，人体围绕横轴可做各种翻的动作；通过身体重心前后的连线称前后轴，也称矢状轴，人体围绕前后轴可做各种侧翻的动作；通过两肩的连线称肩轴。

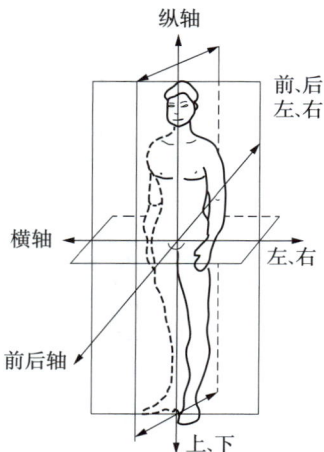

图 2-3　人体运动轴

（2）器械轴（图2-4）

器械最长工作部分两端的中心连线称器械轴。如单杠、双杠、高低杠杠面两端的中心连线，平衡木木面两端的中心连线，跳马和鞍马马面两端的中心连线，吊环两握点间的假设连线，等等。

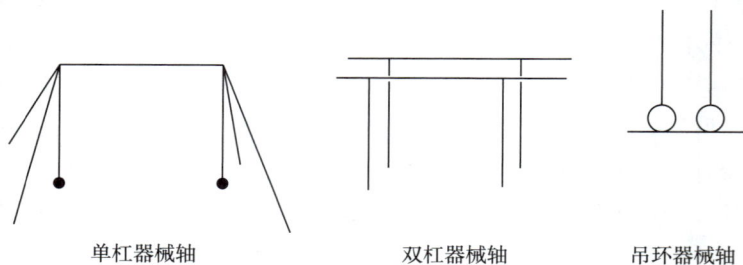

单杠器械轴　　　　　双杠器械轴　　　　吊环器械轴

图 2-4

2. 人体与器械的关系（图2-5）

①正、侧：肩轴与器械轴平行的姿势为正；肩轴与器械轴垂直的姿势为侧。

②前、后：胸部面向器械为前；背部面向器械为后；身体倒置时（倒立或倒悬垂时）则相反。

③左、右：左肩侧向器械为左；右肩侧向器械为右。

④内、外：人体在双杠或高低杠的两杠之间为内；人体在双杠或高低杠之外为外。此外，身体绕纵轴胸部向器械内转体时称"向内转"，反之称"向外转"。

⑤远、近：器械远离人体的部位为远；器械靠近人体的部位为近。如跳纵马（纵箱）时，远离身体的一端为远，靠近身体的一端为近。

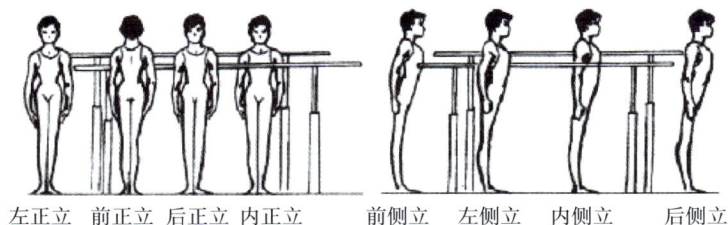

左正立　前正立　后正立　内正立　　　前侧立　左侧立　内侧立　后侧立

图 2-5

⑥纵、横：人体前后轴与器械轴平行时为纵；人体前后轴与器械轴垂直时为横。

⑦斜：人体前后轴与器械轴约成 45°角时为斜。

3. 动作关系术语

动作关系术语是指各动作间联系的用词。

①接：单个动作之间必须连续完成时用"接"。如技巧头手倒立接前滚翻。

②经：在完成动作的过程中，必须经过某一特定部位时用"经"。如：徒手体操两臂经前至下举；支撑跳跃，跳上，经分腿屈体立撑，挺身跳下。

③至：在完成动作时，必须到达某一特定部位时用"至"。如：徒手体操左脚向前一步，重心移至左脚；双杠杠端跳起支撑移行至远端。

④成：在完成动作后，必须强调某一特定的结束姿势时用"成"。如：徒手体操还原成直立；单杠翻上成支撑。

⑤同时：在单个动作中身体不同部位要在同一时间内完成时，或两个动作要在同一时间内完成时用"同时"。如：徒手体操左脚向左一步，同时两臂侧举；单杠骑撑后腿摆越，同时转体 180°成支撑。

⑥依次：在单个动作中身体某些部位相继做同样性质的动作时用"依次"。如：徒手体操左右臂依次向前绕环；技巧侧手翻向外转体 90°两脚依次落地。

4. 握器械方法术语（图 2-6）

①正握：两手虎口向内握。

②反握：两手虎口向外握。

③扭臂握：前臂旋内，拇指向外握。

④反扭握：一手反握，另一手扭臂握。

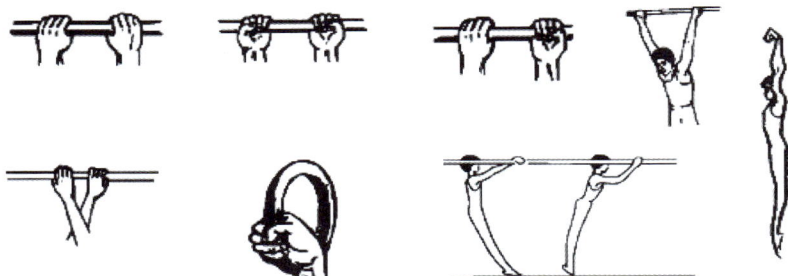

图 2-6

⑤正反握：一手正握，另一手反握。

⑥交叉握：两臂交叉握。

⑦深握：靠近掌根腕关节处的握法。

⑧合握：五指并拢的握法，也称全握或勾握。

⑨窄握：两手距离小于肩距的握法。

⑩宽握：两手距离明显大于肩距的握法。

⑪内握：掌心向外，从双杠内侧握杠，也称从内握。

⑫外握：掌心向内，从双杠外侧握杠，也称从外握。

三、基本体操术语

（一）队列队形术语

1. 队列队形术语

①列：左右并列成一排为列。一般从右到左按高矮顺序排列。

②路：前后排列成一行为路。一般从前到后按高矮顺序排列。

③横队：由"列"组成的队形称为横队。一般横队的宽度大于纵深。

④纵队：由"路"组成的队形称为纵队。一般纵队的纵深大于宽度。

⑤间隔：相邻者左右之间的间隙称为间隔。一般为一拳（约 10 cm），队与队之间约为两步。

⑥距离：相邻者前后之间的间隙称为距离。一般为一臂（约 75 cm），队与队之间约为两步。

⑦排头：位于纵队之首或横队右翼者为排头。

⑧排尾：位于纵队最后或横队左翼者为排尾。

⑨基准：被指定作为看齐目标者称为基准。被指定作为基准者应举手示意（排头、排尾者除外）。

⑩翼队：列左右两端称为翼。左端为左翼，右端为右翼。

⑪伍：成二列或数列横队时，前后重叠者称为伍。各伍人数与列数相等的称为满伍，人数少于列数的称为缺伍。

⑫步幅：一步的长度（前后脚脚跟的距离）称为步幅。

⑬步速：每分钟所走的步数称为步速。

⑭步度：步速和步幅的总称称为步度。

⑮口令：在队列队形练习中，指挥者所发出的操练指令称为口令。一般口令由预令和动令组成。预令指明动作的性质（动作的做法和方向）；动令指明动作的开始。预令必须清楚、洪亮，队伍人数多时应拉长，相反则缩短。动令要求短促有力。一个完整的口令，预令和动令是密切相关的统一体。但有的口令只有动令无预令，如立正、稍息、

报数等。

2. 队列队形术语应用提示

队列练习是按照一定的队形，做协调一致的动作。队形练习是在队列的基础上，做各种队形和图形的变化。两者往往是不可分割的。因此，队列术语与队形术语也是密不可分的。

在队列队形练习中，指挥者是否能选择适当的词句来向练习者讲解，在一定程度上取决于指挥者对队列队形练习的名称、术语掌握和运用的程度。同样，练习者是否能很好地领会指挥者的意图，也要由练习者对指挥者运用动作的名称、术语的理解程度来决定。如果练习者对队列队形练习的基本名称、术语都能了解，而且都很熟练，那么队列队形练习就能更加顺利地进行。

（二）徒手体操术语

1. 基本姿势术语（图 2-7、图 2-8）

①人体站立的姿势，如直立、并立、开立、点地立、单脚立、起踵立等。直立，与立正基本相同，五指并拢伸直。并立，与直立相同，两脚并拢。开立，与直立相同，两脚左右分开与肩同宽。点地立，与直立相同，但一脚前或侧或后出，脚尖点地，重心落在另一腿上站立。单脚立，与直立相同，单脚站立，重心落在另一腿上。起踵立，与并立相同，两脚跟提起站立。

②蹲：屈膝站立的姿势，一般两腿并拢，全脚掌着地。蹲有全蹲和半蹲。大、小腿夹角小于 45°的称全蹲。大、小腿夹角约为 90°的称半蹲。

③跪：两腿并拢屈膝着地，上体与地面垂直的姿势。其他的跪应指明姿势。

④撑：上肢和（或）身体某部位支撑在地面上的姿势，如俯撑、仰撑、侧撑、蹲撑、分腿屈体立撑等。

⑤坐：以臀部和（或）大腿着地，身体与地面垂直的姿势，如并腿坐、分腿坐等。

⑥卧：身体躺在地面，通常的姿势有俯卧、仰卧、侧卧等。

⑦倾：身体与地面既不垂直又不失去平衡的姿势。

⑧弓步：两脚分开约一大步，一腿屈膝约 90°，另一腿伸直，全脚掌着地，上体与地面垂直的姿势，如前弓步、侧弓步、后弓步等。

⑨平衡：用脚、手或身体某一部位支撑地面，身体保持一定时间的静止姿势，如俯平衡、侧平衡、仰平衡、跪撑平衡等。

⑩劈腿：两腿分开成直线着地的姿势，如纵劈腿、横劈腿、半劈腿等。

图 2-7

图 2-8

⑪桥：身体背向地面，上肢与下肢支撑成弓步形姿势，如分腿桥、跪桥、前臂桥等。

2. 基本动作术语

①举：四肢移动范围在 180° 内，并稍停止在某一方位上的动作，如前举、上举、后举等。

②屈：弯曲和缩小身体或身体某一关节角度的动作，如体前屈、体侧屈、左臂胸前平屈等。

③伸：扩展和伸直身体或身体某一关节角度的动作，如伸臂、伸腿等。

④摆：臂或腿向某方向做匀速挥动的动作，如左脚向前一步，右腿前摆同时转体 180° 成直立。

⑤摆动：往返摆的动作，如两臂前后自然摆动。

⑥振：臂或上体做加速而富有弹性的摆的动作，如两臂经前至胸前平屈后振。

⑦踢腿：用力做加速摆的动作，如前、后、侧踢腿等。

⑧绕：身体或身体某一部位做大于 180°、小于 360° 的弧形摆的动作，如两臂后绕至前举。

⑨绕环：身体或身体某一部位做 360° 或大于 360° 的圆形摆的动作，如两臂经前向后绕环一周半至上举。

⑩波浪：身体或身体某一部分邻近的关节按顺序做柔和屈伸的动作，如两臂波浪、全身波浪等。

⑪转：绕人体纵轴转动的动作，如向左、右、后转等。

⑫压：四肢或上体做向下加力压的动作，如压肩、压髋、压腿等。

⑬倒：身体伸直向某方向倒下的动作，如前倒成俯撑。

⑭跳：脚蹬地使身体腾空的动作，如挺身跳、分腿跳等。

⑮出：一脚向某方向迈出一步或半步的动作，如左脚侧出成开立。

3. 徒手体操术语的结构

按结构术语的要求，徒手体操术语一般由开始姿势、动作部位、动作方向、动作形态、动作做法和结束姿势六个部分构成（表 2-1）。

表 2-1　徒手体操术语的结构表

动作术语	结构部分与排列顺序					
	开始姿势	动作部位	动作方向	动作形态	动作做法	结束姿势
两臂后绕	直立	两臂	（向）后	直臂	绕	至前举
跳成并立	开立	两脚	向上	直体	跳起	成并立

注：表内加括号的是可以省略的部分。

（三）徒手体操术语的记写

1. 每拍动作的记写

每拍动作一般从左到右、从下到上，按下肢、上肢、上体和头的顺序记写。

每拍记写：开始姿势，除第一个动作外，其余动作的开始姿势可省略；动作部位，凡全身参与动作的可省略；动作方向，据开始运动时身体的方向而定，当上、下肢所经过的为通常最短的路线时可省略路线术语；动作形态，属于基本身体姿势要求的和不强调身体形态的可省略；动作做法，这是构成术语的关键，一般不能省略；结束姿势，除最后一个动作外，一般可省略。

在一拍动作中，各部位的动作一般是同时进行的，"同时"二字可以省略。各部位的动作不是同时进行的，可按先后顺序记写。

2. 每节动作的记写

每节动作由若干拍数组成。记写时，最后一拍要指出结束姿势。

记写时应先指出该动作的名称，由几个八拍组成（如二八拍、四八拍或写成 2×8、4×8），然后按预备姿势、节拍动作和结束姿势的顺序记写。当后一拍动作完全按原路线回到前一拍动作的结束姿势时，可用"还原"两字代替后一拍动作的记写；当后若干拍动作与前若干拍动作完全相同时，可用"×–× 拍，同 ×–× 拍"的记写方式代替后若干拍动作的记写。

在记写一节动作时，应注意以下几个问题：

①若后若干拍与前若干拍动作完全相同，后若干拍动作只指出"同"前若干拍即可。如⑤—⑧同①—④。

②若后若干拍与前若干拍动作对称相同时，后若干拍动作可以省略，指出对称的部位或方向即可，如"唯两腿（臂）交换"；只有左、右方向对称改变时，可写成"唯左、右相反"或"左、右交换"。

3. 记写一节徒手体操的范例（图 2-9）

第八套广播体操第六节 全身运动（4×8 拍）

图 2-9

预备姿势 直立。

第一拍，左脚向前成弓步，同时两臂经前至侧上举（掌心相对），抬头，眼看前上方。

第二拍，左脚收回，同时上体前屈，手指于脚前触地（掌心向后）。

第三拍，全蹲，同时两手扶膝（两肘外分，手指相对），眼看前下方。

第四拍，还原成直立。

第五至八拍 同第一至四拍，但换右脚做。

注：上述记写的范例，是根据结构术语的记写要求，详细、准确地用文字说明节拍动作，同时配以形象、直观的图解说明。这种记写法主要用于编写规范教材、测验动作和比赛动作等方面。在编写教案时，一般只需用文字标明节序、名称、拍数，再配以简单的单线条或双线条的动作图解即可。

四、器械体操术语

（一）器械体操术语

1. 基本动作术语

①支撑：手、臂或身体某些部位撑在器械上，肩轴高于或平于器械轴的动作。支撑又分为单纯支撑和混合支撑两种（图2-10）。单纯支撑是只用手或身体某部位撑在器械上的动作，如双杠、单杠支撑。混合支撑是用手和身体其他部位同时撑在器械上的动作，如单杠骑撑。

②悬垂：手、臂或身体某（些）部位悬挂在器械上的动作（肩轴低于器械轴）。悬垂又分为单纯悬垂和混合悬垂两种（图2-11）。单纯悬垂是只用手或身体某部位悬挂在器械上的动作，如单杠悬垂。混合悬垂就用手和身体其他部位同时悬挂在器械上的动作，如单杠单挂膝悬垂。

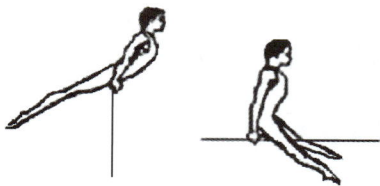 

图 2-10　　　　　　　　　图 2-11

③上法：整套动作或联合动作中按技术要求做的第一个上器械的动作称为上法，如双杠后摆上。

④下法：整套动作或联合动作中按技术要求做的最后一个离开器械的动作称为下法，如双杠后摆下。

⑤上：身体由较低部位升至较高部位的动作，包括由悬垂转为支撑（如单杠屈伸上）、由较低支撑转为较高支撑（如双杠挂臂屈伸上）以及由较低悬垂转为较高悬垂（如单杠引体向上）等动作。

⑥下：身体由较高部位降至较低部位的动作。其中肩部由上而下做弧形运动的称倒下

（如技巧直立向前倒下成屈臂俯撑），肩部由上而下做垂直运动的称落下（如吊环手倒立慢落下成倒悬垂），身体从器械上到地面上的动作称下（如支撑后摆下）。

⑦摆动：在悬垂或支撑中，身体做钟摆式运动的动作，如单杠悬垂摆动、双杠支撑摆动。

⑧摆荡：身体和器械一同摆动的动作，如吊环或吊绳上的前、后摆荡。

⑨振浪：通过髋关节有节奏地屈伸而加速摆动的动作，也称鞭打技术。

⑩极点：身体摆动到最大幅度时回摆的那一点。

⑪挥摆：单腿向左或右做钟摆式并还原的动作，如鞍马支撑左右挥摆。

⑫摆越：腿从上面或下面越过器械的动作，如单杠支撑单腿摆越成骑撑。

⑬腾越：整个身体腾起从器械上越过的动作，如跳马分腿腾越。

⑭屈伸：通过关节的弯曲和伸展，使身体重心向上或向前上或向后上等移动的动作，如吊环后上成手倒立、技巧屈伸起、单杠后上等。

⑮弧形：由支撑或悬垂开始，通过髋关节的屈伸使身体重心沿抛物线轨迹运动的动作，如单杠支撑后倒弧形下。

⑯回环：身体绕器械轴或握点连线转动一周或一周以上的动作，如单杠骑撑前回环、吊环向后大回环等。

⑰转体：绕身体纵轴转动的动作。

⑱转肩：手握器械，肩关节做旋转的动作，如吊环前、后转肩。

⑲腹弹：利用髋关节的急速屈伸，经腹部弹杠使身体后摆的动作，如高低杠大摆腹弹。

⑳绷杠：利用髋关节的急速屈伸，并借助杠的反弹力使身体腾起的动作，如高低杠高杠支撑大摆接低杠绷杠下。

㉑交叉：两腿在器械上同时做相反方向的摆越动作，如鞍马正交叉。

㉒全旋：单腿或双腿做绕环式的动作，如技巧蹲撑单腿全旋、鞍马全旋、双杠杠端全旋等。

㉓滚动：身体不同部位依次接触地面或器械，但不经过头部翻转的弧形动作，如技巧团身滚动、挺身滚动等。

㉔滚翻：身体不同部位或只用肩依次接触地面或器械，并经过头部翻转的动作，如技巧鱼跃前滚翻、双杠挂臂撑挺身后滚翻等（图2-12）。

① ② ③ ④ ⑤ ⑥

图 2-12

㉕手翻：用手或头手支撑地面或器械，并经过头部翻转的动作，如技巧头手翻、跳马前手翻等（图2-13）。

图 2-13

㉖空翻：身体在腾空时，做经过头部翻转的动作，如技巧前空翻、双杠后空翻成支撑等。

㉗空翻转体：空翻一周同时绕身体纵轴转体的动作，如技巧直体后空翻转体360°、双杠屈体前空翻转体180°下等。

㉘旋：空翻两周同时绕身体纵轴转体的动作，有前旋、后旋、屈体旋、直体旋、720°旋等。

㉙倒立：在支撑中，头在下、脚在上的一种倒置身体的垂直静止动作（图 2-14）。

图 2-14

2. 基本技术术语

①梗头：头颈部正直上顶、下颔内收的技术，如跳马推手时的梗头技术。

②低头：头部前屈的技术，如技巧前滚翻的低头技术。

③抬头：头部后屈的技术，如技巧俯平衡的抬头技术。

④顶肩：手在支撑和推离时，肩胛骨外展或上回旋，用以加固、提高支撑位置及加大推撑力量的技术，如双杠支撑摆动时的顶肩技术。

⑤跟肩：上体前跟，肩部向前加速移动的技术，如单杠骑撑前回环后半部上体前屈的跟肩技术。

⑥推手：手在支撑的一瞬间，伸前臂肌群和屈腕肌群以短暂有力地收缩，做推离支点的技术，如跳马动作的推手技术。

⑦含胸：两肩和胸内收，稳定身体重心，利于动作翻或转的技术，如技巧空翻转体的含胸技术。

⑧挺胸：两肩和胸外展，防止身体前翻，使动作更富美感的技术，如跳马推手后的挺胸技术。

⑨立腰：腰腹部肌肉适度收缩，脊柱伸直上立，做短暂固定的紧腰技术，如各种倒立的立腰技术。

⑩提腰：髋关节前屈使腰部上提的技术，如双杠慢起肩倒立时的提腰、提臀技术。

⑪提臀：髋关节前屈使臀部由较低位置上至较高位置的技术，如双杠慢起肩倒立时的提腰、提臀技术。

⑫送髋：在腿前摆加速时，使髋部向前上做远离支点的动作，用以加大摆幅的技术，如双杠挂臂摆动时的送髋技术。

⑬制动腿：腿加速摆动后，做腿的瞬间减速动作，用以提高身体重心的技术，如双杠屈伸上的制动腿技术。

（二）器械体操术语的结构

按结构术语的要求，器械体操术语一般由开始姿势、动作方向、动作形态、动作做法和结束姿势五个部分构成（表2-2）。

表2-2　器械体操术语的结构表

项目	动作术语	动作结构部分与排列顺序				
		开始姿势	动作方向	动作形态	动作做法	结束姿势
技巧	助跑前手翻	助跑	（向）前	（直体）	手翻	（成站立）
双杠	前摆上	（挂臂撑）	（向）前	（直体）	摆上	（成支撑）
单杠	支撑后回环	支撑	（向）后	（直体）	回环	（成支撑）
跳马	分腿腾越	（助跑）	（向前）	分腿	腾越	（成站立）

注：表内加括号的是可以省略的部分。

（三）器械体操术语的记写

1. 各结构部分的记写

（1）开始姿势

开始姿势是指由什么姿势或动作开始，如直立、助跑、悬垂、支撑、倒立等。在联合或成套动作中，除第一个动作需要指出开始姿势外，后面动作的开始姿势可省略，因为前一个动作的结束就是后一个动作的开始。单杠、高低杠、吊环等项目从悬垂开始的动作，可将"悬垂"二字省略；双杠、平衡木从侧撑开始做动作的可将"侧撑"二字省略，或改为支撑；单杠、吊环、鞍马、高低杠和平衡木等项目动作的正撑、正握的"正"字可省略。

（2）动作方向

动作方向是指人体或人体某一部分运动的方向，它是由开始运动时身体与器械的方向确定的，如向前、后、左、右、上、下等。在不强调动作方向或可以向任何方向完成动作时，动作方向可省略；动作做法中已含方向的，动作方向可省略；仅向一个方向做的动作，动作方向可省略。在双杠、平衡木侧的方向做的动作或在单杠、高低杠、鞍马正的方向做的动作，"侧"和"正"的方向术语可省略。

（3）动作形态

动作形态是指做动作时人体的形状，如团身、屈体、直体、分腿等。属于体操基本形态要求的可省略；不强调身体形态的动作，动作形态可省略；凡团身完成的动作是该项目同类动作中最简单或最基本的动作形态时，"团身"二字可省略；对动作形态有特定要求的分腿、屈腿、屈臂等，则要指明。

（4）动作做法

动作做法是指完成动作的主要方法，如摆动、回环、屈伸、弧形、腾越、转体、滚翻、手翻、空翻、用力慢做等。动作做法是结构术语的核心，一般不可省略。只有其中次要的、惯例性的动作做法有时可省略。

（5）结束姿势

结束姿势是指完成动作后的姿势、位置或部位，如站立、悬垂、支撑、挂臂撑、倒立等。与开始姿势相同的或必然的结束姿势可省略。

2. 单个动作的记写

（1）结构记写法

结构记写法是以体操结构术语为依据，准确地描述动作的结构及其本质特征，是一种规范的、全国统一的体操动作记写法。

（2）简化记写法

简化记写法是一种对体操动作结构术语的简化记写方法。

（3）命名记写法

命名记写法是经国际体操联合会批准的，以某国、某地、某运动员名字命名的体操动作的记写法，如俄式大回环、阿拉伯空翻、李宁正吊等。

（4）形意记写法

形意记写法是经我国长期实践流传下来的，用形象、意象、通俗的词语记写体操动作的方法，如猫跳、回笼、下蛋、小翻等。

（5）图解记写法

图解记写法是用图像（单线图、双线图、实体图、轮廓图、照片图、影视图）和符号记写体操动作的方法。

（6）单个动作的记写范例（表2-3）

表2-3 单杠团身后空翻两周同时转体360°下

结构记写法	简化记写法	命名记写法	形意记写法	图解记写法
团身后空翻两周转体360°下	团身后旋	冢原下	月亮空翻下	

3. 成套动作的记写

（1）完整记写法

完整记写法是根据体操结构术语记写的要求，用文字同时配以图解，详细、准确地说明成套动作的记写方法，主要用于编写规范教材、等级大纲和比赛套路等。

常用的体操成套动作记写形式有下列几种：

①逗号连接式，是按成套动作的先后顺序，用逗号把相对独立部分或动作连接起来成为成套动作的一种记写形式。

②破折号连接式，是按成套动作的先后顺序，用破折号把相对独立部分或动作连接起来成为成套动作的一种记写形式。如，教学大纲中规定的单杠动作：悬垂摆动屈伸上接后摆——支撑后回环——左（右）腿摆越成骑撑——两手换反握，骑撑前回环——右（左）腿摆越同时左（右）转体180°成支撑——弧形后倒摆转体90°下。

③分行连接式，是按成套动作的先后顺序，把相对独立部分或动作，分行排列起来成为成套动作的一种记写形式。

（2）缩简记写法

缩简记写法是根据体操教学、训练、裁判等不同的需要，浓缩简练、约定俗成的一种说明成套动作的记写方法。它主要用于编写教案、制订训练计划、填写裁判员评分表等。这种记写法的特点是只说明开始姿势和动作做法或个别地记写动作方向与结束姿势。一般常用于编写教学大纲、教案和训练日记等。如由各种开始姿势做骑上、屈伸上等。

（3）图解法

图解法是指用草图来说明动作。这种记写法的特点是简便、清楚、直观，一般多用于编写教案。

上述记写方法可以单独运用，也可根据需要结合使用。

（四）运用术语的几点要求

1. 可省略的表述

体操练习中，最常用的一些术语可以省略。如"正"的部位在单杠、鞍马和吊环上就可以省略，只应指出"侧"的部位。但双杠则可省略"侧"的部位术语。又如在单杠、鞍马、平衡木上"正撑""正握"等术语有时可省略，只用"后撑""反握"等术语。在双杠上可省略"侧撑""从内握"等术语。在记写单杠、鞍马、平衡木上的"正撑"和双杠上的"侧握"时，一般都称为"支撑"。在鞍马各个不同部位上做双腿全旋时，"双腿"二字可以省略。若做单腿全旋则要说明。单杠、鞍马、平衡木、高低杠由支撑开始做单、双腿向前摆越时，可省略"向前"二字。其他情况下应指明。

2. 开始姿势的记写

开始姿势的记写，通常是在动作开始时加以说明。在记写整套动作时，第一个动作的开始姿势要指明，后面动作的开始姿势就不必再指出了，因为前一个动作的结束姿势就是下一个动作的开始姿势。

3. 动作方向的表述

在器械项目上做肩轴与器械轴平行摆越或腾越动作时，应据开始运动的方向确定前、后、左、右方向，即开始运动的方向是向右面，称为向右摆越或腾越。如横向向右方向做的直角腾越，就称为向右直角腾越。如果开始做动作时，肩轴与器械轴垂直，其方向则应以开始做动作时所处的前、后、左、右面而定。如双杠向前方向的摆越称为分腿前摆越，向左方向做的挺身下称为向左挺身下。

第二节　体操教学保护与帮助艺术

由于大部分器械体操、技巧等动作，对练习者的抓握能力、悬垂与支撑能力、平衡能力、空间感觉能力等都是一种培养和锻炼，要顺利完成动作，对这些能力的基础能力也有一定的要求，同时，这些动作中的大部分内容都与人体常态体位或动作相反（如倒立和翻转动作），在进行动作学习或训练时，学生会产生恐惧心理。教师要保证练习顺利并使学生能够掌握动作技术，除了要明确掌握动作要领和练习方法，还必须采取保护与帮助的方式，给学生提供心理、能力等方面的支持和帮助，以提升学生动作练习的信心，保障学生的安全。

所以，为了在体操教学、训练中更好地运用保护与帮助的手段和方法，充分发挥保护与帮助的作用，学习和掌握有关保护与帮助的理论知识和技术是非常必要的。一方面，体操的保护与帮助两者本身含义不同，所谓保护就是在体操教学、训练和比赛中，为防止意外事故的发生而采取的安全措施。它包括未发生危险时的预防措施和发生危险时的安全防护措施等。所谓帮助即在体操动作练习过程中，及时给予练习者助力、信号或放置标志物、限制物等，使其更快地建立正确的动作概念，更好地掌握、改进和提高动作技术的措施。另一方面，保护与帮助两者又有密切的联系，保护在某种程度上带有帮助的意义，帮助又是一种可靠的保护。所以在运用时不要把保护与帮助截然分开、对立起来。

在进行体操动作练习时，采用保护与帮助是体操教学与训练的一大特征。第一，在保护与帮助下，学生敢于进行练习，可减轻学生动作学习时身体和心理上的负担，增强信心；第二，教师给学生提供适当的助力，可以帮助学生逐步感知动作要领，掌握肌肉用力的节奏、时机、大小和方向，从而最终达到完成动作的教学目标；第三，在体操教学与训练中，教师有计划、有目的地使学生学会保护与帮助的技能，可以培养学生互相关心、互相爱护、互相帮助、团结协作的优良品质；第四，保护与帮助本身就是一种技能，这种技能是体操教学能力的重要组成部分，学生在进行体操动作练习的同时，通过保护与帮助的实践，可以促使学生有效掌握这项技能。学生掌握了这项技能，就能成为学校体育教学和课外体育活动的骨干和教师的得力助手，对协助教师上好训练课，推动课余体操锻炼和群众性体操活动的开展都具有重要意义。

一、保护与帮助的分类和内容

（一）保护与帮助的分类

体操教学与训练中保护与帮助的方式和方法是多种多样的。保护可分为自我保护、他人保护、利用器械保护，帮助可分为直接帮助、间接帮助、利用器械帮助（图2-15）。在体操教学与训练中保护与帮助是学生掌握体操动作的外部条件，如果过多地采用助力性的帮助，就会使学生产生练习依赖，不利于动作的学习和掌握。因此，运用保护与帮助时，教师或学生一定要根据具体的教学情况、教学条件以及不同学习阶段学生对动作的掌握情况合理地运用。

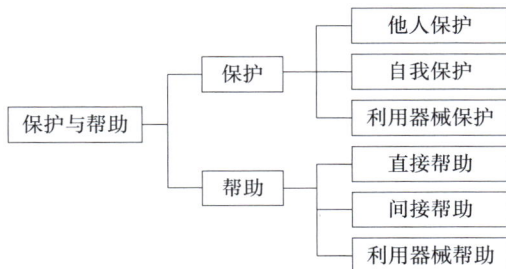

图 2-15

（二）保护的方法

1. 他人保护

为防止练习者因技术不熟练或意外等而可能出现的危险，由保护与帮助者采取的安全措施称为他人保护。他人保护常用的方法有接、抱、挡、拦、拨等。这些手法可使练习者改变身体位置，停止、减缓或加快动作速度，避免剧烈摔倒或撞击器械，确保练习者的安全。

2. 自我保护

为防止因技术不正确或意外而发生的危险，练习者独立地运用特定的技巧来摆脱危险称为自我保护。练习者运用自我保护时，应头脑冷静，采取措施要迅速、果断、有效，要保持全身肌肉适度紧张，特别要警惕头部直接触地和直臂反撑地等。自我保护的方法一般有以下几种。

（1）紧握器械

如在做单杠骑撑前回环时，回环惯性不够或旋转不圆滑会导致不能回环上至骑撑部位，此时，应迅速屈髋、屈膝勾杠，拉臂紧握杠，以防跌下。

（2）主动停止练习或跳下

如单杠向前大回环动作，当回环不能上至倒立部位时应主动跳下。另外在出现滑手、护掌断裂、器械发生事故或失去动作节奏等情况时，应主动停止练习或跳下。

（3）利用惯性

在做技巧、跳马及各项下法失去平衡或掉下时，应利用惯性顺势做屈臂、团身、空翻、滚动或下蹲等动作，以减缓冲击地面的力量。如在跳马落地时前冲过大、站立不稳，应顺势做团身前滚翻。

（4）改变动作性质和身体姿势

改变动作性质和身体姿势可以缩短回环或旋转半径，调节身体平衡，避免剧烈摔倒。如做跳马水平腾越，当推越器械力量不足时，应改做分腿腾越。

3. 利用器械保护

帆布垫、海绵垫、海绵包和大、小护掌等均可作为护具。特别是海绵坑的出现和使用，有助于消除练习者在教学训练中的紧张、害怕心理。但是，目前一般基层单位，尤其是中小学校条件比较差，教师应积极创造条件，自己动手制作一些简易的器械设备，如草包、草垫、棉垫、沙坑等，在体操教学与训练中作为保护器械使用。

（三）帮助的方法

在练习过程中，及时给予练习者助力、发出信号或放置标志物、限制物等，使其更快地建立正确的动作概念，更好地掌握、改进和提高动作技术的措施称为帮助。帮助分为直接帮助、间接帮助和利用器械帮助三种。

1. 直接帮助

保护与帮助者直接给练习者助力，使其更快地建立正确的动作概念，更好地掌握、改进和提高动作技术的措施称为直接帮助。常用的直接帮助手法有以下几种。

①托：用于使身体升高或靠近器械轴，如器械的一些上法、技巧的手翻、空翻类的动作，均可采用。托的部位应根据动作需要确定，如双杠前摆上应托腰背，后摆上应托腹部。

②顶：主要用于顶肩，以便肩角充分拉开，加大动作幅度或有利于支撑推手，提高腾空高度。如技巧和跳跃的手翻类动作，均可采用顶的手法。

③送：用于使身体重心远离器械轴，提高身体位置，获得较大的摆动力量。如单杠的悬垂起摆和弧形摆，可用送的手法。

④挡：这是一种阻力性助力，用于减慢动作速度或阻止身体翻转。如单杠支撑后回环，当回环力量过大时，可用阻挡的手法帮助制动腿。

⑤拨：用于顺势加大回环力量与翻转速度。如单杠的骑撑前、后回环，技巧的前空翻，都可顺势用拨的手法。

⑥提拉：用于帮助摆脱器械或增加推撑力量。如：跳马屈腿腾越，可提拉大臂；技巧后滚翻成手倒立，可提拉小腿。

⑦推：用于帮助加速水平速度。如技巧的手倒立前滚翻，在前滚的过程中，可顺势推其背部。

⑧搓：用于转体动作，以加大身体沿纵轴转动的力量。如技巧的挺身后空翻转体，可

采用搓的手法。

⑨扶：用于帮助练习者稳定重心，维持身体平衡。如各种倒立和平衡动作，可采用扶的手法。

帮助的手法还有很多，值得注意的是不同的项目、不同的动作有不同的帮助手法，要根据具体动作和实际情况灵活运用。

2. 间接帮助

保护与帮助者不直接给练习者助力，而是通过发出信号、放置标志物和限制物等手段，使练习者掌握正确的用力时机、节奏，体会所在的空间和方位，尽快学会动作和提高动作质量的措施称为间接帮助。间接帮助的方法有以下两种。

（1）信号法

运用语言、呼声或击掌等，向练习者示意用力时机、动作节奏和动作要领。如做双杠挂臂屈伸上时，保护与帮助者可发出"收""伸""压""跟"，或数"1—2—3—4"等信号，间接帮助练习者完成动作。

（2）标志物和限制物法

用绳、竿、球、手帕、小旗或其他醒目物品，示意动作的方向、幅度和范围，帮助练习者建立正确的空间感。如跳马侧腾越，可用吊球做标志物置于跳马的侧上方，让练习者用脚去触球。

3. 利用器械帮助

常用的器械有保护滑车、保护腰带、轴承保护带、保护手套、全旋练习器以及各种保护凳、保护台等。使用专门的器械帮助，其最大优点是安全、可靠，有助于消除练习者的害怕心理，使之正确体会动作要领，缩短教学过程，促进技术的提高。

二、保护与帮助的运用和要求

（一）保护与帮助的运用

为了更充分地发挥保护与帮助的作用，在实际运用时应注意以下几点。

1. 站位要得当

只有正确地选择站立的位置，才能充分发挥保护与帮助的作用。否则，站位选择不当，不仅起不到作用，有时还会妨碍练习者完成动作，甚至造成伤害事故。一般来说，站立的位置要根据不同项目、不同动作的特点而定。例如，在做支撑跳跃动作练习时，保护与帮助者应站在跳马（或跳箱、山羊等）的侧前方，而在做顶肩推手动作练习时，保护与帮助者要站在正前方两手推练习者的两肩。再如，在做头手翻动作时，保护与帮助者要半蹲在练习者的侧前方，且注意不要被练习者张开的手臂打中头部。

单杠、吊环、高低杠三个项目，均以摆动动作为主。摆动动作在垂直部位时速度最快，是初学者最容易脱手的地方，也正是需要给予练习者助力或阻力的位置。因此，在做向前摆动时，保护与帮助者应站在器械的前侧方；在做向后摆动时，应站在器械的后侧方。

练习者做双杠项目中的悬垂与挂臂动作时，保护与帮助者一般应站在杠外一侧，以便从杠下给予保护与帮助。练习者在做杠上动作时，保护与帮助者应站在杠外一侧，也可将器械降低或站在杠侧的保护台或保护凳上提供保护与帮助。

在技巧项目中，凡是做向前动作时，保护与帮助者应站在练习者的侧前方；凡是做向后动作时，保护与帮助者应站在练习者的侧后方；凡是做向侧动作时，保护与帮助者应站在练习者的背侧方。

在支撑跳跃项目中，通常保护与帮助者应站在练习者落地点的侧方。因为支撑跳跃有两个腾空，为了帮助练习者改进第一腾空技术，保护与帮助者可站在助跳板的一侧或站在助跳板与跳跃器之间的位置，帮助练习者摆腿或托肢；为了帮助练习者改进第二腾空技术，保护与帮助者也可站在跳跃器的前方，帮助练习者顶肩和推手。

在平衡木和鞍马项目中，初学者可先在地上或低器械上进行练习，然后逐步过渡到标准器械上练习，保护与帮助者可根据不同动作、因人而异地选择站位。

各项目的高难动作需要保护与帮助时，可视情况采用两人或多人站在不同位置上提供保护与帮助。

2. 步移要灵活

步移要灵活是指在保护与帮助中，保护与帮助者除了手法和站位的选择要得当，脚下步伐移动也要灵活。一般情况下，练习者在做单个动作时，保护与帮助者应根据动作的特点和需要，采取两脚左右或前后开立的姿势，同时配以小步移动；而在做一套小联合动作、成套动作、下法动作或技巧挂串动作时，保护与帮助者应随着练习者的动作变化姿势，相应配以脚下步伐前、后、左、右的移动，确保随时都处于最佳的站位状态，给予练习者有效的保护与帮助。

3. 部位要正确

保护与帮助的部位要正确，保护与帮助的部位指保护与帮助者给予练习者助力的作用点。例如，练习者在进行侧手翻练习时，保护与帮助者应在练习者髋关节上部使力，提供"拨"的帮助。练习者在做前滚翻时，保护与帮助者应半蹲在练习者的侧面，在练习者颈部滚动到垫子上时，给练习者的背部提供助力性的"推"。正确的部位是最能发挥助力效应的地方，是根据各项目具体动作的结构而定的。一般说来，主要的助力作用点均在人体重心附近的部位或运动轴两侧的部位上。

4. 时机要恰当

掌握好保护与帮助的助力时机是保护与帮助的关键，也是保护与帮助的技巧所在。总的来说，给予练习者助力的时机须符合动作技术的规律，动作技术要求在什么时候用力，就在什么时候给予助力，过早或过晚的助力都会影响动作完成的效果，甚至造成人为的伤害。只有恰到好处地掌握助力时机，才能充分发挥保护与帮助的积极作用。否则，保护与帮助时机早了，练习者没能真正地体会动作，时机晚了练习者的练习往往会以失败结束。

5. 助力要适度

保护与帮助者助力的大小、方向取决于动作技术的要求和练习者的实际需要。一般情况下，初学阶段助力应大些，随着动作技术的提高逐渐减少助力，直至最后由练习者独立完成动作。此外，对技术水平较差、能力较弱者，所给助力相应要大，反之则小。若不论对象、不管具体情况，保护与帮助者均给予同样的助力或以为助力越大越好，都会影响练习者对动作技术的掌握。

6. 重点要明确

保护的重点是身体的要害部位和最容易受伤的部位。首要的是头颈部，其次是上肢，要避免头部直接着地和直臂手撑地。此外，腰、膝、踝部的保护也不可忽视。另外，要在器械周边，尤其是单、双杠项目，在四周都要铺上海绵垫以防止练习者出现意外。教师应当在体操训练前提醒学生，如果动作失败应如何自我保护。例如，摔倒时，应顺势进行前滚或侧滚保护，防止胳膊扭伤；在后背着地时，应低头看脚尖，防止后脑摔伤。

7. 阶段要把握

阶段要把握是指保护与帮助者必须把握好不同教学阶段保护与帮助的特点。运动生理学研究表明，动作技能的形成分为泛化、分化和建立动力定型三个阶段，即初步建立动作概念阶段、改进提高动作质量阶段和巩固完善动作技能阶段。在不同阶段，练习者对动作掌握的程度不同，教学任务不同，因此对保护与帮助运用的要求也不同。尽管教学对象千差万别，保护与帮助的方法在具体运用中不尽相同，但它有一定的规律。在初步建立动作概念阶段，一般以帮助为主；在改进提高动作质量阶段，应保护与帮助交替运用；在巩固完善动作技能阶段，以保护为主，最后脱离保护，让练习者独立完成动作。

8. 脱保要适时

由帮助过渡到保护容易掌握，而从保护过渡到脱保、独立完成动作则较难掌握，特别是一些高难度、危险性较大的动作。因此掌握脱保的时机十分重要。过早脱保，容易破坏初步建立起的动力定型，出现反复，甚至造成损伤；反之，贻误脱保时机，对培养练习者的意志品质有害无益。确定可以脱保的条件一般有以下几点：

①已形成正确的动作技术，且成功率较高。

②有清晰、正确的运动感觉和较强的自我保护能力。

③有充分的信心、坚强的意志和较好的体力。

当练习者基本具备上述条件后，方可确定脱保。在脱保阶段，为了进一步巩固提高，还可以再提供保护与帮助，然后又脱保。

总之，在运用保护与帮助时必须做到站位要得当、步移要灵活、部位要正确、时机要恰当、助力要适度、重点要明确、阶段要把握、脱保要适时。这八个方面既各有特点，又是一个相互联系、完整统一的整体。只有全面、准确地理解和掌握了上述八点要求，才能在保护与帮助的运用中得心应手，最大限度地发挥保护与帮助的积极作用。

（二）对保护与帮助者的要求

1. 要有高度的责任感

在体操教学与训练中，保护与帮助者必须对保护与帮助的意义和作用有足够的认识和重视。必须提高对保护与帮助工作重要性的认识，使教师和学生在实施保护与帮助时具有高度的责任感，不仅要把保护与帮助看作有效的训练手段和训练内容，而且要认识到这是维护和增进学生身体健康、加快掌握动作技术进程的有力措施。在保护与帮助的过程中，保护与帮助者应精力集中、耐心细致、任劳任怨，不允许有任何的疏忽麻痹，在关键时刻应有舍己救人的精神，不惜一切、全力以赴地使练习者摆脱危险，确保安全。

在体操教学与训练中，出现运动损伤往往是保护与帮助未引起师生的足够重视、准备活动不充分、没有采取相应的保护与帮助措施造成的。高度的责任感表现在以下几方面：教师和学生都要克服"动作简单，不必保护与帮助"的错误思想；教师除了指定有关人员实施保护与帮助，还应严格要求学生，加强课堂纪律的教育，提高学生遵守纪律的自觉性；教师要严密组织课堂的教学与训练，合理运用教法，安排好运动强度和密度，为保护与帮助创造良好的条件。

2. 要掌握过硬的保护与帮助技能

保护与帮助是体操教学训练中的基本技能之一。保护与帮助者只有掌握好这一专门技能，才能完成好保护与帮助。初学保护与帮助，可能会感到生疏、别扭、插不上手或用不上劲，甚至会挨打、被砸，妨碍练习者做动作。这就需要一个从不会到会、从生疏到熟练的学习和实践过程，逐步掌握过硬的保护与帮助技能。

掌握过硬的保护与帮助技能首先表现在科学、合理地安排教学程序与方法上。在教学程序方面，在项目和动作的调配上，支撑项目和悬垂项目、跳跃项目和技巧项目、支撑和垂悬动作等不要重复进行。在准备部分的一般准备活动基础上，强调进入具体练习时，应针对学习内容安排专门性准备活动，如腕、颈、腰、背等部位往往容易受伤，在准备活动中，应根据上述部位的关节做专门的练习。在方法方面，首先应注意局部负荷量，合理安排项目顺序等，除加强局部素质的训练外，还要加强上述易受伤部位的保护与帮助，必要时，还可利用器械来加强保护与帮助，如护腕、护掌、松紧练功腰带等保护器械。其次要加强学生自我保护能力的培养，学生自我保护能力的欠缺是一个较严重的问题。由于学生的自我保护能力较差，因此在出现问题时，往往束手无策，不能自我保护与帮助，故在学生进行练习时，要强化自我保护与帮助意识及方法的教育。

3. 准确使用保护与帮助方法和手段

保护与帮助不当会造成运动伤害，主要反映在保护与帮助的方法和手段上。这方面包括主观和客观的原因，既包括教师对所传授的保护与帮助的方法是否清楚，也包括学生对该动作的保护与帮助是否理解和灵活运用。在体操教学与训练中，为掌握好某动作的保护与帮助方法，必须根据动作技术上的需要，处理好站位和观察的方法、操作部位和操作手法、操作时机和脱保时机等关系，眼疾手快、步法灵活，判断准确是保护与帮助成功的关键。要做到这一点，首先要有正确的站位和良好的能迅速起动的身体姿势。所谓良好的能迅速起动的身体姿势一般是两腿自然前后或左右开立，两膝微屈，两手放于体前，上体前倾，为迅速起动做好准备。一般而言，对绕横轴翻转的动作是观察其头部和身体姿势，对绕纵轴翻转和摆动的动作，则观察其肩部或躯干，而绕复合轴翻转的动作则应观察身体姿势的变化和完成动作的规格。保护与帮助者提供或给予助力的时机一般是在练习者内力即发的瞬间，要根据动作技术的要求和练习者的具体情况因人而异。如双杠的挂臂前摆上、后摆上等，应在腿部制动前给予保护与帮助。

脱保是独立完成任务的标志，也是动作教学与训练的最终目的。为此，在保护与帮助过程中，必须掌握好脱保时机。脱保时机应根据学生完成动作的情况、精神状态、环境因素等进行确定。练习者对动作要领和细节都较清楚，动作技术已掌握，成功率较高，自我保护能力和意志品质良好，有强烈的脱保愿望和对独立完成动作充满信心，是脱保的良好时机。值得注意的是，脱保时机要选择学生精力充沛、精神集中的时候，千万不能盲目脱保。有时练习者对动作的掌握会出现反复，特别是在初步掌握动作或动作的泛化阶段，已经掌握的动作还会出现反复，因此，脱保的运用必须根据学生练习时的具体情况而定，把"助力—保护—脱保"三者密切结合起来运用，采用"脱脱保保，保保脱脱"的方法，直至学生熟练掌握动作为止。

4. 要熟悉动作技术

熟悉动作技术是正确运用保护与帮助的基础。体操中不同项目、不同类型的动作，既有一定的规律，又有各自不同的技术特点。为了正确运用保护与帮助，必须在掌握技术的一般规律的同时，精通每个动作的技术要求。只有熟悉动作技术，才能明确完成动作的关键及可能发生危险的情况，从而正确地运用保护与帮助。教师要对所教授的动作技术全面掌握，根据实际情况而定，组织正确合理的教法，有预见性地做出一些提醒和准备工作，防患于未然，运用保护与帮助使学生更好地掌握动作，提高训练质量，避免运动损伤的发生。

5. 要了解学生的情况

保护与帮助只是学生掌握动作的外界助力条件，在学生练习中根据不同的阶段，对学生提供保护与帮助的侧重也不尽相同。这就要求我们对学生的生理、心理、动作的承受能力做进一步的研究，只有做到熟知学生，才能更好地做到区别对待，"对症下药"，也才能使保护与帮助的方法不断地改进和完善，更快地提高学生掌握动作的能力。体操教师要详细地了解学生的基本情况，并能针对不同学生的性别、年龄、个性心理特征、身体素质及运动水平等情况来合理运用保护与帮助。了解学生的情况，首先要了解学生对动作技术的掌握情况，其次要了解学生对保护与帮助的习惯要求，最后还要了解学生的性别、年龄、体质、性格、体力、思想状态、身体素质和心理素质等情况，在运用保护与帮助时区别对待。在体操教学与训练中，针对不同性别的学生，应采取不同的保护与帮助措施。男生大多具有胆大、勇敢但粗心的特点，而女生又往往胆怯、害怕、不果断，故同样的教材，有时不但在教法上有所不同，在保护与帮助的方法上也应有区别。身体素质好、运动水平高的学生，学习掌握动作快，完成练习比较轻松自如，一般只需要做好监护或稍加助力即可；

而对身体素质差、运动水平低的学生，在练习时则需要加强保护，不仅要给予较大的助力，必要时还需要增加保护人数，不断帮助学生改善其自身身体素质条件；对个性强、好胜的学生，要保持警惕，不能大意；对意志薄弱、体质差的学生，要多给予鼓励，增强他们的信心，提升学习兴趣，从而能更好地完成动作技术。

以上是对保护与帮助者最基本的要求。体操技术在不断发展，保护与帮助的方法也在不断地改革和创新，只有不断地提高思想认识，加强相关理论知识的学习，多实践、勤思考、多摸索，才能充分地发挥保护与帮助者的作用。

三、保护与帮助常见的问题

（一）运用保护常见的问题

保护与帮助相辅相成，保护中有帮助、帮助中有保护。但在体操教学中，保护与帮助时侧重点或针对性不明确，会造成使用方法不恰当，影响动作技术的学习与掌握，主要表现在以下两个方面。

1. 自我保护意识不强

自我保护方法的教学不受重视或强调不够，导致学生自我保护意识不强、运用方法不得当或遇到问题不能及时采取措施。

2. 保护与帮助的概念不清

教师对保护的方法、手法及重点强调不够，造成学生对保护与帮助的概念理解不清楚，保护的针对性不强，什么时候保护、什么时候帮助，保护用什么手法、帮助用什么手法不明确（尤其对中学生应该强调和掌握），影响学生独立完成动作或妨碍学生做动作。

（二）运用帮助常见的问题

由于帮助是直接给学生提供助力，使学生能够借助助力体会动作要领和动作做法，这些助力和提供助力的方式和方法会因人而异。教师需要经常创新帮助方法以解决教学中存在的困难或在不同学生身上出现的不同问题，但也存在因帮助方法使用不合理，影响学生的动作学习的问题。运用帮助常见的问题主要表现在以下三个方面。

1. 直接帮助针对性不强

帮助方法的使用过于刻板，不能针对学生的具体特点、动作技能形成规律合理使用帮助方法，如站位的选择、手法的运用、用力的大小等，使帮助的针对性不强。

2. 间接帮助不够灵活

教师提供间接帮助时，提示或口令的运用缺乏准确性和科学性，一些提示用语没有真正总结出动作的技术特点。如解决跳跃高度、远度等的一些标志物的设置，当标志物简单、有变化时，能够有效减轻学生的心理负担，但当标志物设置不恰当（如过高、过远或层次性不强）时，就会使学生产生恐惧感而影响动作练习。

3.利用器械帮助不合理

有些动作采用直接帮助方法更好，在利用器械帮助时，反而会因为器械的大小、软硬度、形状不够合适等，影响动作练习以及动作结构的完整性，形成错误动作，因此，利用器械帮助一定要注意器械的选择要恰当、合理。

本章小结

　　本章主要介绍了体操术语的基本概念、体操术语的分类、价值、意义，以及在体操实践过程中体操基本术语、基本体操术语、器械体操术语的应用等，以期通过学习，能够熟练掌握体操、体育的一些规范用语。此外本章还介绍了体操保护与帮助的基本概念，以及体操保护与帮助的特点、价值、意义、方法、运用等。本章还强调了在体操教学与训练中，对教师或教练员来说，保护与帮助的技能也是体操基本技能之一。因此，学习者应熟悉体操教学与训练中对保护与帮助者的基本要求，通过具体实践提高保护与帮助的应用能力。

回顾与思考

1. 何谓体操术语？正确运用体操术语有何意义？

2. 徒手体操有哪些基本动作术语？

3. 器械体操有哪些基本技术术语？

4. 何谓人体运动轴、器械轴？

5. 体操的动作关系术语有哪些？

6. 体操中的握器械方法术语有哪些？

7. 队列队形术语有哪些？

8. 举例说明徒手体操术语的结构与记写方法。

9. 举例说明器械体操术语的结构与记写方法。

10. 试述保护与帮助的分类。

11. 何谓保护？自我保护的方法有哪几种？

12. 举例说明他人保护与自我保护的区别。

13. 何谓帮助？常用的直接帮助手法有哪几种？

14. 举例说明直接帮助与间接帮助的区别。

15. 试述保护与帮助的区别及关系。

16. 试述保护与帮助的作用和意义。

17. 结合个人的学习体会试述对保护与帮助者的要求。

\ 第三章 \ 队列队形教学艺术

【学习目标】

　　通过本章学习，了解队列队形的概念、特点、学习价值、意义、学习方法、基本运用等知识，学习队列队形练习的口令、动作，以及队列队形练习在教学过程中的具体应用，如练习方式、方法、教学基本技术、技巧等。

【学习任务】

　　1.了解队列队形练习的概念及内容。

　　2.熟悉队列队形练习的价值和意义。

　　3.掌握队列队形教学的方式与方法。

　　4.掌握队列队形练习的具体应用。

【学习地图】

　　队列队形基本理论→队列队形练习的概念及内容→队列队形教学的方式与方法→队列队形练习实践→队列队形练习教学。

第一节　队列队形基本理论

一、队列队形练习的意义

队列队形是指在队列队形练习基础上所做的各种队列队形和图形的变化。队列队形练习在部队和民兵军事训练中广泛采用，是培养革命精神和组织纪律的重要手段之一，也是培养战斗力的一种必要形式。在各类学校，队列队形练习是体育教学中的重要内容。队列队形练习的意义主要表现在以下几方面：有利于培养学生的组织性、纪律性、集体主义精神，以及团结、紧张、严肃、活泼的作风；能促进学生身体的正常发育，形成正确的身体姿势；有利于训练动作的节奏感和提高协同一致的集体动作能力。在体育教学中，有目的地进行各种队列队形的变换，可以培养学生辨别方向、位置和图形造型的能力，并起到集中学生注意力、提高兴奋性的作用。另外，体育教师把队列队形作为体育课组织教学的措施，能调动学生做操、游戏、比赛、分组练习等，更有助于完成课堂教学任务。

二、队列队形教学

队列动作是队列队形的基础，是队列队形教学的重点。在进行队列动作教学时，应把原地常用的队列动作、行进间各种步法，以及原地和行进间的转法列为教学重点。操练时，必须按照《中国人民解放军队列条令（试行）》的规定严格要求。

（一）口令及其下达

1. 口令的种类

口令是队列队形练习时指挥员下达的口头命令。根据下达方法的不同，一般分为短促、断续、连续和复合四种口令。

（1）短促口令

其特点是只有动令，发音短促有力，不论几个字，中间不拖音、不停顿，通常按音节（字数）平均分配时间。有时最后一字稍长，如"立正""稍息""报数"等。

（2）断续口令

其特点是预令和动令之间有停顿（微歇），如"第 × 名，出列"等。

（3）连续口令

其特点是预令的拖音与动令相连。预令拖音稍长，动令短促有力。有时预令与动令之间有微歇，如"立——定""向后——转"等。

（4）复合口令

其兼有断续口令和连续口令的特点。如"以×××为准，向中看——齐""右后转弯，齐步——走"等。

2.下达口令的基本要领

（1）发音部位要正确

下达口令要用胸音或腹音。胸音（即胸膈膜音）多用于下达短促口令，腹音（即由小腹向上提气的丹田音）多用于下达带拖音的口令。

（2）控制好口令的节拍

下达口令要有节拍，预令、动令和微歇有明显的节奏，使队列人员能够听得清晰。

（3）把握口令的重音

注意音色、音量不要平均分配，下达口令一般起音要低，由低向高拔音。如"向右看——齐"，"齐"字发音要高。

（4）突出口令关键部分

下达口令时，把重点字的音量加大。如"向左——转"要突出"左"字，"向前×步——走"要突出数字。

总结上述要领，队列队形口令要做到起音强、余音扬、尾音长。

（二）正确运用教学方法

队列队形练习的教法，通常先提出练习的名称、口令及其下达的方法，然后进行示范、讲解，最后指挥学生操练。

示范动作要清楚、准确。示范时，一般是先做完整示范，再做分解示范。为了提高示范效果，可先用慢速示范，再做分解示范，最后按常规速度示范。讲解要简明扼要，重点突出。为了提高讲解效果，可将示范与讲解结合起来进行。在做图形行进练习时，应注意讲明场地有关假定的标记，选择好讲解的时机。如：错肩行进，应在排头者走到接近"边中点"（迎面相距约5m处）时停下来讲解为宜；对角线行进，应在排头者走至场地一角时停下来讲解为宜；交叉行进，应在排头者走至接近场地中点时停下来讲解为宜。有些动作，教师可先站在排头位置带领学生练习，如蛇形行进、螺旋行进、"8"字形行进等。教师在练习过程中或形成图案时进行讲解，更利于学生接受。

操练时，一般先做分解练习，再做完整练习。如各种转法，可先将两个动作分开做，待第一个动作做正确后，再下达做第二个动作的口令。初学行进间动作时，可先在原地进行练习。如正步走，在原地做摆臂定位练习、慢速与常规速度连续摆臂练习、腿的动作练习、臂与腿的动作配合练习等，然后再从行进间分解练习、慢速完整练习，逐步过渡到常规速度练习。为了调动学生的练习情绪，提高练习效果，可在教师指导下，让学生边做动作边呼数，也可让学生跟随教师学喊口令，然后再做动作，还可采用分组练习、观摩、评比等方法。在操练中，如发现学生有错误动作，应根据具体情况，采用集体、分组、个别或学生相互纠正等方法，及时予以纠正。

（三）合理选择和利用场地

队列队形练习要在一定范围的场地中进行，尤其是图形行进和行进间队形变换练习，没有一个与人数相适应的固定场地是难以进行的。场地大小的选择，应根据人数和所做动作的需要而定，一般来说，一个教学班 50 人左右，有相当于一个或半个篮球场大小的场地即可。

为了合理地利用场地和做图形行进及行进间队形变换方便起见，可在场地假定出一定的标记。场地的标记有线、点、角等（图 3-1）。

图 3-1

1. 线

场地标记中的线有上边线、下边线、左边线、右边线等。

2. 点

场地标记中的点有上中点、下中点、左中点、右中点、中点。

3. 角

场地标记中的角有左上角、右上角、左下角、右下角。

场地的上、下、左、右，是根据学生开始集合的队形确定的。学生面向的为上，背向的为下，队形的左侧为左，右侧为右（图 3-2）。

在开始集合和做原地队列动作时，学生所站最适宜的位置应该是中间基准学生对准中点并稍偏下的位置。其他学生左右依次排列，使场地两边的空间相等，如图 3-2 所示。行进间做动作时，其活动范围应与场地相称，不应只在场地的某部分进行。

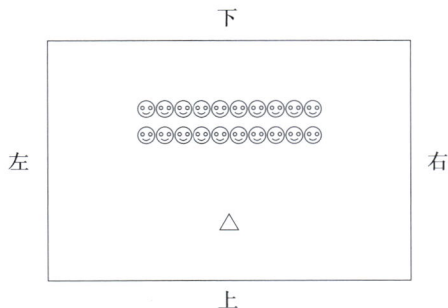

图 3-2

（四）队列队形教学要求

要保证队列队形操练能达到预定的目的，对教师（或指挥员）和学生应有一定的要求。

1. 对教师（指挥员）的要求

①教师必须精神饱满、态度认真、要求严格、指导耐心、动作准确，成为学生学习的榜样。

②教师示范和指挥位置要选择适当，横队和列队一般在队列中央，纵队一般在队列左侧或排头。队形变化时，教师的位置也要根据具体情况变化，一般以站在统观全队最有利的位置为宜，并辅以相应的手势，有效地发挥教师的示范和指挥作用。

③教师必须正确掌握和运用口令。口令下达必须准确、清楚、洪亮。预令长短要依队伍的人数而定。人多队长时下达的口令可适当拉长。行进间的动令下达，一般落在右脚。在图形行进和行进间队形变换练习时，口令下达应及时，如合队和并队走，要在排头相距 5 m 左右发出。在做队列前、后移动时，不要下达偶数（2、4、6……）步走的口令。在做分解练习时，应注意口令下达的方法，如向后转分解练习，口令为"向后转数1、2"。

2. 对学生的要求

①学生必须精神饱满，态度认真，做到令行禁止，行动一致，自觉将所学动作运用到日常生活、教学和训练中去。

②学生必须按照规定的位置列队，动作迅速、准确，协调一致，队列整齐。

③学生因故出、入列要报告，经教师允许方可出、入列。

三、队列队形练习的分类

（一）队列练习的分类

队列练习有原地队列动作和行进间队列动作两种。

1. 原地队列动作

原地队列动作可分为常用动作、原地转法和原地队列变化。常用动作有立正、稍息、看齐、报数、踏步、立定、集合及解散等；原地转法有向左转（右）、向后转等；原地队列变化有一列横队变二列横队及还原、一路纵队变二路纵队及还原、一列横队变二路纵队及还原等。

2. 行进间队列动作

行进间队列动作有齐步走、正步走、便步走、跑步走等各种行进及其行进方式互换和立定，向前、后、左、右移动，行进间向左（右）转走、向后转走，行进间队列队形变化（动作与原地队列变化相同，只是行进中做），左（右）转弯走，左（右）后转弯走等纵队与横队转弯走。

（二）队形练习的分类

队形练习有图形行进、队形变化与散开和靠拢三种。

1. 图形行进

图形行进有直方向、斜方向和曲线方向行进三种。直方向行进有绕场行进、错肩行进等；斜方向行进有对角线行进、交叉行进等；曲线方向行进有蛇形行进、螺旋形行进、"8"字行进等。

2. 队形变化

队形变化包括分队、合队、裂队、并队和一路纵队依次转弯成多路纵队走等。

3. 散开和靠拢

散开和靠拢包括两臂间隔散开和靠拢，横队梯形散开和靠拢，纵队弧形向前、后散开和靠拢，依次散开和靠拢等。

第二节　队列练习教学艺术

一、队列练习

（一）原地队列动作

1. 常用动作

（1）立正

口令：立正！

要领：两脚跟靠拢并齐，两脚尖向外分开约60°，两腿伸直。小腹微收，自然挺胸，上体正直，微向前倾。两肩要平，稍向后张。两臂自然下垂，手指并拢自然微屈，中指贴于裤缝。头要正，颈要直，口要闭，下颌微收，两眼向前平视。

（2）稍息

口令：稍息！

要领：左脚顺脚尖方向伸出约全脚的2/3。两腿自然伸直，上体保持立正姿势，身体重心大部分落于右脚。稍息过久，可自行换脚，动作同前。

（3）看齐

口令1：向右（左）看齐的口令，向右（左）看——齐！

要领：排头（或排尾）者不动，其他人员向右（左）转头，眼睛看右（左）邻人腮部，并通视全线。后列人员向前对正、看齐。

口令 2：向中看齐的口令，以某人为基准，向中看——齐！

要领：当教师指定"以某人为准"时，基准学生左手握拳高举（体育课不持器械时，可举右手），听到"向中看——齐"的口令后，将手放下，其他学生按照向右（左）看齐的要领实施。

看齐时，左右间隔（指两肘间的间隙）为 10 cm（约一拳），前后距离为 75 cm（约一臂之长）。看齐完毕则发"向前——看"的口令，听到口令后，学生立即将头转正恢复立正姿势。

（4）报数

口令：报数！

要领：横队从右至左（纵队由前向后）依次以短促洪亮的声音转头（纵队向左转头）报数，最后一名不转头。数列横队时，后列最后一名报"满伍"或"缺 × 名"。数路纵队时，右路最后一名报"全到"或"缺 × 名"。

（5）踏步

口令：踏步——走！

要领：两脚在原地上下起落，抬起时，脚尖自然下垂，离地面约 15 cm，下落时，前脚掌先落地，上体保持正直，两臂按齐步或跑步摆臂的要领摆动。听到"前进"的口令，继续踏两步，再换齐步或跑步行进。听到"立定"口令，左、右脚各踏一步成立正姿势。做原地跑步时，口令是"原地跑步——走！"

（6）集合（横队、纵队）

口令：成某列横队——集合！或成某路纵队——集合！

要领：集合时，教师应先发出预告或信号，如"全体（或某组）注意"，然后站在预定队形的中央前方，面向预定队形成立正姿势，下达"成某队——集合"的口令。学生听到预告或信号，原地面向教师成立正姿势。学生听到口令，应迅速跑向集合地点（凡是在教师后侧的人员，均应从教师右侧绕过）。横队集合时，第一列排头站在教师的左前方。纵队集合时，第一路排头站在教师的右前方。其他学生以排头为准，按指示队形迅速依次排列起来，自行对正、看齐。

2. 原地转法

（1）正方向转法

口令：向右（左）——转或向后——转！

要领：以右（左）脚跟为轴，右（左）脚跟和左（右）脚掌前部同时用力，向右（左）转 90°，身体重心落在右（左）脚上，左（右）脚靠拢右（左）脚，成立正姿势。转动和靠脚时，两腿挺直，上体保持立正姿势。向后转时，按向右转的要领向后转体 180°。

（2）斜方向转法

口令：半面向右（左）——转！

要领：按向右（左）转的要领向右（左）转体45°。

3. 原地队列变化

（1）一列横队变二列横队及还原

口令：成二列横队——走和成一列横队——走！

要领：变换前，先报数。听到口令，双数者左脚后退一步，右脚向右跨一步，左脚向右脚靠拢，并站到单数者之后，自行看齐。还原时，双数（后列）左脚左跨一步，右脚向前上一步，左脚向右脚靠拢，回至原位，自行看齐。二列横队变四列横队及还原时，做法与一列横队变二列横队相同，但变换前应调整前后距离。

（2）一列横队变三列横队及还原

口令：成三列横队——走和成一列横队——走！

要领：1至3报数，2数不动，1数左脚向左前上一步至2数前面，3数右脚向右后退一步至2数后面，自动看齐。还原时，1，3数动作方向与上相反，回到原位自动看齐。

（3）二列横队变三列横队及还原

口令：成三列横队——走和成二列横队——走！

要领：1至3报数，1、3数不动，前列2数右脚向右后退一步至1数之间，后列2数左脚向左上一步至3数之间，自动对正、看齐。还原时，2数动作方向与上相反，回到原位自动看齐。

（4）一路纵队变二路纵队及还原

口令：成二路纵队——走和成一路纵队——走！

要领：变换前先报数。听到口令，双数者右脚右跨一步，左脚向前，一步，右脚向左脚靠拢，进到单数右侧，自行对正看齐。还原时，双数者（右路）右脚后退一步，左脚左跨一步，右脚向左脚靠拢，回至原位，自行对正、看齐。二路纵队变四路纵队及还原时，做法与一路纵队变二路纵队相同，变换前应调整左右间隔。

（5）一列横队变二路纵队及还原

口令：向右成二路纵队——走！还原口令为向左成一列横队——走！

要领：全体向右转，随之按一路纵队变二路纵队的要领去做。还原时全体向左转，随之按二列横队变一列横队的要领去做。二列横队变四路纵队及还原时，做法与一列横队变二路纵队相同，做前应调整前后列距离。

（二）行进间队列动作

1. 各种走步及其互换和立定

（1）齐步走

口令：齐步——走！

要领：左脚向正前方迈出约75 cm着地，身体重心前移，右脚动作同左脚。上体正直，微向前倾，手半握（拇指贴于食指第二节）。两臂自然摆动，向前摆时肘部弯曲，小臂自然向里合，手心向内稍向下，拇指根部对正衣扣线，并与第五衣扣同高，离身体约 25 cm。行进速度为每分钟 116～122 步。

（2）正步走

口令：正步——走！

要领：左脚向正前方踢出约 75 cm，腿要绷直，脚尖下压，脚掌与地面平行，离地面约 25 cm，落地时全脚掌着地并适当用力。身体重心前移，上体正直，微向前倾，手指半握（拇指贴于食指第二节）。向前摆臂时，肘部弯曲，小臂略平，手心向内稍向下，手腕摆到第三、四衣扣之间，离身体约 10 cm。向后摆臂时，摆到不能自然摆动为止。右脚动作同左脚。行进速度为每分钟 110～116 步。

（3）便步走

口令：便步——走！

要领：用适当的步速、步幅行进，两臂自然摆动，上体保持正常姿态。

（4）跑步走

口令：跑步——走！

要领：听到预令，两手迅速握拳提到腰际，约与腰带同高，拳心向内，肘部稍向里合。听到动令，上体微向前倾，两腿微弯，同时左脚利用右脚掌的弹力跃出约 80 cm，前脚掌先着地，重心前移，两臂自然摆动。向前摆时，不露肘，小臂略平，稍向里合，两拳不得超过衣扣线。向后摆时，不露手。右脚动作与左脚相同。行进速度为每分钟 170～180 步。

（5）立定

口令：立——定（动令落在右脚）！

要领：齐步走时，听到动令，左脚再向前移大半步着地，两腿伸直，右脚迅速靠拢左脚，成立正姿势。跑步走时，听到动令，再跑两步，然后左脚向前移大半步（两臂不摆动）着地，右脚靠拢左脚，同时将手放下，成立正姿势。

（6）步法变换

步法变换均从左脚开始。齐步走换跑步走时，听到预令，两手迅速握拳提到腰际，两臂前后自然摆动。听到动令，即换跑步走行进。跑步走换齐步走时，听到动令，继续跑两步，换齐步走行进。齐步走、正步走互换，听到口令，即换正步走或齐步走行进。

2. 移动

（1）前、后移动

口令：向前 ×（单数）步——走和后退 × 步——走！

要领：向前走时，按照齐步走的要领，向前一步走，不摆臂行进到指定步数停止。向后退时，从左脚开始，每退一步并脚一次，不摆臂，退到指定步数停止。

（2）左、右移动

口令：左（右）跨某步——走！

要领：上体保持正直，每跨一步并脚一次，其步幅约与肩同宽，跨到指定步数停止。

3. 行进间转法

（1）向右（左）转走

口令：向右（左）转——走！［动令落在右（左）脚］！

要领：左（右）脚向前半步，脚尖向右（左）约45°，身体向（左）转90°时，左（右）脚不转动，同时出右（左）脚按原步法向新方向行进。

（2）向后转走

口令：向后转——走！

要领：左脚向前半步，脚尖稍向右，以两脚的前脚掌为轴，自右向后转体180°，出左脚向新方向行进。转体时，两臂自然摆动，不得外张；两腿自然挺直，上体保持正直。跑步向后转走时，听到动令后，要继续跑两步，然后按上述要领做。

4. 行进间队列变化

（1）行进间一列横队变二列横队

口令：成二列横队——走（动令落在左脚上）！

要领：单数者继续前进，双数者右脚向前迈一步，原地踏一步，第三步右脚向右跨一步至单数者后面，随之继续前进。

（2）行进间二列横队变一列横队

口令：成一列横队——走（动令落在左脚上）！

要领：听到动令后，全体右脚向前迈一步，然后单数者（前列）原地踏两步，双数者（后列）向左前上两步至单数者的左侧，成一列横队前进。

（3）行进间一路纵队变二路纵队

口令：成二路纵队——走（动令落在右脚上）！

要领：单数者以小步前进，双数者出右脚进到单数者右侧，调整好间隔距离，恢复原来的步幅继续前进。

（4）行进间二路纵队变一路纵队

口令：成一路纵队——走（动令落在左脚上）！

要领：排头继续前进，其余则以小步行进，待左路加大到适当的距离后，右路依次向左插到左路单数者的后面，并保持规定距离，恢复原步幅前进。

5. 纵队与横队的转弯走

（1）纵队左（右）转弯走

口令：左（右）转弯——走！

要领：听到动令后，排头立即向左（右）转弯走，其余逐次行进至排头变向的位置时，亦向左（右）转行进。多路纵队转弯走时，基准学生用小步行进，外翼学生则用大步行进，并保持排面整齐，边行进边变换方向，转至90°继续前进。

（2）纵队左（右）后转弯走

口令：左（右）后转弯——走！

要领：听到动令后，排头向左（右）后转体180°方向行进。其余依次行进到排头变向的位置，做法与排头相同，并随之继续行进。

（3）横队左（右）转弯走

口令：左（右）转弯齐步——走！行进间左（右）转弯走的口令：左（右）转弯——走！

要领：轴翼第一名踏步，并逐渐向左（右）旋转，同相邻者动作协调，外翼第一名用大步行进，注意掌握方向；其余用眼的余光向外翼看齐，并保持排面整齐，越接近轴翼者，其步幅越小，待转到90°时踏步。

第三节 队形变换教学艺术

一、图形行进

（一）直线行进

1. 绕场行进

口令：绕场行进、齐步——走！

要领：全队在教师规定的场地边线行进。每到一角，排头带领自行转弯（图3-3）。

2. 错肩行进

即纵队迎面相遇对走，有以下三种做法。

（1）做法一

口令：从左（右）边——走！

要领：两路迎面相遇时，各靠左（右）边走过，彼此互错右（左）肩，间隔为一步（图3-4）。

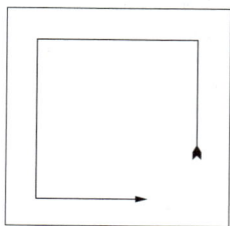
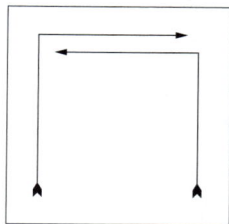

图3-3　　　　　图3-4

（2）做法二

口令：一路隔一路从左（右）边——走！

要领：各路参差隔开从左（右）边通过（图3-5）。

（3）做法三

口令：从里（外）边——走！

要领：做前应确定基准学生，基准学生从里（外）边通过（图3-6）。

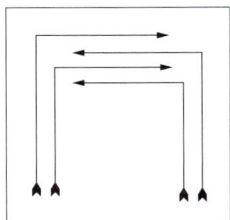 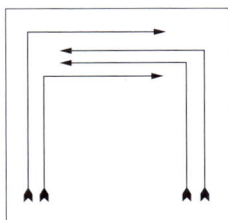

图 3-5　　　　　　　　图 3-6

（二）斜线行进

1. 对角线行进

口令：沿对角线——走！

要领：口令是在排头走近一角时发出。由一角转体135°向对角行进（图3-7）。

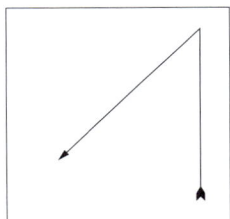 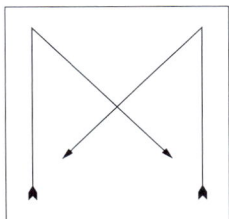

图 3-7　　　　　　　　图 3-8

2. 交叉行进

口令：交叉——走！

要领：两路纵队斜向相遇，依次交叉穿过中点向不同方向行进。练习前，应指明哪队走在前（图3-8）。

（三）曲线行进

1. 蛇形行进

口令：成蛇形——走！

要领：听到口令后，排头左（右）后转弯走至一定距离后，再右（左）后转弯走，以此循环来回行进两次以上（图3-9）。

2. 圆形行进

口令：成圆形——走！

要领：口令是在排头走至场地某边中点时发出。听到口令后，排头以该中点至场中点的距离为半径，沿弧线用大步走成圆形（图3-10）。

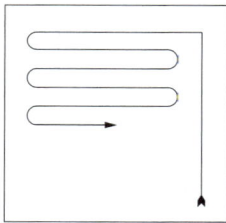 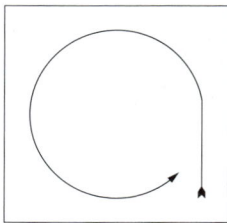

图3-9　　　　　　　　图3-10

3. 螺旋形行进

口令：成开（闭）口螺旋形——走！

要领：排头循圆周向内做螺旋形行进到场地中心，排头自行向后转向相反的方向，由内向外成螺旋形走出来。其他学生依次由场地中心，跟随排头走出来（图3-11）。成闭口螺旋形走，当排头旋绕至场地中心时，教师应发出"立定和向后转"的口令，全体学生向后转，由原排尾带领，按教师指示的方向继续前进。做开口螺旋形走时应注意保持一定的间隔（3-12）。

4. "8"字形行进

口令：成"8"字形——走！

要领：练习前要先指明所通过地点（一般是场中点），按"8"字形沿弧线走两个相连的圆形。排头遇队身时，依次交叉通过（图3-13）。

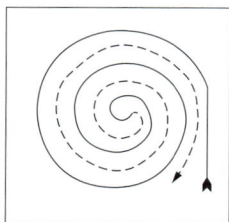 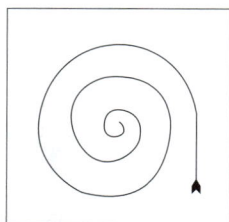 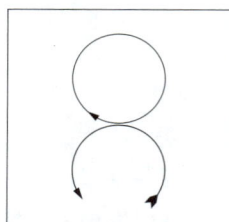

图3-11　　　　　　　图3-12　　　　　　　图3-13

二、队形变换

（一）分队走和合队走

口令：分队——走和合队——走！

要领：听到分队走口令后，单数者左转弯走，双数者右转弯走。在两个纵队接近迎面相遇时听到合队走口令后，左路左转弯走，右路右转弯走，右路依次插在左路后面，成一路纵队前进（图3-14、图3-15）。

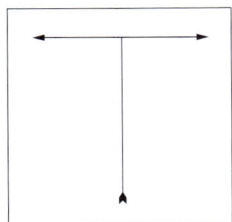

图 3-14

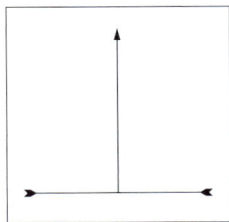

图 3-15

（二）裂队走和并队走

口令：裂队——走和并队——走！

要领：听到裂队走口令后，左路左转弯走，右路右转弯走。在两个纵队接近迎面相遇时，听到并队走口令后，左路左转弯走，右路右转弯走，成并列纵队前进（图 3-16、图 3-17）。

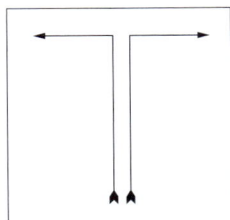

图 3-16

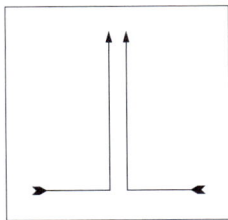

图 3-17

（三）左转弯走

口令：成 × 路纵队左转弯——走！成一路纵队左转弯——走！

要领：听到口令后，前 × 名学生同时向左转弯走，后面 × 名走到同一地点也向左转弯走，依次跟随前进。还原时，听到口令后，各路排头同时向左转弯走，其他依次行进到同一地点也向左转弯走，跟排头走成一路纵队（图 3-18、图 3-19）。

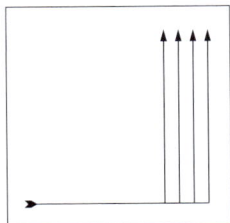

图 3-18

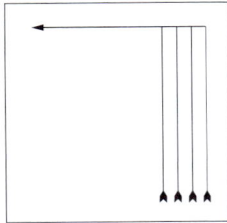

图 3-19

三、散开和靠拢

（一）左右间隔两臂、前后距离两步散开和靠拢

口令：以×××为基准，间隔两臂，距离两步——散开！或以×××为基准向中看——齐！

要领：基准学生不动，其余学生跑步散开。前列学生或全体学生两臂侧举，对正看齐，然后两臂自动放下成立正姿势。当听到靠拢口令后，按口令要求迅速跑步靠拢看齐。

（二）横队变梯形散开和靠拢（以一列变三列为例）

口令：成三列梯形横队——走！成一列横队——走！

要领：先1、3、5或5、3、1报数。听到口令后，报几的向前几步走。当听到靠拢口令后，先向后转，再按各自报的数字走回原位，然后向后转（图3-20）。

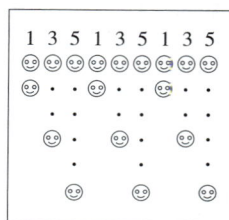
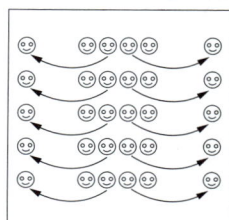

图3-20   图3-21

（三）弧形散开和靠拢（以四路纵队为例）

1. 做法一

口令：间隔两步弧形——散开和向中弧形——靠拢！

要领：1、4路不动，2、3路前6拍分别沿弧线经前绕过邻近的学生走至规定的距离，7、8拍向后转。靠拢时，原2、3路的学生按原路线走回原处，再向后转，同样用8拍完成（图3-21）。

2. 做法二

口令：间隔两步向后弧形——散开和向后弧形——靠拢！

要领：与弧形散开、靠拢基本相同，唯前两拍先向后转，从邻近学生后面弧形绕至规定位置。

（四）依次散开和靠拢（以100人方阵为例）

口令：向前向左成体操队形——散开和向后向右——靠拢！

要领：首先各路由前向后"10至1"报数，明确特定的列次，然后再由右向左报数，明确每人的序数。听到散开口令后，从第十列（前列）开始用齐步或正步前进。每列起动

依次相差两步，各列走的步数为列次的二倍减一（如第十列即 $10×2-1=19$）。向前同时走完规定的步数后立定，全体向左转。再以各排尾开始向新的方向前进。步数为每人所报序数的二倍减一。走完后立定，全体向右转，即成散开队形。当听到靠拢口令后，全体向右转，按散开时的做法和步数向前靠拢，再向右转，向前成密集队形靠拢，然后，全体向后转，即还原成原队形（图3-22）。

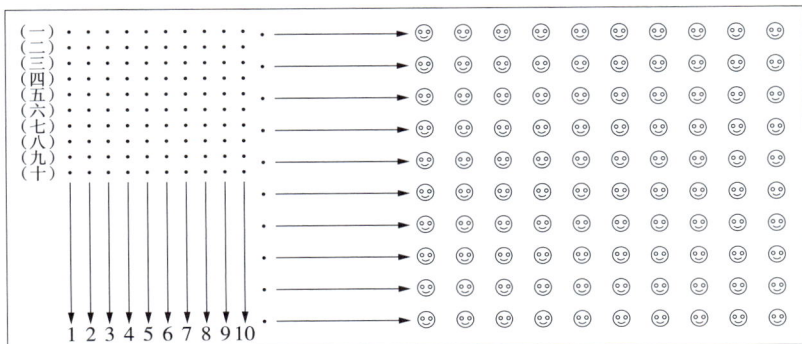

图 3-22

本章小结

本章主要介绍了体操中队列队形练习的基本概念，以及队列队形练习的基本特点、价值、意义、方法和在教学实践中的应用等，详细介绍了队列队形练习的口令、动作，以及队列队形练习在教学实践中的具体应用，如练习方式、方法，教学基本技术、技巧等。

回顾与思考

1.简述队列队形练习的意义。

2.简述队列队形的分类及内容。

3.简述队列队形练习的概念与分类。

4.简述队列队形练习的目的和方法。

5.简述队列队形练习的内容与口令。

第四章

单杠教学艺术

【学习目标】

通过本章学习，了解单杠动作的概念、特点、锻炼价值、练习意义。掌握单杠动作的动作要领、动作技术，以及练习方法和保护与帮助的技能等基本知识，熟悉各动作的教学方法及保护与帮助的方法。

【学习任务】

1. 了解单杠动作的概念及内容。
2. 熟悉单杠动作的技术及动作要领。
3. 掌握单杠动作的练习方法。
4. 掌握单杠动作的教学方法和保护与帮助的方法。

【学习地图】

了解单杠动作的概念及内容→单杠技术简介→单杠动作练习实践→单杠动作练习教学→单杠动作练习的保护与帮助。

单杠是器械体操主要项目，在各级学校男、女体操教学中均有一定的比重，是中小学体操教学的重要内容之一。单杠动作很多，依据动作类型可分为静力性动作和动力性动作；依据动作特征可分为支撑动作、悬垂动作；依据动作结构可分为摆动、屈伸、回环、转体、腾越、换握、空翻等动作。单杠动作练习可单个动作进行，也可以各种单个动作组合成成套动作进行。系统地进行单杠动作练习，对增强和发展臂部、肩带、腹背肌肉力量和协调性以及前庭分析器官的判断能力，培养勇敢、果断、顽强的意志品质都具有重要的作用。

体操技术发展的生命力在于不断创新，20世纪70年代后期，随着护掌的改革，出现了单臂大回环、空翻、腾跃和脱手再握等动作，规则也随之不断地修改，单杠技术得到进一步的发展。特别是自20世纪80年代以来，单杠动作飞速发展，如团身后空翻两周转体360°、直体前空翻抓杠、"飞行"接"飞行"和多次"飞行"连接等高难度新动作连续出现，使单杠项目更加异彩纷呈、引人入胜、扣人心弦，更加富有观赏性。由于单杠动作振幅大，变化多样，有些动作具有一定的冒险性，所以在教学和训练中，要特别注意加强保护与帮助及其他安全措施。

单杠动作教学一般先从低杠、中杠再到高杠动作过渡，动作安排也由简单到复杂、由单个动作到成套动作组合进行。如由各种悬垂以及悬垂摆动，各种支撑以及支撑转体，各种上法、下法等动作，逐渐过渡到回环、屈伸、摆动、转体以及混合动作，在单杠动作教学过程中，要重视提升学生的相应身体素质水平和协调、灵活、平衡、柔韧等多种基本能力。

第一节　支撑类动作教学

一、支撑（正撑）

两手握杠，两手之间的距离与两肩同宽，两臂顶肩推杠，使大腿上部靠杠，上体稍前倾，两腿伸直并拢后举，身体挺直（图4-1）。

二、后撑

两手身后握杆，两手之间的距离与肩同宽，直臂顶肩推杠，使大腿后部靠杠，上体稍后倾，身体自然伸直，梗头，眼睛平视（图4-2）。

三、骑撑

两手握杠，两手之间的距离与肩同宽，两腿前后分开骑在杠上，两腿之间夹角尽量在90°以上，上体正直，稍挺胸，头要正（图4-3）。

图4-1 图4-2 图4-3

四、支撑后挺身摆下

动作要领： 由支撑开始，两腿稍前摆，两肩稍前倾，接着两腿用力后摆，两臂伸直用力撑杠。当两腿后摆接近极点时，含胸并制动两腿，接着两臂用力顶肩推杠，上体抬起保持挺身落下。

教学规格： 两腿后摆时要高于肩水平面，推手后有挺身姿势。

保护与帮助： 保护与帮助者站于杠后侧方，一手握练习者的上臂，一手托练习者的双腿。

教学方法： ①在垫上做直臂俯撑单腿上举和前脚掌蹬地的双腿上摆动作，体会两臂保持与地面垂直、肩轴保持不后撤动作。②低单杠俯撑，同伴在练习者左右两侧抬起练习者两腿，使其两腿高于肩轴，体验后摆时肩不后撤的直体姿态。③低杠支撑小幅度摆腿动作练习，体会屈髋、含胸、摆腿动作，逐渐加大摆动力量做完整动作练习。

常见错误与纠正方法： 推杠前没有制动腿和压杠动作，脱手过早或屈髋过多，可采用教学方法①、②纠正。

图4-4

五、支撑单腿摆越成骑撑

动作要领： 由支撑开始，右手推杠，重心移至左臂，接着右腿迅速侧摆越杠，然后身体重心移回，同时右手握杠成骑撑（图4-5）。

教学规格： 直腿摆越，骑撑时两腿夹角在杠下前后各45°以上。

保护与帮助：保护与帮助者站在杠后左侧，左手扶练习者左臂，右手扶练习者左腿。

教学方法：①站立，手持体操棍于腹前，做单腿向前摆越的模仿练习。②在横箱（马）上做单腿前摆越成骑撑。③在同伴或教师的保护与帮助下完成动作。

常见错误与纠正方法：推手无力，身体重心移动不够，或摆越时屈膝，可采用以上教学方法纠正。

图 4-5

六、骑撑单腿向前摆越成后撑

动作要领：由右腿在前的骑撑开始，身体重心右移至右臂上，接着左手推杠，左腿向前摆越，同时肩稍向右后移，重心移回。左腿向右腿并拢，左手再握杠身体成后撑（图 4-6）。

教学规格：直腿摆越不碰杠，成后撑时两臂和身体伸直。

保护与帮助：保护与帮助者站在杠前右侧，左手扶练习者右臂，右手托其右腿。

教学方法：①在横箱（马）上练习。②在同伴或教师的保护与帮助下完成动作。

常见错误与纠正方法：身体重心移动不够，或腿摆越时肩前倒，可采用教学方法②纠正。

图 4-6

七、骑撑单腿摆越转体 180° 成正撑

动作要领：由右腿骑撑两手正握杠开始，右手换成翻握杠，左手上举做亮相动作，接着身体重心移至右臂，上体稍向右后倒。以右臂为轴同时展髋向右转体 180°，用上体带动左腿后举越杠，左手握杠成支撑（图 4-7）。

教学规格：转体时保持直腿挺身，动作连贯、平稳。

保护与帮助：保护与帮助者站在杠前正面，两手抓住练习者右脚，固定高度帮助练习者转体。

教学方法：在低杠上，在同伴或教师的保护与帮助下完成动作。

常见错误与纠正方法：转体时上体前倾或右腿下降，屈髋转体，可固定前脚以帮助转体纠正。

图 4-7

八、骑撑单腿前摆越转体 90° 挺身下

动作要领：由右腿骑撑两手正握杠开始，两手换成翻握杠，上体向右侧倒，左手推离杠，身体重心移至右臂，右腿压杠，两腿同时向左侧摆起。右臂顶肩支撑，以转头、转肩动作带动身体向右转体 90°，挺身落下（图 4-8）。

教学规格：挺身转体两腿并拢时，小腿高度要接近杠面。

保护与帮助：保护与帮助者站在杠后右侧方，右手握练习者右臂，左手从杠下托练习者的右大腿帮助其挺身下落。

教学方法：①在横箱（马）或鞍马上做骑撑转体 90°下动作练习。②在同伴或教师的保护与帮助下进行动作练习。

常见错误与纠正方法：转体时上体前倒，或后腿向前摆越后再转体，可采用教学方法①纠正；转体挺身时，支撑臂弯曲或收腹屈髋，可采用教学方法①、②纠正。

图 4-8

九、支撑后摆转体 180° 下

动作要领：由支撑开始，两腿稍前摆，两肩稍前倾，接着两腿用力后摆，两臂伸直用力撑杠。当两腿后摆接近极点时，含胸并制动两腿，接着两臂用力顶肩推杠同时转体 180°。上体抬起保持挺身落下（图 4-9）。

教学规格：两腿后摆时要高于肩水平面，推手后有挺身姿势。

保护与帮助：保护与帮助者站于杠后侧方，一手握练习者的上臂，一手托练习者的双腿。

教学方法：①原地做纵跳转体180°动作练习，注意体会脚尖拧转，手臂带动上体转动。②低杠支撑小幅度摆腿动作练习，体会屈髋含胸摆腿动作，逐渐加大摆动力量做完整动作练习。

常见错误与纠正方法：推杠前没有制动腿和压杠动作，脱手过早或屈髋过多，可采用教学方法①、②纠正。

图 4-9

十、后撑挺身下

动作要领：由后支撑开始，两腿稍后摆，两肩稍后倾，接着两腿用力前摆，两臂伸直用力撑杠。当两腿后摆接近极点时，含胸并制动两腿，接着两臂用力顶肩推杠。两脚积极下压，上体抬起保持挺身落下（图4-10）。

教学规格：两腿前摆时要高于肩水平面，推手后有挺身姿势。

保护与帮助：保护与帮助者站于杠前侧方，一手握练习者的上臂，一手托练习者的腰背部。

教学方法：①做垫上俯卧撑蹬地、前脚掌蹬地摆腿动作练习，体会两腿后摆时两手臂与地面成垂直状态，不向后撤肩。②由两名同伴帮助练习者抬起双腿高于两肩水平面，体会摆腿高度与含胸、低头动作的关系。③低杠支撑小幅度摆腿动作练习，体会屈髋、含胸、摆腿动作，逐渐加大摆动力量做完整动作练习。

常见错误与纠正方法：推杠前没有制动腿和两腿下压不积极，脱手过早或屈髋过多，可采用教学方法①、②纠正。

图 4-10

第二节　悬垂类动作教学

一、直臂悬垂

两手握杠同肩宽，身体自然伸直，两腿夹紧，脚尖绷直，垂直于地面，头要正，颈要直，肩略下沉（图4-11）。

二、站立悬垂

面向杠站立，距杠约一臂远，两手握杠与肩同宽（图4-12）。

三、屈体悬垂

两手正握杠，与肩同宽，收腹屈腿上举（上身与双腿成90°）双腿伸直（图4-13）。

四、屈臂悬垂

两手握杠同肩宽，身体自然伸直，两腿夹紧，脚尖绷直，垂直于地面，头要正，颈要直，拉上成屈臂悬垂（图4-14）。

图4-11　　　图4-12　　　图4-13　　　图4-14

五、反吊悬垂

背对杠两手反握杠，与同肩宽，然后直臂身体重心下沉，同时提臀至过杠面，两臂自然伸直，两腿夹紧，脚尖绷直，头要正，颈要直，拉上成悬垂（图4-15）。

六、挂膝悬垂

两手握杠，一腿在两手中间膝不弯曲挂杠，另一腿前伸。两臂伸直，挺身，稍抬头

（图 4-16）。

图 4-15　　　　　　　　　　图 4-16

七、引体向上

正握悬垂两手与肩同宽，两腿伸直，身体自然伸展。吸气，快速发力屈臂引体，下颌过杠，身体自然伸展（图 4-17）。

八、悬垂拉上成支撑

正握悬垂两手与肩同宽，两腿伸直，身体自然伸展。吸气，快速发力屈臂引体，当下颌过杠后一手臂迅速过渡成屈撑，紧接着另一手臂也翻上成屈撑，两臂都成屈撑时用力撑起成正撑（图 4-18）。

图 4-17　　　　　　图 4-18

九、悬垂摆动

由悬垂起摆开始，身体后摆接近杠下垂直部位时，沉肩稍屈髋，摆过杠下垂直部位后迅速向后上方甩腿，当后摆至极点时，要向前转腕。身体前摆接近杠下垂直部位时，沉肩稍展髋，摆过杠下垂直部位后迅速向前上方兜腿，当前摆至极点时要扣腕（图 4-19）。

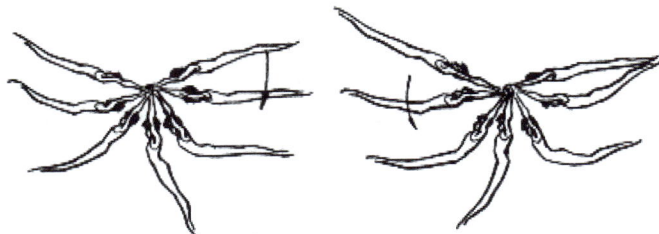

图 4-19

第三节　混合类动作教学

一、悬垂翻上

动作要领：由悬垂开始，屈臂引体，同时收腹向杠后上方举腿，上体后倒。当腹部靠杠两腿至杠后垂直部位时，两腿制动。接着上体抬起、翻腕，抬头成支撑（图4-20）。

教学规格：匀速用力，支撑时抬头挺胸，身体处于挺直状态。

保护与帮助：保护与帮助者站于练习者的杠前侧面，一手托练习者的臀部，一手托其肩部。

教学方法：①练习低杠慢翻上成支撑。②在同伴或教师的保护与帮助下完成动作。

常见错误与纠正方法：引体与收腹举腿配合不好，可采用教学方法①纠正；制动腿不及时，翻腕和抬上体配合不好，可采用教学方法①、②纠正。

图4-20

二、一腿摆动，一脚蹬地翻上成支撑

动作要领：由站立悬垂开始，屈臂握杠，一腿后举。后举腿经前向上、向后用力摆起，另一腿脚部蹬地迅速赶上摆动腿同时肩后倒。当腹部贴杠两腿至杠后水平部位时，制动腿，上体抬起，翻腕成支撑（图4-21）。

教学规格：支撑时抬头挺胸，身体处于挺直状态。

保护与帮助：保护与帮助者站在练习者前侧方，一手托其臀部，另一手拨肩、托肩，帮助练习者翻转。翻上后，保护与帮助者一手扶练习者的上臂，另一手托练习者的腿。

教学方法：①在蹬地处放助跳板。②在同伴或教师的保护与帮助下进行练习。

常见错误与纠正方法：摆腿时，上体后倒慢或两臂处于伸直状态，可采用教学方法②纠正；蹬地腿向摆动腿并拢慢，可采用教学方法②纠正。

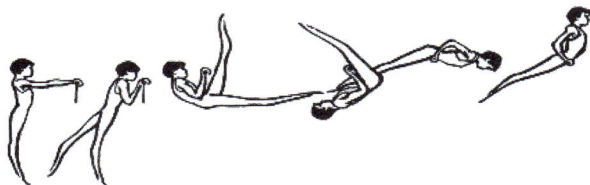

图 4-21

三、跳起外单挂膝摆动上

动作要领：由正握站立悬垂开始，双脚跳起后直臂压杠，同时收腹举腿右膝挂杠。上体后倒，左腿前摆。当身体重心回摆过杠下垂直部位时，左腿用力后摆，同时两臂用力压杠，再压上成手外骑撑（图 4-22）。

教学规格：挂膝摆动时摆动腿伸直，上成手外骑撑后身体摆正。

保护与帮助：保护与帮助者站在杠前左侧方，当练习者上体后倒前摆时，一手托其背部，另一手扶其腿部；当练习者后摆挂膝上时，一手托其背部，另一手推压摆动腿帮助其上成手外骑撑。

教学方法：①跳起外挂膝摆动练习。②在同伴或教师的保护与帮助下完成动作。

常见错误与纠正方法：跳起后未直臂压杠，造成收腿挂膝困难，或身体摆动不协调，可采用教学方法①纠正。

图 4-22

四、骑撑后倒挂膝上

动作要领：由右腿骑撑开始，两臂伸直撑杠臀部后移，左腿稍后摆。右腿屈膝挂杠，上体后倒，髋关节前送，左腿前摆过杠前水平时制动。回摆至杠下垂直部位时，左腿继续用力后摆，同时两臂和右腿用力压杠上成骑撑（图 4-23）。

教学规格：摆动腿伸直，直臂压上成骑撑。

保护与帮助：保护与帮助者站在杠前左侧方，当练习者后摆挂膝上时，一手托练习者的背部，另一手压练习者的摆动腿帮助其压上成骑撑。

教学方法：①单挂膝悬垂摆动练习。②单挂膝摆动压上练习。③在同伴或教师的保护与帮助下完成练习。

常见错误与纠正方法：后倒时屈臂，摆动腿前摆时上踢，以及压上成骑撑时两臂拉杠，可采用教学方法②、③纠正。

图 4-23

五、屈伸上

动作要领：由左腿站立、右腿后举、拉开肩角的悬垂开始，右腿前摆，右脚、左脚依次快速蹬地，使身体前摆至极点，接着借左脚蹬地之力，迅速收腹举腿，屈髋，翻臀，脚接近杠，使身体屈体悬垂后摆。待身体后摆至肩过杠下垂直部位时，两腿立即沿杠向前上方伸。同时两臂伸直用力压杠，翻腕，上体迅速前跟上成支撑（图 4-24）。

教学规格：直臂压上成支撑，身体重心要高。

保护与帮助：保护与帮助者站在杠后侧方，一手托练习者的大腿，一手托练习者的腰背部。

教学方法：①跳起经直角悬垂摆动和收腹举腿练习。②仰卧在垫上，手持体操棍前上举，然后做收腹举腿动作，使踝关节接近体操棍，并带动腿部向前上方伸出，使体操棍沿腿滑至髋关节处，上体顺势坐起。③在同伴或教师的保护与帮助下完成练习。

常见错误与纠正方法：举腿太高或太低，可采用教学方法①纠正；伸腿的方向不对，可采用教学方法②纠正；穿腿时两臂没有用力压杠，上体前跟不够，可采用教学方法③纠正。

图 4-24

六、支撑后倒屈伸上

动作要领：由支撑开始，两臂伸直撑杠，上体后倒，当身体失去支撑时，顺势收腹，屈髋，两腿沿杠落至踝关节靠近杠成屈体悬垂前摆，同时肩和臀部顺势向前送出，并随即制动两腿，使肩角拉开，臀部高于肩。当身体后摆肩过杠下垂直部位时，两腿沿杠向前上方伸出，同时两臂伸直用力压杠，上体前跟，翻腕上成支撑（图4-25）。

教学规格：同"屈伸上"。

保护与帮助：同"屈伸上"。

教学方法：①在保护与帮助下做支撑后倒成屈体悬垂摆动练习。②在保护与帮助下做低杠站立悬垂，跳起经躯体悬垂摆动屈伸上。

常见错误与纠正方法：上体后倒太慢，或臂弯曲，可采用教学方法①纠正；屈体悬垂前摆时，臀和肩未向前上送出，或制动腿不及时，可采用教学方法①、②纠正。

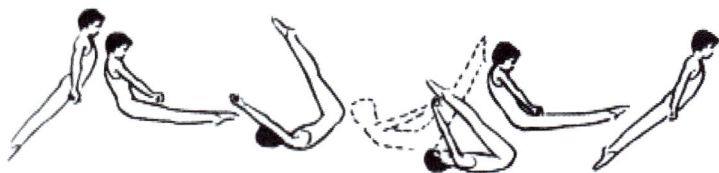

图 4-25

七、骑上

动作要领：由站立悬垂开始，屈膝半蹲向后上方跳起提臀、屈髋举腿、直臂含胸沉肩，向前上方摆动。当前摆接近极点时，迅速举腿、屈髋、翻臀，使两脚靠近杠成分腿前后贴杠，并直臂压杠紧跟上体迅速前跟上成支撑（图4-26）。

教学规格：直臂压上成支撑，身体重心要高。

保护与帮助：保护与帮助者站在杠后侧方，一手托练习者的大腿，一手托练习者的腰背部。

教学方法：①跳起摆动和收腹举腿练习。②仰卧在垫上，手持体操棍前上举，然后做收腹举腿动作，使踝关节接近体操棍并带动腿部向前上方伸出，使体操棍沿腿滑至髋关节处，上体顺势坐起。③在同伴或教师的保护与帮助下完成练习。

常见错误与纠正方法：举腿太高或太低，可采用教学方法①纠正；伸腿的方向不对，可采用教学方法②纠正；穿腿时两臂没有用力压杠，上体前跟不够，可采用教学方法③纠正。

图 4-26

八、支撑后倒弧形下

动作要领：由支撑开始，直臂压杠，梗头后倒，同时两腿前摆并向前上方举起，稍屈髋。身体前摆使肩至杠下垂直部位时，两腿迅速向前上方举起并带动髋关节沿弧线伸出，两臂伸直用力，向后领杠，拉开肩角后松手，挺身落下（图4-27）。

教学规格：身体腾空时，臀部高于杠前水平面，动作伸展。

保护与帮助：保护与帮助者站在杠的前侧方，一手从杠下翻握练习者的手腕或上臂，另一手在练习者后倒时托其腰部将其前送至落地。

教学方法：①低杠站立悬垂，两脚跳起弧形下。②在低杠上做不脱手的支撑后倒弧形摆出动作练习。③在低杠前拉一根橡皮筋，使练习者越过，橡皮筋的高低和远近可视情况进行调整。

常见错误与纠正方法：后倒时屈臂，造成两臂压杠无力，臀部下落，可采用教学方法①纠正；伸髋过早或过迟，可采用教学方法②纠正。

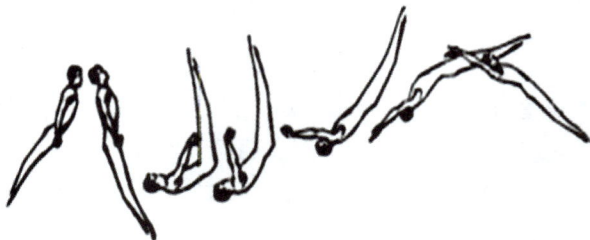

图4-27

九、单挂膝后回环

动作要领：由骑撑姿势开始，两臂伸直撑起右腿尽量后摆，左腿屈膝挂杠，身体重心后移，上体后倒，同时右腿前摆。当肩回环到接近杠前水平部位时，制动右腿，迅速抬上体，同时翻腕压杠，左腿前伸上成骑撑（图4-28）。

教学规格：直臂回环，摆动腿始终伸直。

保护与帮助：保护与帮助者站在杠前练习者右侧，左手从杠下翻握练习者的右腕，当练习者回环过杠下垂直部位后，右手托练习者的肩部，左手托练习者的右大腿。

教学方法：①骑撑后倒练习（保护与帮助者在杠后侧抱住练习者的右腿），让练习者体会重心后移和挂膝动作。②做后倒成单挂膝悬垂前摆动作练习。③在同伴或教师的保护与帮助下完成动作。

常见错误与纠正方法：前腿屈膝挂杠时两臂弯曲，臀部垂直下落，可采用教学方法①纠正；上体后倒时，右腿未前摆，制动过早，可采用教学方法②纠正；当身体回环过程中肩接近杠前水平部位时，未能及时制动腿，抬上体时屈臂拉杠，可采用教学方法③纠正。

图 4-28

十、骑撑前回环

动作要领：由骑撑两手反握开始，直臂顶肩撑杠，同时右腿向前上跨出，左大腿上部靠杠，立腰，上体挺直前倒。当身体回环接近杠后水平部位时，右腿向前下方压杠，展髋，左腿继续后摆，同时向上挺胸直臂压杠，翻腕上成骑撑（图 4-29）。

教学规格：直臂直腿回环，两腿夹角要大于 90°。

保护与帮助：保护与帮助者站在杠后右侧，右手从杠下翻握练习者手腕，左手从杠下托送其大腿，待练习者身体回环过杠下垂直部位后，左手托其背部，右手换压练习者的右大腿帮助其压上成骑撑。

教学方法：①保护与帮助者在杠前托练习者右小腿，使其体会右腿前跨、上体挺直前倒动作。②保护与帮助者在杠后托练习者背部，使其体会伸髋压杠动作。③保护与帮助者在杠前设一标志物，让练习者右腿前跨触标志物做前回环。

常见错误与纠正方法：右腿没有前伸远跨动作上体就前倒，可采用教学方法①纠正；身体回环接近杠后水平部位时，右腿没有压杠和展髋动作，可采用教学方法①、②纠正。

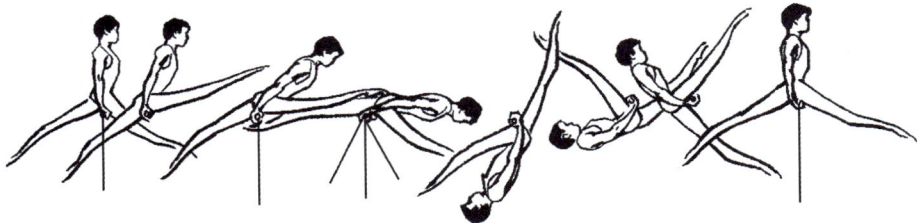

图 4-29

十一、骑撑后回环

动作要领：由骑撑开始，两臂伸直撑起身体重心，左腿后摆身体重心顺势后移，使右大腿后上部贴杠。接着上体伸直后倒，右腿前摆带动身体绕杠回环。当身体回环接近杠下垂直部位时，换左大腿前上部贴杠，身体继续回环。当身体回环至杠前水平部位时，左腿制动，抬上体，两臂伸直翻腕压上成骑撑（图 4-30）。

教学规格：回环方向要正。

保护与帮助：保护与帮助者站在杠前左侧，右手从杠下翻握练习者的左手腕，当练习者身体回环接近杠前水平部位时，左手顺势托其肩，右手托其摆动腿。

　　教学方法：①做向后摆腿后的上体直体后倒动作练习。保护与帮助者在杠后托住练习者的背部，使练习者体会上体后倒动作。②在同伴或教师的保护与帮助下完成动作。

　　常见错误与纠正方法：上体后倒时，右腿没有下压，左腿没有顺势前摆，可采用教学方法①纠正；身体后倒回环时，两腿同时离杠或抬上体时没有制动腿，可采用教学方法①、②纠正。

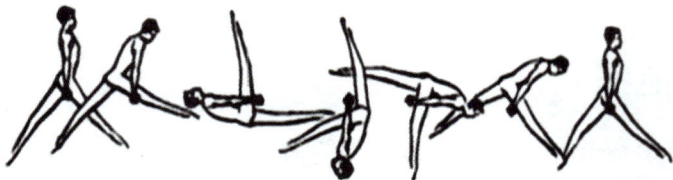

图 4-30

十二、支撑摆动后回环

　　动作要领：由支撑开始，两腿稍前摆，接着后摆，使身体高于杠水平面，当腿下落腹部接近杠面时，上体迅速后倒，两腿前摆稍屈髋，两臂压杠使大腿上部靠杠回环。当肩过杠下垂直部位后，制动两腿，同时迅速抬上体，展髋，翻腕上成支撑（图 4-31）。

　　教学规格：直臂直体回环，动作流畅。

　　保护与帮助：保护与帮助者站在杠前侧方，一手从杠下翻握练习者的手腕，当练习者两腿下落时，一手托其腰臀部，使其大腿上部靠杠。当练习者抬上体时，保护与帮助者一手从杠下托练习者的大腿，另一手托其肩。

　　教学方法：①支撑后摆还原成支撑。②在同伴或教师的保护与帮助下完成练习。

　　常见错误与纠正方法：两腿下摆时屈臂，上体后倒较晚，可采用教学方法①纠正；回环时屈髋过多，两腿制动较晚，可采用教学方法①、②纠正。

图 4-31

十三、支撑前回环

　　动作要领：由反握支撑开始，上体迅速前倒，稍屈髋，两臂压杠使大腿上部靠杠回环。当肩过杠下垂直部位后，上体迅速上抬，制动两腿，同时迅速抬上体，展髋，翻腕上成支撑（图 4-32）。

　　教学规格：直臂直体回环，动作流畅。

　　保护与帮助：保护与帮助者站在杠前侧方，一手从杠下翻握练习者的手腕，当练习者两腿下落时，一手托其腰臀部，使大腿上部靠杠。当练习者抬上体时，保护与帮助者一手从杠下托练习者的大腿，另一手托其肩。

　　教学方法：①支撑后摆还原成支撑。②在同伴或教师的保护与帮助下完成练习。

　　常见错误与纠正方法：两腿下摆时屈臂，上体后倒较晚，可采用教学方法①纠正；回环时屈髋过多，两腿制动较晚，可采用教学方法①、②纠正。

图 4-32

十四、支撑后倒转体 180° 弧形下

　　动作要领：由支撑开始，后倒技术同支撑后倒弧形下动作。当身体前摆肩过杠下垂直部位后，两腿迅速向前上方（稍偏左）伸出并送髋，同时两臂顺势压杠，顶开肩角，以脚带动身体伸直紧绷向左转体 180°，右手随身体转动换握，然后左手换握抓杠，用力推杠，人体成反弓形腾空，直至落地，屈膝缓冲（图 4-33）。

　　技术要点：①举腿屈髋，快速倒肩时，两臂必须压紧杠子。②转体结束后，后摆力度要大，同时直臂、含胸、顶肩撑杠。③两腿制动，直臂顶肩推杠，腾空时两腿下压，抬上体。

　　教学规格：后摆两脚高于头部，保持直体挺身。

　　保护与帮助：保护与帮助者站在杠下后侧方，当练习者转体时，两手扶其髋部，帮助其身体送出和转体。

　　教学方法：①练习支撑后倒弧形摆。②练习支撑后倒弧形转体下。③在低杠上练习支撑后摆回摆成支撑动作，体会后摆技术。

　　常见错误与纠正方法：后倒上体没有贴紧单杠，肩角打开没有收紧；上体后倒后两腿前摆过早，身体腾空过低，没有形成弧形动作，可采用上述教学方法纠正。

图 4-33

十五、支撑后倒转体 90° 弧形下

动作要领：由支撑开始，后倒技术同支撑后倒弧形下动作。当身体前摆肩过杠下垂直部位后，两腿迅速向前上方（稍偏左）伸出并送髋，同时两臂顺势压杠，顶开肩角，以脚带动身体伸直紧绷，向左转体 90°。右手随身体转动换握，用力推杠，身体成侧弓形腾空下落，屈膝缓冲。

教学规格：转体后摆两脚高于头部，保持直体挺身。动作连贯、平稳。

保护与帮助：保护与帮助者站在杠下后侧方，当练习者转体时，两手扶其髋部，帮助其身体送出和转体。

教学方法：①练习支撑后倒弧形摆。②练习支撑转体 90°成支撑。③练习支撑侧摆下技术。

常见错误与纠正方法：后倒时上体没有贴紧单杠，肩角打开没有收紧；上体后倒后两腿前摆过早，身体腾空过低，没有形成弧形动作，可采用上述教学方法纠正。

图 4-34

十六、支撑后摆屈体踩杠下

动作要领：由支撑开始，两腿先前摆，接着借杠反弹力用力后摆，肩稍前倾，两臂伸直撑杠。当后摆接近极点时，稍含胸、提臀，屈髋，两腿向前摆越。当身体下落时，屈髋，同时两腿并拢伸直，两脚踩杠，身体向下摆动，待身体摆过接近最高点时，两腿迅速展开与身体成直线。两腿制动下压，猛推杠，同时上体稍向后伸下（图 4-35）。

教学规格：后摆手臂伸直，踩杠时双腿伸直。

保护与帮助：保护与帮助者站在杠下后侧方，当练习者后摆时，两手扶其髋部，帮助其身体送出，并屈体踩杠，辅助其踩杠摆动。

教学方法：①练习支撑后摆技术。②练习并腿踩杠摆动技术。③练习支撑前摆下技术。④在垫上练习坐位体前屈。

常见错误与纠正方法：后摆未接近最高点时屈体踩杠，踩杠时手臂或腿弯曲，下杠时没有推手动作，可采用上述教学方法纠正。

图 4-35

十七、支撑后摆分腿踩杠下

动作要领：由支撑开始，两腿先前摆，接着借杠反弹力用力后摆，肩稍前倾，两臂伸直撑杠。当后摆接近极点时，稍含胸、提臀、屈髋、分腿向前摆越。当身体下落时，屈髋，同时两腿伸直分腿，两脚于两手握杠间踩杠，身体向下摆动，待身体摆过接近最高点时，两腿迅速展开与身体直线并拢。两腿制动下压，猛推杠，同时上体稍向后伸下（图 4-36）。

教学规格：后摆手臂伸直，踩杠时双腿伸直。

保护与帮助：保护与帮助者站在杠下后侧方，当练习者后摆时，两手扶其髋部，帮助其身体送出，并屈体踩杠，辅助其踩杠摆动。

教学方法：①练习支撑后摆技术。②练习分腿踩杠摆动技术。③练习支撑前摆下技术。④在垫上练习坐位分腿拉伸动作。

常见错误与纠正方法：后摆未到接近最高点时屈体踩杠，踩杠时手臂或腿弯曲，下杠时没有推手动作，可采用上述教学方法纠正。

图 4-36

本章小结

本章主要介绍了单杠的技术特点和锻炼价值，要求学生熟悉单杠练习的基本内容，了解单杠动作的技术要求、身体素质要求。掌握各个动作的动作要领、教学规格，并熟悉各个动作的教学方法以及掌握保护与帮助的技能。

回顾与思考

1. 单杠的特点和作用是什么？

2. 单杠的内容与分类如何？

3. 了解单杠动作的技术要求及身体素质要求。

4. 掌握单杠动作的动作要领与学习方法。

5. 掌握单杠动作的教学方法及保护与帮助的方法。

第五章

双杠教学艺术

【学习目标】

　　通过本章学习，了解双杠动作的概念、特点、锻炼价值与意义。掌握双杠动作的动作要领、技术要点、身体素质要求以及练习方法与步骤。熟悉保护与帮助的技能等基本知识，掌握各动作的教学方法及保护与帮助的方法等。

【学习任务】

1. 了解双杠动作的概念及内容。
2. 掌握双杠动作的技术及动作要领。
3. 学习双杠动作的练习方法。
4. 掌握双杠动作的教学方法和保护与帮助的方法。

【学习地图】

　　了解双杠动作的概念及内容→双杠动作要领、技术的学习→双杠动作练习实践→双杠动作教学方法→双杠动作练习的保护与帮助。

双杠是学校体操教学的重要内容，也是竞技体操比赛中的主要项目之一。双杠动作纷繁复杂、变化多样，包括各种摆动、摆越、悬垂、滚翻、转体、屈伸等，动作有易有难，可选择的余地较大，是广大学生十分喜爱的运动项目。

双杠动作按技术特征可分为静力性动作和动力性动作两大类。静力性动作包括支撑、骑撑、肩倒立、手倒立等；动力性动作包括支撑摆动、挂臂撑摆动、屈体悬垂、滚翻、转体、前摆上、后摆上、空翻等。

双杠动作具有较高的锻炼价值，经常进行双杠动作练习，能够有效提升和发展上肢、躯干、肩带、腹背等部位肌肉力量，对练习者提高肢体的控制能力、动作协调能力、身体平衡能力等也具有显著作用。双杠动作练习可以是单个动作的练习，也可以是多个动作的组合练习。组合动作可以是多个动力性动作组合，也可以是静力性动作与动力性动作的组合，通过合理、巧妙地编排，使动作有静有动、节奏变化多样，以利于更好地锻炼身体。同时，双杠动作练习能够培养学生勇敢、顽强、果断和坚韧不拔、勇于克服困难的意志品质和思想意识。

双杠教学要遵循科学安排、循序渐进的原则，要善于把技巧、单杠等练习中的相似或同一类别的动作进行整合，在重视身体素质提升的基础上，先安排基本动作、基础动作的学习，再递进式地进行有一定难度动作的学习，重视保护与帮助。如在教学进度安排上，可先安排基本的支撑、支撑移动、支撑摆动、支撑摆动的各种下法、挂臂撑、挂臂撑摆动、挂臂撑摆动的各种上法、滚杠、滚翻等动作的学习，再安排倒立、转体、摆越、屈伸等动作的学习。通过基本动作、基础动作的学习，在提升学生基本身体素质、体操意识、身体控制等基本能力的基础上，逐渐提升动作难度，发展学生力量、柔韧、灵敏、协调等基本素质，进一步提高学生控制、平衡、爆发等能力。

第一节　支撑类动作教学

一、支撑前进

动作要领：由杠端站立开始，两手前握杠，跳起撑杠成支撑状态。右手前移握杠，身体倾斜，然后左手前移握杠。以此方法左右手交换撑杠依次前移（图5-1）。

技术要点：手臂不可弯曲。

教学规格：手臂前移握杠，身体挺直。

保护与帮助：保护与帮助者站在练习者一侧，用手握其左臂。

教学方法：练习支撑摆动。

教学中应注意的问题：加强基本姿态的训练和上肢力量练习。

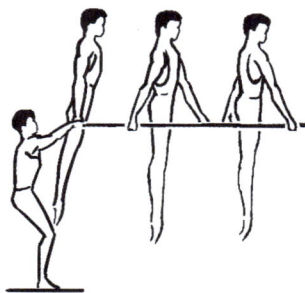

图 5-1

二、双臂屈撑

动作要领：由杠中支撑开始，两手握杠，身体重心下落，身体倾斜，当身体重心下落至极点后，双臂用力撑起（图 5-2）。

技术要点：手臂弯曲，身体重心下落至极点。

教学规格：身体重心慢落快起，身体挺直。

保护与帮助：保护与帮助者站在练习者一侧，用手握其左臂。

教学方法：①练习支撑摆动。②进行上肢力量练习。

教学中应注意的问题：加强基本姿态的训练和上肢力量练习。

图 5-2

三、支撑摆动

动作要领：由杠中直臂支撑开始，前摆时，直体自然下摆。摆过垂直部位后，向前上方摆腿，尽量拉开肩角。后摆时，及时展髋，远伸脚尖，身体自然下摆。身体摆过垂直部位后，向后上方摆腿，身体伸直，随着后摆高度的变化，逐渐拉开肩角（图 5-3）。

技术要点：①基本支撑姿势要正确，不要塌肩。②在前摆过程中，下摆时肩部减少前倾，要顶肩，上摆时随着腿部向前上方运动，应拉开肩角，并向前跟肩。后摆时也要保持肩轴在握点上方。前、后摆均应过杠垂直部位后加速摆腿。

教学规格：前摆不低于杠水平面，后摆不低于45°。

保护与帮助：保护与帮助者站在杠侧，一手握练习者上臂以稳固其肩部，一手在前摆时托送其背部或腰部，后摆时托送其腹部或大腿，帮助其含胸顶肩，拉开肩角，向前方送出和向后上方摆起。

教学方法：①注意培养正确的支撑姿势。②摆动幅度逐渐由小变大。

教学中应注意的问题：加强基本姿态的训练。

图 5-3

四、支撑分腿坐前进

动作要领：由杠上直臂支撑开始，支撑前摆过杠面后，迅速分腿，以腿后部触杠成分腿坐。然后，身体挺直，两腿骑杠，上体前移，两臂经侧平举至体前稍远处用力撑杠，同时两腿伸直压杠后并腿摆进杠，接着支撑前摆成分腿坐（图5-4）。

技术要点：①前摆成分腿坐时尽量靠近两手。②后摆进杠时，两腿应伸直压杠。

教学规格：动作连贯，两腿始终伸直。

图 5-4

保护与帮助：保护与帮助者站在杠侧，一手托练习者膝上部，一手从杠下托练习者的肩部，帮助练习者提臀屈体，提高其身体重心。当练习者臀部移至垂直部位时，保护与帮助者两手换至杠下托练习者的背部和腰部，帮助其前移成分腿坐。

教学方法：可在帮助下完成，保护与帮助者站在侧面，练习者前摆时托其臀部，送至分腿坐，练习者进杠时一手扶其上臂，另一手托膝，帮助其并腿进杠。

教学中应注意的问题：加强基本姿态的训练。

五、支撑前摆挺身下

动作要领：由支撑摆动开始，当身体前摆过垂直部位后，迅速向前上方摆腿，当摆至最高点时，同时身体向左移动，向下压腿展髋，同时用力顶肩推杠，挺身跳下侧立（图5-5）。

技术要点：①摆过垂直部位后就要加速摆腿。②压腿展髋和顶肩推手立上体要协调配合。③屈髋举腿时要顶肩前移。

教学规格：初学者臀部可摆至杠面以上高度再挺身推手，推手后右手可换撑左杠。高规格动作，上摆尽量拉开肩角，臀部上翻至极点再挺身推手，推手后右手不再撑左杠，腾空挺身落地。

保护与帮助：保护与帮助者站在练习者落地点同侧，左手握练习者左上臂，右手从杠上托其背部或臀部，帮助其出杠。

教学方法：①反复练习支撑前摆屈髋高举腿。②在帮助下做完整动作，保护与帮助者站在杠侧，一手握住练习者的手臂，一手托其臀部帮助其出杠。

教学中应注意的问题：加强基本姿态的训练。

图5-5

六、支撑前摆转体180°挺身下

动作要领：由支撑后摆开始，当身体前摆过杠下垂直位时两腿加速向前上方摆起，收腹稍屈髋，两臂侧顶重心开始右移，当前摆至将近极点时右臂顶肩推离杠，接着以脚尖带动髋部和上体向内转体180°，同时边转边展髋挺身，两臂依次推离杠，接着右手换握右杠落下（图5-6）。

技术要点：①以脚尖带动转髋转体，边转体同时边展髋。②转体的主动力是由脚尖带动腰部的扭紧而促使上体转体180°。

教学规格：在前摆至最高点时转体，身体呈挺身姿势。

保护与帮助：保护与帮助者站在练习者下杠一侧，一手托其腰部，另一手在其转体时扶其髋部，顺势推搓以帮助其转体下。

教学方法：①支撑前摆向内转体90°，要求在最高点时以脚尖带动转髋转体。②在他人帮助下完成支撑前摆向内转体 180°，要求由较低的支撑前摆向内转体 180°，过渡至较高的支撑前摆向内转体 180°下。③ 转体的主动力是由脚尖带动腰部的扭紧而促使上体转体 180°。

教学中应注意的问题：加强基本姿态的训练。

图 5-6

七、后摆经单臂支撑挺身下

动作要领：由支撑前摆开始（以向左为例），身体后摆过杠下垂直部位后，两腿用力向后上方摆起。当腿后摆至极点时，身体重心左移出杠外，同时右手迅速推离杠，换握左杠（于左手前），并继续做顶肩后摆动作，左手推离杠摆至侧上举，挺胸、抬头、紧腰。落地时，及时做收腹屈膝的缓冲动作。

技术要点：①后摆时含胸，直臂顶肩。②推杠有力，换握及时。③右手换握后要继续顶肩后摆。

教学规格：身体后摆高于肩水平面。

保护与帮助：保护与帮助者站在练习者落地点一侧，一手握其上臂，另一手在练习者身体后摆过杠面时托送其腹部帮助移出，接着两手扶其腰保护落地。或另一名保护与帮助者站在异侧后方，推送练习者的髋侧部或腿部，帮助其出杠。

教学方法：①反复练习支撑摆动。②做杠端面向杠内的支撑后摆向左挺身下。③沿左杠端拉一条跳绳或橡皮筋，做杠端面向内越过绳（或橡皮筋）后摆下。

教学中应注意的问题：反复多次练习，加强训练强度并在保护与帮助下完成动作。

图 5-7

第二节 挂臂类动作教学

一、挂臂撑摆动

动作要领：挂臂撑前摆时，直体自然下摆，身体摆过垂直部位后，向前上方摆腿，脚尖尽量走远，少屈髋。后摆时，及时展髋，远伸脚尖，身体自然下摆。摆过垂直部位后向后上方摆腿，身体伸直（图 5-8）。

技术要点：①基本挂臂支撑姿势要正确，不要塌肩。②前摆过程中，摆动中脚尖尽量走远，少屈髋，前、后摆均应过杠垂直部位后加速摆腿。

教学规格：前摆不低于杠平面，后摆不低于 45°。

保护与帮助：保护与帮助者站在杠侧，一手握练习者上臂以稳固其肩部，一手在练习者前摆时托送其背部或腰部，后摆时托送其腹部或大腿，帮助其含胸顶肩，拉开肩角，向前方送出和向后上方摆起。

教学方法：①注意培养正确的支撑姿势。②摆动幅度逐渐由小变大。

教学中应注意的问题：加强基本姿态的训练。

图 5-8

二、挂臂屈伸上成分腿支撑

动作要领：由挂臂摆动开始，当前摆臀部高出杠面时屈体挂臂撑，然后猛力向前上方伸髋，随后制动腿，同时两臂用力压杠，急振上体跟肩上，同时两腿分开落于两杠上端成支撑（图 5-9）。

技术要点：①屈伸技术要求，脚尖走最远路线，髋关节先伸展后弯曲，折体要充分且富有弹性，然后朝前上方迅猛蹬伸，及时制动。②制动的同时两臂用力朝后下方压杠、振上体,梗头起肩。

教学规格：上成支撑时直臂，臀部不低于肘。

保护与帮助：保护与帮助者站在杠侧，一手扶练习者上臂，另一手托其背部帮助其上成支撑。

教学方法：①垫上模仿练习。②先学挂臂屈伸上。③在帮助下做完整的动作，保护与帮助者一手托练习者背部，另一手托其腿帮助其上成支撑。

教学中应注意的问题：加强基本姿态的训练。

图 5-9

三、挂臂屈伸上

动作要领：由挂臂摆动开始，前摆成臂部高出杠面时屈体挂臂撑，然后猛力向前上方伸髋，随后制动腿，同时两臂用力压杠，急振上体跟肩上成支撑（图 5-10）。

技术要点：①屈伸技术要求，脚尖走最远路线，髋关节先伸展后弯曲，折体要充分且富有弹性，然后朝前上方迅猛伸及时制动。②制动的同时两臂有力朝后下方压杠、振上体，梗头起肩。

教学规格：上成支撑时直臂，臀部不低于肘。

保护与帮助：保护与帮助者站在练习者侧面，一手握其上臂，另一手由杠下托其背部，帮助其成支撑。练习者动作完成后，保护与帮助者应将托练习者背部的手迅速收回，以免影响练习者腿的后摆。

教学方法：①垫上模仿练习。②先学挂臂屈伸上成分腿坐。③在帮助下做完整动作，保护与帮助者一手托练习者的背部，另一手托其腿帮助其上成支撑。

教学中应注意的问题：加强基本姿态的训练。

图 5-10

四、挂臂前摆上

动作要领：由挂臂后摆至极点开始，当身体下摆接近垂直部位时，要留腿，到垂直部位后，猛力向前上方摆腿。当腿摆出杠面时，急速前伸并制动腿，同时两臂用力压杠，梗头，上体急振起肩，上成较舒展的支撑部位（图5-11）。

技术要点：①上摆接近杠面时要有用力制动腿的动作。借助由此产生的下肢至上体的力量传递，及时有力地压杠、振胸、梗头、跟肩。②上成支撑时肩轴要积极向前上方移动，这样后摆才能充分有力。

教学规格：直臂上成支撑时，髋要高于肘。

保护与帮助：保护与帮助者站在练习者的侧面，从杠下托其背部或臀部，另一手托其腿。

教学方法：①练习者仰卧挂臂撑两腿撑杠（或并腿撑在杠水平面的另外支撑物上），先挺腹，然后快速屈体并向后下方压杠上成支撑。每组重复3～5次。②挂臂摆动上成分腿坐，注意肩离杠后再分腿。以上练习都可有效地体会制动腿和压杠动作。③保护与帮助者一手托练习者背部，另一手托其大腿帮助其前摆上成支撑。

教学中应注意的问题：先掌握正确的挂臂摆动技术，再通过挂臂撑摆动增强肩带肌的压杠力量。加强基本姿态的训练。

图 5-11

五、挂臂后摆上

动作要领：由屈体挂臂撑开始，两腿向前上方远伸，髋关节展开，臀部远送，同时两手拉杠，使肩前移接近握点，身体由前向后摆。当身体接近杠下垂直部位时，髋关节稍屈，肩稍下沉，经过杠下垂直部位后，用力向后上方摆腿展髋。两腿摆过杠面后，两臂用力压杠，同时含胸，肩稍前移，推直两臂成支撑，两腿继续上摆（图5-12）。

技术要点：①两腿向前上方远伸前摆时，必须使肩前移接近握点。②身体在后摆过杠下垂直面后用力向后上方摆腿。③后摆与压杠要配合协调。

教学规格：直臂上成支撑时，臀部不低于肩水平面。

保护与帮助：保护与帮助者站在练习者的侧面，当练习者做屈体挂臂撑，两腿和臀部向前上方弧形摆出时，一手在杠下托其肩部，一手托其腰背部，向前上方送出；当练习者后摆时，托送其腹部帮助其成支撑。

教学方法：①反复练习挂臂撑摆动。②做屈体挂臂撑，伸腿送臀和拉杠引肩接近握点的练习。③在前高后低的倾斜双杠上做后摆上。④做屈臂撑向后摆动，两臂推直成支撑。

教学中应注意的问题：加强基本技术的训练。

图 5-12

六、挂臂摆动前回环

动作要领：由屈体挂臂撑开始，两腿向前上方远伸，髋关节展开，臀部远送，同时两手拉杠，使肩前移接近握点，身体由前向后摆。当身体接近杠下垂直部位时，髋关节稍屈，肩稍下沉，经过杠下垂直部位后，用力向后上方摆腿展髋。当挂臂撑后摆时，直体自然下摆，摆过垂直部位后，向后上方摆腿，脚尖尽量走远，少屈髋。当后摆至极点时，即身体重心过支撑点时，两手松杠，经肩倒立，稍低头，前摆落下（图5-13）。

技术要点：①基本挂臂支撑姿势要正确，不要塌肩。②后摆时，摆动中脚尖尽量走远，少屈髋。③当后摆至极点时，即身体重心过支撑点时，两手松杠。

教学规格：屈体挂臂撑"放浪"幅度大，后摆极点要过支撑点。

保护与帮助：保护与帮助者站在杠侧，一手握练习者上臂以稳固其肩部，另一手在练习者前摆时，托送其背部或腰部，在练习者后摆时托送其腹部或大腿，帮助其体会极点的位置。

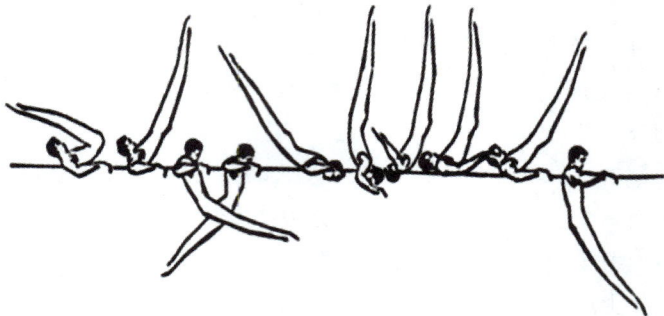

图 5-13

教学方法：①注意培养正确的挂臂支撑姿势。②摆动幅度逐渐由小变大。

教学中应注意的问题：加强基本姿态的训练。

七、挂臂摆动后回环

动作要领：挂臂撑前摆时，直体自然下摆，摆过垂直部位后，向前上方摆腿，脚尖尽量走远，少屈髋。当前摆至极点时，即身体重心过支撑点时，两手松杠，两臂外展，挺髋、抬头，前摆落下（图5-14）。

技术要点：①基本挂臂支撑姿势要正确，不要屈髋。②前摆时，摆动中脚尖尽量走远，少屈髋。③当前摆至极点时，即身体重心过支撑点时，两手松杠，挺髋、抬头，前摆落下。

教学规格：后摆高于水平面45°，前摆极点要过支撑点。

保护与帮助：保护与帮助者站在杠侧，一手握练习者上臂以稳固其肩部，一手在练习者前摆时托送其背部或腰部，后摆时托送其腹部或大腿，帮助其体会极点的位置。

教学方法：①注意培养正确的挂臂支撑姿势。②摆动幅度逐渐由小变大。

教学中应注意的问题：加强基本姿态的训练。

图 5-14

第三节　混合类动作教学

一、杠端短振屈伸上

动作要领：由杠端向内两手内握站立开始，向后上方跳起收腹举腿成屈体悬垂弧形前摆。当摆动至杠下垂直部位后，臀部向前上方送出，增大肩角，当接近极点时，顺势伸髋。随着身体向后回摆，髋关节尽量弯曲，肩后摆过垂直部位后，向前上方伸髋，同时直臂压杠上成支撑（图5-15）。

技术要点：①跳起屈体悬垂摆动，身体要折拢才能有较大的弧形摆动幅度。②屈体向后回摆，两腿贴近面部。③一定要在回摆过垂直部位后，借上摆之势伸髋压杠。

教学规格：上至支撑时，臀部高于杠水平面。

保护与帮助：保护与帮助者站在练习者的侧面，当练习者跳起后倒成屈体悬垂摆动时，顺势一手托练习者肩部，一手托其送腿。当练习者做屈伸上时，保护与帮助者一手托送练习者肩部，一手托送其臀部。

教学方法：反复练习，熟练掌握杠端跳起屈体悬垂弧形摆动及摆动中髋关节的自然伸屈动作。保护与帮助者一手托练习者背部，另一手托其臀部，帮助其完成动作。

教学中应注意的问题：加强基本姿态的训练。

图 5-15

二、杠中长振屈伸上

动作要领：杠中正立向前上方挺身跳起，两臂前摆握杠，屈髋悬垂前摆，过杠下垂直部位后，两脚继续前伸，髋关节自然展开。当接近前摆极点时，身体充分伸展。接着迅速屈收腿逐渐贴紧上体，向前上方伸髋，两臂用力向后方下压，上体向上急振，跟肩、梗头，直臂上成支撑（图 5-16）。

技术要点：①直角悬垂前摆含胸梗头，将结束时身体应尽量伸展。②屈体悬垂回摆自然及时，至垂直部位时折体充分。③腿压杠振上体，动作有力，协调配合，方向准确。

教学规格：上至支撑时，臀部应在杠水平面以上。掌握屈伸技术后，应逐渐增加伸髋送腿的高度。

保护与帮助：保护与帮助者站在练习者的侧面，当练习者收腹举腿时，一手托练习者背部，一手举其腿，顺势向前上方快速托送，帮助其上成支撑。

教学方法：①可先在杠端面向内练习跑动成屈体悬垂屈伸上。②直角悬垂摆动可在低单杠上练习。③保护与帮助者一手托练习者的背部，另一手托练习者的臀部，帮助其完成动作。

教学中应注意的问题：加强基本姿态的训练。

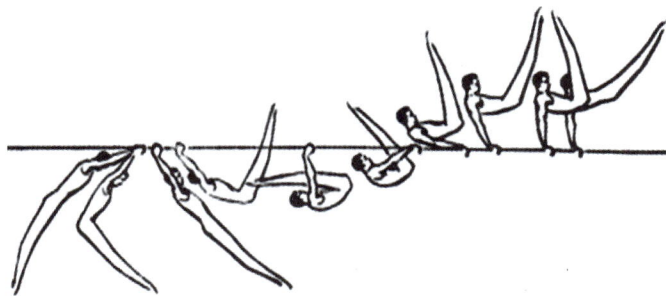

图 5-16

三、滚杠

动作要领：由分腿坐开始，左手于腿前 30 cm 处正握左杠，右手在左手后，臀旋外翻握杠，上体左前倒，低头，右肩位于左前杠下，左腿上举，以腰骶部滚杠；同时分腿向左转体 180°，经分腿俯撑两臂推起成分腿坐（图 5-17）。

技术要点：①握杠方法要正确。②应用腰骶部滚杠。

教学规格：动作连贯，两腿有一定开度。

保护与帮助：保护与帮助者站在杠左侧，一手杠下托练习者的肩部，另一手杠上托拨练习者的大腿；或是两人互相帮助，右侧人握左侧人大腿，帮助其翻转。

教学方法：①练习握杠方法。②保护与帮助者站于左前侧，两手托练习者的背部，帮助其翻转。③注意控制腰骶部负担量，初学者一次练习次数不宜过多。

教学中应注意的问题：加强基本姿态的训练。

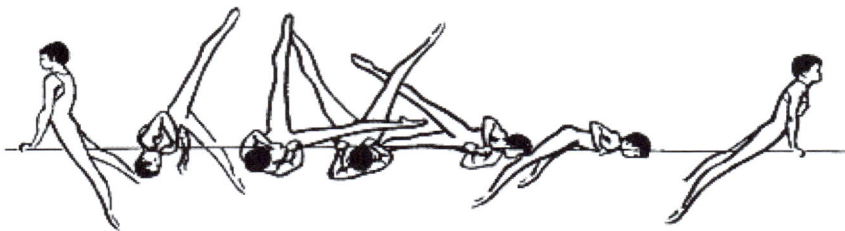

图 5-17

四、支撑后摆转体 180° 成分腿坐

动作要领：由支撑后摆开始，当腿摆过杠面后，含胸顶肩，以足尖带动髋部向右转体 180°，同时两手换握成分腿坐（图 5-18）。

技术要点：①后摆时不要塌腰、挺胸。②后摆超过杠面才转体分腿。

教学规格：初学者可先转体分腿坐后再两手换握，逐渐过渡到边换握边转体。左手换撑右杠后身体仍在肩水平面以上，右手换撑左杠后再分腿下落成分腿坐。

保护与帮助：保护与帮助者站在练习者转体异侧，当练习者两腿摆过杠面后，两手顺势搓送其髋部，帮助其完成转体成分腿坐。

教学方法：①在地上画出与杠距等宽的两条平行线，手撑于平行线上仰撑，移重心依次换握转体180°成俯撑。②在杠上练习，保护与帮助者托送练习者髋部帮助其转体。

教学中应注意的问题：加强基本姿态的训练。

图 5-18

五、俯撑单腿侧摆转体 90° 成分腿坐

动作要领：由左大腿后部侧向坐杠、右腿前举开始，右腿后摆同时转体，左腿转动经大腿前部撑杠，经左腿撑杠的正撑过程，体重移至两臂上，肩前移。当右腿摆出杠面时，右手推开杠再转体90°，同时左腿压杠后从右腿下面摆越两杠成分腿坐，右手最后撑杠（图5-19）。

技术要点：①右腿后摆充分。②右腿的摆动、左腿的摆越及转体配合要协调。

教学规格：右腿后摆充分，在杠上完成摆越和转体。

保护与帮助：保护与帮助者站在练习者右侧，左手握其左上臂，右手托腿帮助其转体摆腿。

教学方法：①在地上俯撑或杠上支撑，后摆转体180°成分腿坐。②从左腿撑杠的正撑开始，右腿左右摆动，当右腿摆出杠面后，髋关节迅速拧转，带动身体转动分腿坐杠。

教学中应注意的问题：加强基本姿态的训练。

图 5-19

六、俯撑单腿侧摆转体 90° 成支撑摆动

动作要领：由左大腿后部侧向坐杠、右腿前举开始，右腿后摆同时转体，左腿转动经

大腿前部撑杠，经左腿撑杠的正撑过程，身体重心移至两臂上，肩前移。当右腿摆出杠面时，右手推开杠再转体 90°，同时左腿压杠后从右腿下面摆越两杠，两腿并拢成支撑前后摆动（图 5-20）。

技术要点：①右腿后摆充分。②右腿的摆动与左腿的摆越及转体配合要协调。

教学规格：右腿后摆充分，在杠上完成摆越和转体。

保护与帮助：保护与帮助者站在练习者右侧，左手握其左上臂，右手托其腿帮助其完成摆越和转体动作。

教学方法：①在垫上俯撑做后摆转体 180°成分腿坐动作，或在双杠上做支撑后摆转体 180°成分腿坐动作。②由左大腿后部侧向坐杠、右腿前举开始，右腿左右摆动，当右腿摆出杠面后，两臂压杠转髋，两腿迅速分腿摆动成分腿坐杠。

教学中应注意的问题：加强基本姿态的训练，提升身体控制能力。

图 5-20

七、支撑前摆外侧坐越两杠下

动作要领：（以坐右杠为例）由支撑摆动开始，向前上方摆动，然后左腿大腿外侧坐杠，左腿屈小腿向后下伸，右腿向后下方伸直，使左小腿和右腿在后下方平行，左手体后撑左杠，右臂侧举，两眼平视，上体挺直亮相。两手体后握杠，两腿弹杠向左上方起摆，挺髋摆越两杠后，右手推杠与左手换握抓左杠，屈膝落地（图 5-21）。

技术要点：①支撑前摆时肩不要后倒。②前摆至臀部过杠面后，做外侧动作。③身体随两腿摆越两杠时，注意向前伸腿、挺髋。

教学规格：前摆时两肩拉开，两腿向前上摆起，不低于杠水平面，外侧坐时外侧腿尽量后伸。

保护与帮助：保护与帮助者站在杠外练习者的左侧，练习者前摆时托其臀部送至外侧坐。

教学方法：①练习跳上支撑两腿前摆，要求两手于体前握杠，跳起直臂支撑两腿顺势前摆出杠。②在他人帮助下完成跳上支撑前摆成分腿坐，要求两腿出杠后左臂向右顶肩，使身体重心右移，两腿有控制地落下，臀部坐在右杠上。

教学中应注意的问题：加强基本姿态的训练。

图 5-21

八、前滚翻成分腿坐

动作要领： 由杠上分腿坐开始，以肩或上臂撑杠，两腿并拢，身体重心前移。身体重心向前移至稍过肩垂直部位时，两手迅速向前换握杠经屈体挂臂撑。当臀部接近杠水平面时，两腿分开内侧压杠，两臂用力撑杠，上体前跟，成分腿坐（图 5-22）。

技术要点： ①滚翻两手换握时应做到放手迟、握杠早。②经屈体挂臂撑后，应立即顺势伸髋分腿，下压跟肩成分腿坐。

教学规格： 滚翻流畅、连贯，换握时臀部高于杠水平面，且有并腿过程。

保护与帮助： 保护与帮助者站在杠侧，一手托练习者膝上部，一手从杠下托其肩，帮助其提臀屈体，提高身体重心。当练习者臀部移至垂直部位时，保护与帮助者两手换至杠下托其背部和腰部，帮助其前滚成分腿坐。

教学方法： ①在低双杠上练习提重心和肩触杠、肘外展动作。②在垫子上做屈体立撑成分腿坐，体会臀部在较高部位时换握和伸髋分腿下压、上体上跟的动作。③在低双杠下放置一个低于杠面的山羊或跳箱，杠下前方放一块垫子，练习者屈体站于山羊或跳箱一端，屈臂、外展两肘，两肩撑杠，脚蹬山羊或跳箱做前滚翻成分腿坐垫子上的练习或做前滚翻成分腿坐练习。

教学中应注意的问题： 加强基本姿态的训练。

图 5-22

九、支撑前摆成分腿坐

动作要领： 由支撑摆动开始，身体摆过垂直部位后稍屈髋，迅速向前上方踢腿，同时直臂向后顶肩、梗头，拉开肩角。前摆超过杠面后两腿迅速分开，以大腿内侧坐于杠面（图 5-23）。

教学规格： 直臂支撑，臀部不低于杠水平面。

保护与帮助：保护与帮助者站在练习者的左侧，左手扶其左上臂稳定肩部，当练习者摆出时用右手托其腰，帮助其上摆。

教学方法：①反复练习支撑摆动。②前摆至最高点时积极分腿。

教学中应注意的问题：加强基本姿态的训练。

图 5-23

十、支撑摆动成肩倒立

动作要领：支撑后摆过水平面约45°，肩前移屈臂，当肩部触杠时，两肘张开，同时抬头、紧腰，身体伸直成肩倒立（图5-24）。

技术要点：①摆动要舒展，没有突然加速动作。②成肩倒立时要抬头、分肘，防止下落。肩前移、屈臂、后摆应协调配合。

教学规格：要求后摆超过水平面45°，屈肘，慢慢落下成肩倒立。不能做成用力动作。

保护与帮助：保护与帮助者一手托练习者的胸部，另一手扶练习者的背部，帮助练习者成倒立，并防止其"漏肩"下落。

教学方法：①反复做慢起手倒立练习。②加强保护，避免发生伤害事故。

教学中应注意的问题：加强基本姿态的训练。

图 5-24

十一、肩倒立侧翻下

动作要领：由肩倒立开始，足尖侧倒带动身体顺势向右（左）侧移重心，接着左（右）手推杠，同时右（左）肩顶杠，侧翻下成侧立。

技术要点：侧翻过程中身体和头部应保持一定张度，足尖应远伸。

教学规格：侧翻时，身体要保持伸直姿势。

保护与帮助：保护与帮助者站在练习者的右（左）侧前方，当练习者向侧翻下时两手扶其腰部两侧，防止其前后偏斜。

教学方法：①应先掌握肩倒立的技术。②可先在低杠上练习，然后再上高杠练习。

教学中应注意的问题：加强基本姿态的训练。

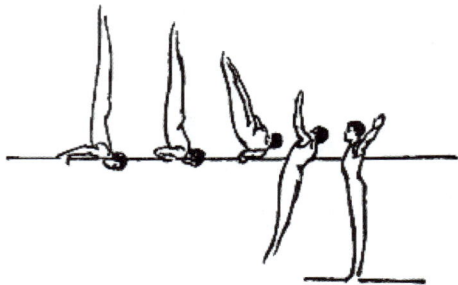

图 5-25

十二、分腿坐成慢起肩倒立

动作要领：由分腿坐开始，两手于腿前撑杠，上体前倒，屈臂、提臀、屈体，两肩在手前 20～30 cm 处顶杠，两肘外展。当臀部提至垂直部位时，伸展髋关节，两腿匀速由两侧上举并拢，抬头、紧腰，身体伸直成肩倒立（图 5-26）。

技术要点：①两手靠近大腿内侧握杠，分腿坐起倒立时肘稍内夹，含胸、提臀要充分。②成肩倒立时，抬头、紧腰，两肘保持外展。

教学规格：起倒立时，保持匀速；成倒立时，身体要伸直。

保护与帮助：保护与帮助者站在杠外练习者的侧前方，一手从杠下托其肩，防止漏肩，一手托其大腿，帮助其提高身体重心；或两人提供保护与帮助，另一人站在杠内，两手扶其髋部起倒立。

教学方法：①在垫上做分腿立撑慢起头手倒立。②在倒立架上做分腿慢起肩倒立。③在双杠下放横马，低于杠面，杠下前方放垫子，练习者两脚分别站在杠外马面上成分腿屈体站立，肩臂顶住杠，两脚稍蹬马做分腿慢起肩倒立。

教学中应注意的问题：反复练习并在帮助下完成动作。

图 5-26

十三、肩倒立接前滚翻成分腿坐

动作要领：由肩倒立姿势开始，身体重心前移，随后低头、屈髋前滚，两手松杠，上体积极前跟，当臀部接近杠面时分腿、跟肩、两手换握杠，成杠上分腿坐（图 5-27）。

技术要点：①肩倒立要稳。②前滚要及时低头、屈髋。③松手及时，上体积极前跟。④及时分腿。

保护与帮助：保护与帮助者站立于练习者侧前方，扶其髋部，让练习者体会身体平衡点，并在滚动过程中给与助力，防止练习者摔伤。

教学方法：①进行肩倒立练习。②在保护与帮助下熟练掌握低头、屈髋动作。③在完成①、②的前提下，在保护与帮助下完成完整动作。

主要错误动作：蹲立地面，手着地后头顶着地；两腿分离时间过早。

纠正方法：加强肩倒立练习，双杠肩倒立一定要稳；体会屈髋时掌握平衡；在分腿时教师在一旁给予口头提示。

教学中应注意的问题：加强基础技术的训练，提高动作的协调性与身体控制能力，注意运用保护与帮助的方法。

图 5-27

十四、杠中单腿后摆转体180°成分腿坐

动作要领：由分腿坐开始（以右为例），右腿前上举，左大腿后部坐杠，左手前举，右手体后撑杠，右腿从杠中后摆顺势向右转体，左手撑右杠，经左腿撑杠的正俯撑过程，身体重心移至两臂上，肩稍前移。右腿摆至垂直面时，加速侧摆，摆出杠面后，右手推离杠，身体重心左移，继续向右转体，同时左腿在右腿下摆越两杠成分腿坐，右手于体后撑杠（图 5-28）。

技术要点：①右腿摆动要充分。②靠摆腿带动转体。③右腿的摆动和左腿的摆越及转体配合要协调。

教学规格：右腿后摆有高度。分腿有幅度。腿后摆转体不砸杠。

保护与帮助：保护与帮助者站在练习者转体异侧，当练习者摆出杠面后，一手托其右腿，顺势推搓其髋侧部，帮助其转体。

教学方法：①练习俯撑，双腿分腿向右摆越 90°成仰撑。②练习左腿撑杠成正俯撑，右腿左右摆动，当右腿摆出杠面后，立即推右手，转体 90°成分腿坐。

教学中应注意的问题：加强基本姿态和基本技术的训练。

图 5-28

十五、体前握杠，两腿滑杠并腿接挂臂前摆

动作要领：由分腿坐支撑开始，两腿顺势向前举起，当超过杠面后迅速分腿，以大腿内侧坐杠成分腿坐。然后身体挺直，两腿骑杠，上体前移，两手顺势于体前稍远处用力撑杠，同时两腿伸直压杠后摆并腿进杠，接着支撑前摆（图 5-29）。

教学规格：上体前移明显，两腿进杠迅速连接前摆。

保护与帮助：保护与帮助者站在练习者腿侧前方，当其上体前移两手撑杠、压杠后摆时，左手握其上臂，右手托送其膝部，帮助其后摆并腿进杠。

教学方法：①练习支撑小摆动。②在保护与帮助下完成前进动作。③独立完成动作。

教学中应注意的问题：加强基本姿态的训练。

图 5-29

本章小结

本章主要介绍了双杠的技术特点和锻炼价值，要求学生熟悉双杠练习的基本内容，了解双杠的动作要领、技术规格等。掌握各个动作的教学方法以及保护与帮助的方法。

回顾与思考

1. 双杠的技术特点和锻炼价值是什么?

2. 了解双杠动作技术要求及身体素质要求。

3. 掌握双杠动作的动作要领与技术规格。

4. 掌握双杠动作教学方法及保护与帮助的方法。

第六章

技巧动作教学艺术

【学习目标】

通过本章节学习，了解技巧动作的特点与分类，掌握滚翻类、翻转类、空翻类、平衡类、叠罗汉等技术运动的基本动作要领、技术要点及教学方法、保护与帮助方法等，掌握技巧动作学习和教学的基本原则等。

【学习任务】

1. 了解技巧动作的特点和作用。
2. 熟悉技巧动作的内容与分类。
3. 掌握各类技巧动作的基本技术与教学方法。

【学习地图】

体操技巧动作基本理论→体操各类技巧动作基本技术与教学→体操叠罗汉动作技术与教学。

体操技巧动作包括技巧滚翻类动作、翻转类动作、空翻类动作、平衡类动作、叠罗汉动作及其他类动作等。体操技巧动作富有高度的艺术性，通过技巧动作练习能够培养练习者良好的身体素质和意志力，同时，技巧中的滚动、滚翻、手翻、腾空、旋转类动作对发展前庭器官、改进协调能力、掌握生活实践所必需的动作有很大的作用。在技巧动作学习过程中，练习者不仅要学会正确地完成动作，还必须锻炼自己身体的控制能力。

技巧类双人和集体项目，可以锻炼练习者紧密协调配合的能力。技巧动作还可以作为其他运动项目的辅助练习手段，如发展体操和跳水的翻腾动作，培养足球守门员、排球运动员抢救险球和自我保护的技能。

在开始学习阶段，练习者要特别注意身体各部位的姿势，使动作优美、有力。技巧动作练习的基本步骤包括：①臂部与腿部练习；②臂部与腿部联合练习；③臂部、腿部与头部的联合练习；④臂部、腿部、头部与上体的联合练习；⑤平衡练习；⑥各种转体练习；⑦舞蹈步法练习；⑧跳跃练习。先练习单个动作和联合动作，再进行简短的整套动作练习，逐步练习较为完整的整套动作，使技巧动作内容逐渐丰富、难度逐渐增加。

技巧动作是变化多且复杂的运动项目，要求学生有全面的身体素质，在进行练习时一定要遵守下列原则。

一、从简单到复杂的原则

练习者开始练习时，应先从徒手体操、舞蹈动作和简单的技巧动作学起，同时应注意提升自己的身体素质，为学习较为复杂的动作奠定基础。

二、从已学动作到相似动作迁移的原则

练习者应将已经学习的动作进行拓展，注意学习与已学动作相类似的动作，巧妙运用体操动作链中的相似动作完成动作技能向各项目的迁移。

第一节　滚翻类动作练习

一、前滚翻

动作要领：由蹲撑开始，身体重心前移，两腿向后下方蹬直离地，同时屈臂、低头、提臂，头的后部在两手撑地前着地，经后脑、背、腰、臀部依次向前滚动，当背部着地时，

迅速收腹屈膝，上体紧跟大腿团身抱腿成蹲立（图 6-1）。

技术要点：蹬地前滚时，有短暂的直腿过程。团身紧，滚动流畅。

保护与帮助：保护与帮助者单膝跪立在练习者侧前方，用手顺势推其背部帮助其成蹲立。

教学方法：①原地滚动练习。当前滚至背部着地，腿与地面夹角约 45°时，迅速收腹，上体紧跟大腿团身抱腿。②在垫子下放斜板，由高处向低处做前滚翻，要求脚先蹬地后屈臂再低头。③适当讲解增加蹬地的初速度，加大转动惯量再缩短半径，增加角速度的运动变化规律。

主要错误动作：手撑垫过远，或两手不平行、向前移动；头顶着垫。

纠正方法：在垫子适当位置画标志线或放标志物（绳、带等），保护与帮助者按住练习者的手加以限制，待练习者头触垫时再松开手；低头，收下颌，眼看胸，保护与帮助者手扶练习者头后部使其枕骨着垫。

教学中应注意的问题：发展练习者的身体协调性及动作连贯性，同时注意提供保护与帮助。

图 6-1

二、前滚翻直腿起

动作要领：由蹲撑或半蹲开始同前滚翻，但两手比前滚翻稍远撑地，顺势屈臂低头前滚，当滚至臀部时，上体迅速前屈缩小髋角，同时两手在膝部外侧撑地向后快速用力推起，以脚跟先着地再过渡到全脚掌着地，经屈体立起成直立（图 6-2）。

技术要点：滚翻速度非常重要，蹬地的速度要快而有力，手与脚要同时触垫，上体尽量前屈，两手用力推垫。

保护与帮助：保护与帮助者位于练习者侧前方，当练习者上体折叠推撑时，推其背部或提拉其两臂帮助完成动作。

教学方法：①做远撑前滚翻成直腿坐，要求两手在膝外侧正确撑地（手指朝前）。②采用斜面由高向低练习前滚翻直腿起，要求向前滚翻时前半动作过程髋关节应大于 90°，当上体迅速前屈缩小髋角时身体尽量折紧。③在向前滚翻时，由于直腿起，这时会产生很大的制动力矩，除了加快滚翻速度，还需两手用力推地才易于最后完成屈体站立姿势。

主要错误动作：前滚翻速度太慢而不流畅；两手推地不及时，两膝弯曲；上体没有充分前倾。

纠正方法：滚翻时腿主动向下蹬地，手支撑推地，经后脑、背、腰、臀部依次向前滚动；平时加强柔韧性训练。

教学中应注意的问题：平时要加强体前屈柔韧性练习，发展练习者的身体协调性及动作连贯性，同时注意提供保护与帮助。

图 6-2

三、前滚翻分腿起

动作要领：由蹲撑或半蹲开始，接着两脚蹬地，两臂前摆。当两手撑地时，立刻屈肩、低头，使头后部、肩、背依次着地，顺势前滚。当背部着地时，两腿伸直迅速向两侧分开，上体前跟，两手向大腿内侧近大腿根部推地成分腿屈体开立，同时两臂侧举（图 6-3）。

技术要点：滚动流畅，两腿直。

保护与帮助：保护与帮助者位于练习者起立的侧后方，当其用力撑地时托臀或扶腰，助其起立。

教学方法：①分腿坐，上体前压，肩前移，两腿在大腿内侧撑地，抬起臀部。②仰卧屈体前滚动，接近臀部滚动时分腿撑地，抬起臀部。③在斜坡上练习，由分腿立开始做向前滚翻成分腿立。④在保护与帮助下进行练习。

主要错误动作：滚动不流畅。

纠正方法：多练习各种滚翻动作，使滚动流畅、自然。

教学中应注意的问题：发展练习者的身体协调性及动作连贯性，同时注意提供保护与帮助。

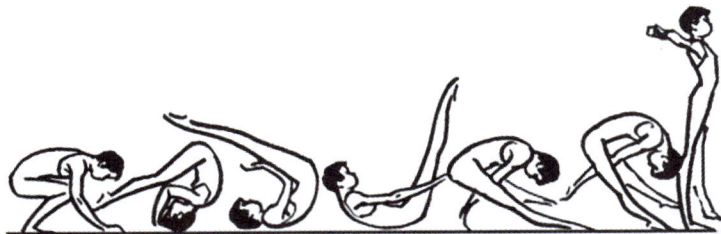

图 6-3

四、手倒立接前滚翻

动作要领：由手倒立姿势开始，脚尖远伸使身体重心前移，接着屈臂低头，使头的后部在两手前着地，同时微屈髋、紧腰，以肩、背、腰、臀依次前滚，当滚至背部着地时，迅速收腹、屈膝、跟上体、团身抱腿，经蹲立成直立（图 6-4）。

技术要点：①由手倒立开始身体重心前移，当前移至失去重心时再做屈臂低头动作。②手倒立前倒时应有控制，速度要慢，屈髋团身不要太早。

保护与帮助：保护与帮助者站立于练习者侧方，扶住练习者的腿使其重心前移，稍提拉帮助其屈臂低头前滚，然后顺势放手跟进，推其背部帮助其完成动作。

教学方法：①做一腿后摆，一脚蹬地，不经手倒立的前滚翻，要求体会屈臂低头前滚翻的技术。②在他人帮助下慢做手倒立前滚翻动作，要求掌握先屈臂、再低头、含胸、屈髋、屈膝抱腿的动作顺序与技术。③在手撑地摆蹬腿时形成向前的水平速度，要及时控制重心，在接近垂直位前时积极做顶肩、伸髋，以增长半径达到制动；在前倒时重心应尽量远离垂直线，以利于滚动。

主要错误动作：摆腿时，两臂弯曲；用力太猛，没有经倒立姿势。

纠正方法：多练习手倒立或俯卧撑，增强手臂力量；做动作时，保护与帮助者扶住练习者的腿使其重心前移。

教学中应注意的问题：平时要加强上肢力量练习，培养练习者的自我保护技能；发展练习者的协调性和灵巧性，同时注意提供保护与帮助。

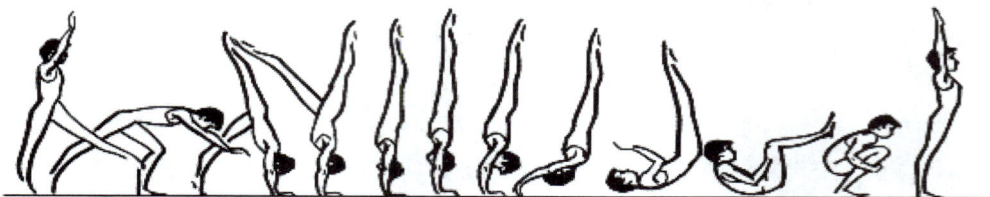

图 6-4

五、跳起手倒立接前滚翻

动作要领：由身体站立双臂前伸姿势开始，屈膝，手臂后摆成半蹲，两臂前摆，两脚蹬地，身体腾空保持含胸、紧腰，髋关节小于 $60°$，双手率先撑地，两腿迅速上摆身体成倒立姿势。向前送肩，脚尖远伸前倒，感到重心前移时，稍弯屈臂，顺势低头、含胸、收腹、跟上体、抱腿成蹲立姿势（图 6-5）。

技术要点：①蹬地、摆臂协调有力。②手撑地地点不宜太近或太远。③倒立时要顶肩控制前倒，速度要慢，屈臂不宜过早。

保护与帮助：保护与帮助者站于练习者前侧，辅助其起跳后成倒立姿势。保护与帮助者双手扶练习者小腿前移重心，当练习者重心前移到位时，稍提拉帮助其屈臂低头缓冲，然后放手跟进，推其背部帮助完成动作。

教学方法：①要求练习者用力蹬地使身体腾空，双手即使撑地，两腿前摆。②做手倒立前滚翻动作，要求掌握先屈臂、再低头、含胸蹲、屈髋、屈膝抱腿的动作顺序与技术。

主要错误动作：身体鱼跃前倾撑垫，倒立时没有短暂停留，屈臂过早，后背先着垫。

纠正方法：教师讲清动作要领并指导练习者进行练习。

教学中应注意的问题：加强身体上肢力量，注意身体姿态的练习。

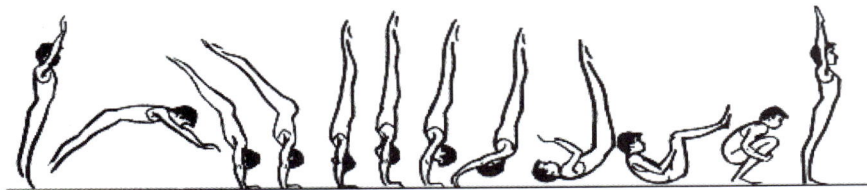

图 6-5

六、鱼跃前滚翻

动作要领：由半蹲两臂后摆姿势开始，两臂前摆，同时两脚蹬地，向前上方跃起，身体腾空是保持含胸、紧腰、梗头，髋关节大于90°，腿处于臀部水平位。接着两臂前伸撑地、屈臂、低头经后脑着地做前滚翻（图6-6）。

技术要点：身体重心稍前移（重心在支撑面边缘时）两腿积极蹬地跃起，手撑地后，仍保持紧腰，当滚至肩背部着垫再迅速团身，先求腾空后求远度。

保护与帮助：保护与帮助者站在练习者起跳点的侧面，当练习者跃起腾空时，顺势托其大腿前送。

教学方法：①由半蹲开始，做两臂前摆远撑的前滚翻，要求腿用力蹬地后积极上摆、紧腰。②从高处（30～40 cm）向下做前滚翻，要求在前方铺一块海绵垫，手撑地先屈臂、再低头做前滚翻，体会两臂撑地的控制力量及技术。③跃过低障碍物的前滚翻，要求空中紧腰、髋关节大于90°，腿处于水平位（在他人帮助下完成）。待熟练后，可加助跑的鱼跃前滚翻。④由半蹲身体前移腿用力蹬地以形成向前上的跳起角度使身体腾起，形成空中抛物线，当转入手撑地被动屈臂做退让性动作时，再屈体、屈膝完成动作。

主要错误动作：两脚未离垫，手已撑垫，没有跃起；两臂撑垫没有屈臂和缓冲。

纠正方法：教师要讲清动作要领，练习者多次进行远撑前滚翻的练习。

教学中应注意的问题：平时多加强腿部蹬跳练习，发展练习者的身体协调性及动作连贯性，同时注意提供保护与帮助。

图 6-6

七、挺身鱼跃前滚翻

动作要领：助跑1～2步，左脚前伸落地后屈膝蹬地，同时上体含胸前屈，另一只脚积极后摆，两臂前摆向前上方跃起。当手撑地后，缓冲屈臂，低头屈体前滚，当肩背着地时，迅速团身屈膝，成蹲撑后，用力摆臂起肩和充分蹬伸相结合，使身体高高向上腾起。紧腰、梗头，接近最高点时向上挺身亮相，然后控制身体两臂侧上举平稳落地（图6-7）。

技术要点：①鱼跃前滚翻时腾空重心位置高，脚离地后摆腿动作使髋打开，滚动过程圆滑。②挺身跳时腾起高，在最高点时身体充分伸直。整个动作协调、连贯。

保护与帮助：保护与帮助者站在练习者起跳点侧面，当练习者起跳后，两手托其大腿，顺势前送。挺身跳落地时，保护与帮助者站在落点一侧，一手在前，另一手在后扶挡，防止练习者前后跌倒。

教学方法：做双脚蹬地的前滚翻练习；由高处两手往低处做滚翻动作；由助跑开始，做一腿蹬一腿摆的完整的鱼跃前滚翻练习，要求腾空高些、远些。在弹跳板上做挺身跳练习；由高处向低处挺身跳练习；助跑做完整的滚翻接挺身跳练习。

主要错误动作：腾空不明显；滚动不流畅；挺身跳展体不充分。

纠正方法：腾空展体动作要流畅。

教学中应注意的问题：加强基本素质的训练，在保护与帮助下完成动作。

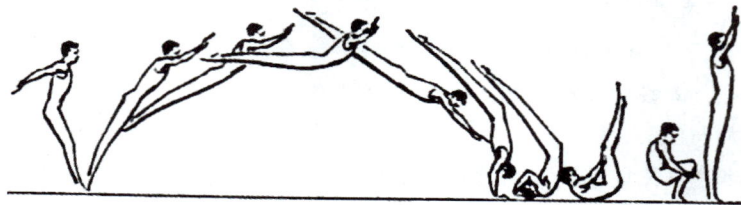

图6-7

八、后滚翻

动作要领：由蹲撑开始，身体稍前移，接着直臂、顶肩、推手、低头、拱背、团身后滚，依次经臀、腰、背向后滚动，两手迅速屈臂、抬肘、翻腕置于肩上（掌心向后）。当头部着地时，两手用力推地撑起反转成蹲撑（图6-8）。

技术要点：①后滚翻时，颈部受力较大，在练习前，要充分活动颈部。②蹲撑时，身体重心稍前移，然后向后移动获取速度，后滚时，翻臂要及时，团身要紧，身体重心过头部垂直位时要及时推手。

保护与帮助：保护与帮助者单腿跪立在练习者侧后方，当练习者后滚至头部时，一手托其肩，一手推其背，助其翻转。

教学方法：①两手放在肩上方，练习向后滚动手撑地动作，要求屈臂、抬肘、夹肘、翻腕置于肩上（掌心向后）。②采用斜面由高向低练习后滚翻，要求团身紧、推撑快。③肩主动后倒，增长转动半径以加大转动惯量，接着快速举腿以缩短转动半径、加快角速度，以顺利翻转完成动作。

　　主要错误动作：身体松散，团身不紧；后翻歪斜。

　　纠正方法：团身前后滚翻，向后滚动，两手翻掌放在肩上，同时两肘内夹；练习时，在斜面上由高处向低处做后滚翻。

　　教学中应注意的问题：在练习之前，要求练习者充分活动颈部；发展练习者的身体协调性及动作连贯性，同时注意提供保护与帮助。

图 6-8

九、站立后倒屈体后滚翻

　　动作要领：由站立姿势开始，上体前屈后倒，两手在膝外侧向后下撑地（手指朝前），当大腿着垫时，上体积极后倒，两手迅速屈臂抬肘翻腕置于肩上（掌心向后），接着举腿翻臀，屈体后滚，当滚至头部时，两手用力推垫，滚翻经屈体立撑成直立姿势（图6-9）。

　　技术要点：上体前屈折紧后再后倒，当大腿着垫时上体主动快速后倒，再迅速举腿翻臀，推手要快；平时要加强体前屈柔韧性练习。

　　保护与帮助：保护与帮助者站在练习者后侧方，双手提髋助其翻转。

　　教学方法：①身后放一软海绵垫子，做屈体后坐练习，要求折紧身体，直腿后倒。②由坐撑开始做屈体后滚翻练习，要求上体后倒快、举腿迅速、推手快。③后倒时身体尽量折紧以降低重心位置，同时依靠两手撑地顺势屈臂做退让性动作，以利于后滚；将起来时，快速举腿以缩短半径、加快角速度以及快速手推撑地成直立姿势。

　　主要错误动作：后坐时臀部砸垫；翻转后推不起来。

　　纠正方法：注意屈体要深，手在靠近膝部撑垫；加强支撑力量练习，注意肘不外张，脚的支撑点靠近手。

　　教学中应注意的问题：平时训练加强体前屈柔韧性练习，同时注意提供保护与帮助。

图 6-9

十、屈体后滚翻经手倒立

动作要领：由站立姿势开始，上体前屈后倒，两手在膝外侧向后下撑地（手指朝前），当大腿着垫时，接着收腹举臀后滚。至背部离地，脚在肩上方时，两手在肩后撑地（立肘，掌跟向后），两腿向上猛伸，同时两手迅速有力推地，抬手经手倒立，落下成蹲撑或屈体立撑（图6—10）。

技术要点：做屈体后滚翻，当大腿着垫时上体主动快速后倒，再迅速举腿翻臀，推手要快，同时控制好身体重心，脚尖带动两腿向上猛伸，通过身体控制成手倒立。

保护与帮助：保护与帮助者蹲立练习者后侧方，当练习者腿向上伸时，两手握住其小腿（或大腿）上提。

教学方法：①身后放一软海绵垫，做屈体后坐练习，要求折紧身体，直腿后倒。②并腿坐，后滚，翻掌撑地做伸髋推手动作（背、颈离地连续进行）。体会伸腿的方向和腿、臀动作的配合。③在保护与帮助下完成练习。

主要错误动作：后滚翻经手倒立时伸髋过早或过迟。

纠正方法：多次练习后滚，翻掌撑地做伸髋推手动作，注意提供保护与帮助。

教学中应注意的问题：加强基本技术的训练，在保护与帮助下完成动作。

图6—10

十一、头手倒立接前滚翻并腿坐

动作要领：由站立姿势开始，两臂侧上举，掌心向外，两膝微屈，同时两臂胸前斜上举，含胸，掌心向下，然后上体下压、提臀、抬头、含胸、拱背。蹲撑，身体前倒，用头前额上部触地与两手成三角形，然后提臀。当臀部提至身体重心接近垂直面时，伸直髋关节成头手倒立。接着重心前移，髋关节微屈，身体向前滚动，当背部着地时，上体迅速向前折体，在臀部着地后两腿并紧着地，上体前压，两手臂前伸，远端伸展，最后屈髋两臂着地（图6—11）。

技术要点：蹲立地面后，做头手倒立动作技术，动作要协调。

保护与帮助：保护与帮助者站立于练习者侧前方，在其蹲离地面手撑地后，扶其髋部，防止练习者摔伤并帮助其完成动作。

教学方法：①练习者进行上肢力量训练。②在保护与帮助下熟练掌握头手倒立动作。

③在完成①、②的前提下，在保护与帮助下完成完整动作。

主要错误动作： 蹬立地面，手着地后，头顶着地；两腿分离时间过早。

纠正方法： 加强头手倒立练习，养成额头着地的习惯；当分腿时教师在一旁给予口头提示。

教学中应注意的问题： 加强基础技术的训练，提高动作的协调性与身体控制能力，注意提供保护与帮助。

图 6—11

十二、头手倒立接前滚翻分腿起

动作要领： 由站立姿势开始，两臂侧上举，掌心向外，两膝微屈，同时两臂胸前斜上举，含胸，掌心向下，然后上体下压、提臀、抬头、含胸、拱背。蹲撑，身体前倒，用头前额上部触地与两手成三角形，然后提臀，当臀部提至身体重心接近垂直面时，伸直髋关节成头手倒立。接着重心前移，髋关节微屈，身体向前滚动，当背部着地时，上体迅速向前折体、分腿，两手在膝部内侧撑地，推起成屈体分腿站立（图 6—12）。

技术要点： ①在垂直面上充分伸直髋关节，身体正直与地面垂直。②重心前移时，经后脑、背、腰、臀部依次向前滚动，滚动圆滑。

保护与帮助： 保护与帮助者站在练习者侧面，一手扶其腿帮助其重心前移，当练习者向前滚动时，另一手托其臀帮助其起立。

教学方法： ①按照"前滚翻直腿起"教学方法，练习直腿起，加强基础动作的训练。②在保护与帮助下，练习者前移重心，体会控制身体重心前移的感觉。

主要错误动作： 上体向前跟进不及时。

纠正方法： 加强动作的协调性练习，先做好前滚翻直腿起动作。

教学中应注意的问题： 加强身体腰腹肌力量锻炼，加强基础技术的训练，在保护与帮助下多做练习。

图 6—12

十三、手倒立接前滚翻直腿起

动作要领： 由手倒立姿势开始，脚尖远伸使重心前移，接着屈臂低头，使头的后部在两手前着地，同时微屈髋、紧腰，以肩、背、腰、臀依次前滚，当背部着地时，上体迅速向前折体，两手在膝部两侧撑地，推起成屈体站立（图6-13）。

技术要点： ①由手倒立开始重心前移，当前移至失去重心时再做屈臂低头动作。②手倒立前倒时应有控制，速度要慢，屈髋不要太早。

保护与帮助： 保护与帮助者站立于练习者侧面，扶住练习者的腿使其重心前移，稍提拉帮助其屈臂低头前滚，然后顺势放手跟进，推其背部帮助其完成动作。

教学方法： ①做一腿后摆、一脚蹬地、不经手倒立的前滚翻直腿起动作，要求体会屈臂低头前滚翻的技术。②在他人帮助下慢做手倒立前滚翻直腿起动作，要求掌握先屈臂，再低头、含胸、屈髋、折体的动作顺序与技术。③在手撑地摆蹬腿时形成向前的水平速度，要及时控制身体重心，在接近垂直位时积极做顶肩、伸髋动作，以增长半径达到制动；在前倒时重心应尽量远离垂直线，以利于滚动。

主要错误动作： 摆腿时，两臂弯曲；用力太猛，没有经倒立姿势。

纠正方法： 多练习手倒立或者俯卧撑，增加手臂力量；做动作时，保护与帮助者扶住练习者的腿使其重心前移。

教学中应注意的问题： 平时要加强上肢力量练习，培养练习者的自我保护技能；发展练习者的协调性和灵巧性，同时注意提供保护与帮助。

图6-13

十四、肩肘倒立接单肩后滚翻成单膝跪撑平衡

动作要领： 由并腿坐姿势开始，两臂侧上举，接着两臂前伸，上体前压，然后上体迅速后倒、屈髋、举腿，两臂在体侧撑地。当上体重心接近垂直部位时，紧腰，脚尖上伸，髋关节收紧、伸直，同时两手屈肘在腰部卡紧，用肘和肩部支撑成倒立。然后屈髋单腿下落，同时头向对侧稍移，两手后翻撑地，当身体重心落在头后时，一腿下落跪地，另一腿后上举，两手用力推地，抬头成单膝跪撑平衡（图6-14）。

技术要点： 肩肘倒立，身体正直与地面垂直，并且要稳。屈髋单腿下落的同时头向对侧稍移，与两手后翻撑地要协调。

保护与帮助：保护与帮助者站立于练习者后面，一手扶其腿帮助其重心后移，当练习者向后滚动时，两手托其肩帮助推手。

教学方法：①练习肩肘倒立，加强基础动作的训练。②在保护与帮助下，练习者后移重心，两手后翻撑地，体会控制身体重心后滚的感觉。

主要错误动作：屈髋单腿下落的同时头没有向对侧稍移，与两手后翻撑地配合不协调。

纠正方法：加强动作的协调性，先做好单个环节的动作。

教学中应注意的问题：加强身体腰腹肌肉力量锻炼，加强基础技术的训练，在保护与帮助下多做练习。

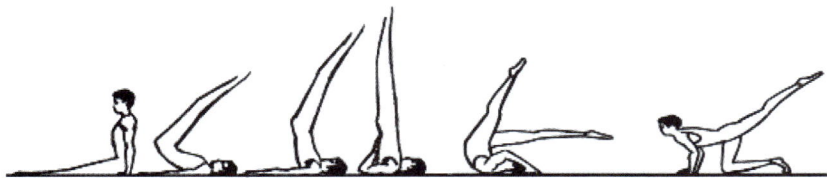

图 6-14

第二节　翻转类动作教学

一、头手翻

动作要领：由两臂上举站立姿势开始，上体快速前屈，两臂屈肘体前撑地，同时两腿屈膝，用头前额上部在两手前顶地，两脚用力蹬地，翻臂经屈体头手倒立。当臀部前移、身体重心超过垂直面后，两腿迅速向前上方用力摆腿伸髋，同时用力推手、充分伸髋，使身体腾空成一定反弓形姿势至落地。落地时，脚掌前半部着地缓冲，保持抬头、挺胸、两臂上举的站立姿势（图 6-15）。

技术要点：①先学会头手倒立，再学习头手翻。②当屈体头手倒立、身体重心前移超过支撑面后，再迅速向前上方用力伸髋，同时用力推手。

保护与帮助：保护与帮助者单膝跪立在练习者前侧方，一手托其上臂或肩部，另一手托其腰部帮助其翻转。

教学方法：①由站立姿势开始，上体前屈双手向前撑地成短暂的屈体头手倒立，要求稍保持屈体头手倒立姿势后做向前滚翻。②由仰卧屈体、肩背撑地开始，在两人拉手帮助下，做原地屈伸起练习，要求向前上方用力摆腿伸髋，使身体腾空成反弓形姿势。③在保护与帮助下，由高处向低处做头手翻，要求头撑地成屈体头手倒立时应挺胸、立腰、翻臀，伸髋速度快。④加快蹬摆腿伸髋的速度并加大伸髋的方向，掌握推手的用力时机及协调能力。

主要错误动作：展髋过早或过晚。

纠正方法：做屈体头手倒立展髋练习。

教学中应注意的问题：加强身体腰腹肌肉力量锻炼及柔韧性练习，注意提供保护与帮助。

图 6-15

二、头手翻转体180°成俯撑

动作要领：由两臂上举站立姿势开始，上体快速前屈，两臂屈肘体前撑地同时两腿屈膝，用头前额上部在两手前顶地，同时两脚用力撑地，翻臀经屈体头手倒立。当臀部前移、身体重心超过垂直面后，身体往一侧翻转，双手撑地不动，待身体转过180°时，身体迅速后摆落成俯卧撑姿势，抬头、挺胸（图6-16）。

技术要点：①蹬伸快，头与手的着地点要正确。②臀部过垂直面时身体慢慢转体。③下落时身体依然成紧绷状态，双腿并拢。

保护与帮助：保护与帮助者单膝跪立于练习者侧前方，一手托其上臂或肩部，另一手托其腰部帮助翻转，然后帮助其上体慢慢转动，双手抱住练习者双腿慢慢放下成俯卧姿势。

教学方法：①由站立姿势开始，上体前屈双手向前撑地成短暂的屈体头手倒立，要求稍保持屈体头手倒立姿势后做向前翻滚。②由头手倒立开始，身体紧绷迅速后倒成俯卧姿势，要求身体处于紧绷状态，脚尖着地。③快速蹬摆腿、积极伸髋，并加大伸髋的幅度，掌握转体的时机。

主要错误动作：头部离开垫面，转体之后双手用力推地，后倒后用双臂支撑。

纠正方法：先熟练头手倒立，再学会头手翻。

教学中应注意的问题：加强练习者的上肢力量和腰腹肌肉力量以及动作的协调性练习，增强练习者的空间感。

图 6-16

三、前手翻

动作要领：助跑2～3步后趋步跳起同时两臂上举，上体前压，两臂前伸撑地，接着前腿蹬地，后腿快速向后上方摆起，接近倒立部位时并腿、顶肩推手、紧腰、梗头，使身体腾空保持反弓形姿势至落地。落地时，膝踝关节缓冲，成两臂上举的直立姿势（图6-17）。

技术要点：初学者应多练习各种手倒立动作。

保护与帮助：保护与帮助者站于练习者手撑地处的侧前方，一手托其肩部，另一手托其腰部帮助其翻转。

教学方法：①靠墙竖放一厚垫子，做趋步摆腿蹬地成靠墙倒立练习，要求撑地、顶肩、紧腰。②在保护与帮助下做摆倒立顶肩推手练习，要求手撑地将触垫子时应快速拉开肩角做顶肩推手动作。③在保护与帮助下，由高向低做前手翻，要求体会腾空、翻转、着地动作。④加快蹬摆腿的速度，加大制动性推手的力量，掌握好时机或角度。

主要错误动作：蹬摆撑地时冲肩。

纠正方法：平时多练习靠墙摆倒立和摆倒立顶肩推手。

教学中应注意的问题：锻炼摆腿速度与力量、肩带力量及动作的协调性与灵巧性，注意提供保护与帮助。

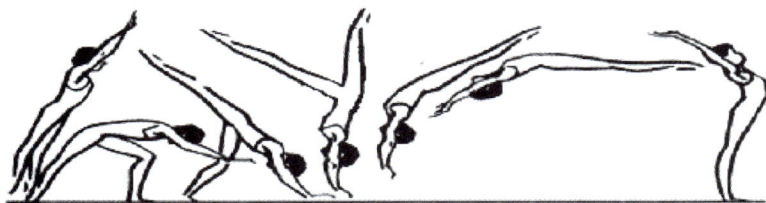

图 6-17

四、前手翻单腿落

动作要领：开始姿势同前手翻，经分腿手倒立，用摆动腿着地起立。如右腿是摆动腿，在过垂直线后即换左腿（两腿空中交换）起立（图6-18）。

技术要点：身体重心逐渐移至右腿，右腿用力前挺，但不可弯曲和松弛。

保护与帮助：保护与帮助者站立于练习者手撑地的侧前方，一手握其上臂或托肩，另一手托其腰或两手托腰帮助其推手翻转成站立。初学时，可以两人站在练习者两侧同时提供保护与帮助。

教学方法：①练习者面对墙摆手倒立，体会快速摆腿蹬地及顶肩推手动作，熟练后离墙距离可远些。②练习倒立推跳，体会顶肩推手动作。③保护与帮助者站立在练习者两手撑地点的前面，当练习者蹬地摆腿接近倒立时，两手托其腰髋部向上提起，助其体会推手腾空动作。④在保护下由高处向低处做，再由低处向高处做，增加推手顶肩的力量。

主要错误动作：身体腾空后有收髋现象。

纠正方法：在50°～70°的斜面垫子上助跑1～2步摆手倒立，体会展髋动作。

教学中应注意的问题：锻炼摆腿速度与力量、肩带力量及动作的协调性与灵巧性，注意提供保护与帮助。

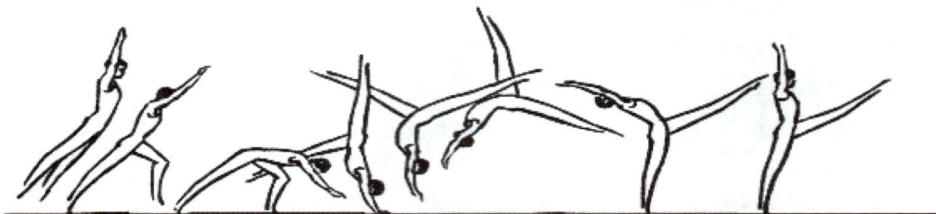

图6-18

五、前软翻

动作要领：由原地趋步开始，左脚蹬地，右腿向后上方摆起，同时两手撑地，经分腿手倒立时顶肩，肩稍后引，身体尽量后屈，并尽量使右脚在近手处着地，两手推离，迅速将身体重心移至右脚，顶腿送髋，左腿向前上方伸出（稍带控举），挺身抬头，两臂上举，直至站立（图6-19）。

技术要点：倒立时要有明显的肩后撤、挺胸腹的动作，脚落地时要尽量靠近支撑点。

保护与帮助：保护与帮助者站在练习者的侧前方，一手托其肩，另一手托其上举的腿。

教学方法：①练习者经手倒立成桥，加助力单足起。②在保护与帮助下多做练习。

主要错误动作：肩未拉开时，手脚距离太远，屈腿。

纠正方法：采用助力纠正和加强肩、腰、腿的动作练习。

教学中应注意的问题：加强柔韧性练习，发展动作的协调性及连贯性，注意提供保护与帮助。

图6-19

六、后手翻

动作要领：由站立姿势开始，两臂前举（掌心向前），稍屈髋，臀、背稍后移，眼随手，迅速向后下甩臂。以臂带胸（挺胸），顶髋挑腰，两手积极向近脚处插，两脚蹬离。进入手倒立时，用力顶肩推地，迅速屈体灌腿，使上体抬起（图6-20）。

技术要点：身体重心后移失去平衡后甩臂、蹬地、展胸、展腹，身体充分后屈。

保护与帮助：保护与帮助者站在练习者侧后方，一手托其腰，另一手托其腿。练习者翻转后，保护与帮助者托腰的手转为扶背（初学者最好有两人帮助）。

教学方法：①按正确的技术要求做甩臂挑腰的动作。保护与帮助者前后分腿站立，用肩靠着练习者的腰，双手扶练习者的腿。或做背向山羊或横马甩臂挑腰的动作（臂、背后移失去平衡时，腰恰好触及器械）。②由手倒立推手灌腿。③在帮助下做甩臂挑腰成手倒立，再做推手灌腿。

主要错误动作：推手灌腿时，抬头过早；出现膝关节弯曲前冲。

纠正方法：应多做眼看手以臂带胸的甩臂动作；若膝关节弯曲前冲，应注意身体重心稍后移，也可用手按其膝部。

教学中应注意的问题：加强腿部及手臂的力量练习，加强身体的柔韧性练习以及动作的协调性练习，注意提供保护与帮助。

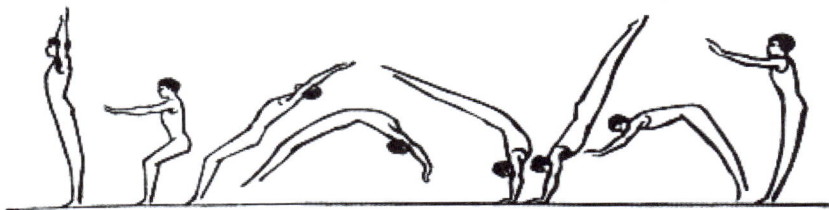

图6-20

七、单腿后软翻

动作要领：开始姿势同前软翻，向上顶髋，向后下腰，两手向里撑地，同时一腿摆起，一脚蹬地，经分腿倒立后翻，接着摆动腿落地，推手立腰，蹬地腿后控（图6-21）。

技术要点：练习时注意，经前后分腿手倒立，顶肩提臀落地，另一腿后控。手倒立时两腿夹角大于170°，起立时后控腿高于110°。

保护与帮助：保护与帮助者站于练习者侧面，一手扶其腰部，另一手帮助其摆腿完成翻转动作。

教学方法：在帮助下分段做，向后下腰成单腿桥，蹬起成分腿手倒立，起立时后控腿高于110°。

主要错误动作：开始后翻时身体重心后移不够，胸腰太紧张；向后下腰时没有顶髋、挺胸。

纠正方法：做两脚站立向后下腰成桥，向后下腰手撑高处，一腿前举，再还原。

教学中应注意的问题：加强腿部及手臂的力量练习，加强身体的柔韧性练习以及动作的协调性练习，注意提供保护与帮助。

图 6-21

八、双腿后软翻

动作要领：由站立姿势开始，双脚与肩同宽，垂直于地面。做下腰动作，利用双脚用力向下蹬地，身体重心前移，同时紧腰、抬臀，向上踢腿下降重心，直臂撑于地面成手倒立。下落时，先行腿先着地，后行腿随后着地，动作连贯，落地式抬起双手，上体直立，先行腿向前踮地，回到站立姿势（图 6-22）。

技术要点：下腰时尽量使手和脚缩短间距，双腿蹬地时，紧腰、抬臀，要求动作协调连贯，双腿在空中并直，绷脚背再落地。

保护与帮助：保护与帮助者站于练习者侧面，练习者下腰时，一手扶其腰部，一手推其双腿抬起，并保护其身体平衡。

教学方法：①先掌握手倒立动作练习，注意身体姿态。②练习下腰，加强柔韧性训练。③在保护与帮助下练习下腰双腿蹬地动作，发展身体控制能力和加强力量练习。④在保护与帮助下进行动作练习。

主要错误动作：下腰后蹬腿时身体抬不起来。

纠正方法：加强柔韧性练习，下腰时缩短手和脚的间距，提高动作的连贯性，身体重心前移，加强核心力量和控制身体的能力，在保护与帮助下多次训练。

教学中应注意的问题：加强韧带拉伸训练，加强上肢力量训练及核心力量训练，提高动作的连贯性与协调性，注意提供保护与帮助。

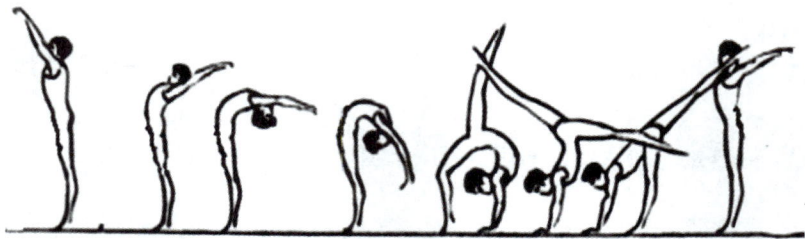

图 6-22

九、侧手翻

动作要领：由趋步开始，两臂向前上方摆起，左腿前举向前跨出一大步成弓字步，接着后腿向后上方摆起，同时上体积极下压，前腿蹬地摆起，左手在两脚延长线前手掌外展 90°撑地，并带动肩、头、身体向左转体 90°，右手依次向前撑地经分腿倒立，接着左右手依次顶肩推手，一腿落地屈膝蹬直，另一腿侧伸落地成两臂侧举分腿站立姿势（图 6-23）。

技术要点：先摆腿后手撑地，摆蹬腿方向正、迅速有力，顶肩推手主动积极。初学时左手应外旋 90°撑地，而右手应内旋 90°撑地。

保护与帮助：保护与帮助者站在练习者前跨腿的一侧，两臂交叉扶托练习者的腰部，随着其动作翻转给予助力，帮助其完成侧手翻动作。

教学方法：①在保护与帮助下做侧摆成手倒立练习，要求先摆腿后下手撑地。②在保护与帮助下做侧手翻练习，要求经倒立时两臂充分顶肩、分腿，身体伸直。③在地上画一条直线做侧手翻练习，要求手、脚都落在线上，推手要快。④利用摆蹬腿的力量提高重心水平速度，以加快完成侧翻动作。

主要错误动作：手、脚的落点不在一条直线上，分腿倒立时屈髋、冲肩，侧翻不经倒立，翻转站立不起来。

纠正方法：①在地面或是体操垫上画一条直线，沿直线练习，要求手、脚撑地都依次落在直线上。②教师讲清动作要领，然后采用限制法（各组先选出 4 名同学各拉住两根橡皮筋的两头，将两根橡皮筋形成一个宽度约为 0.5 m，高度约为 1 m 的"巷道"，其余同学为练习者，依次在"巷道"内进行侧手翻的练习）来进行练习。③可以进行台阶式侧手翻练习。

教学中应注意的问题：加强基本技术的训练，多次练习。

图 6-23

十、手翻踺子（侧手翻内转 90°）

动作要领：由趋步开始，两臂向前上方摆起，趋步后含胸，上体下压，一手先前离身体稍远处（约为身高的 2/3）撑地，同时一腿后摆，一脚蹬地，身体以支撑臂为轴，以肩、头带动身体向内转体 90°，接着另一手撑地（可稍屈臂）经倒立后猛力推手，蹬地腿向摆动腿靠拢，稍屈髋，两腿主动下压，脚落地（离地稍远）后迅速立腰，伸直膝、踝关节，同时借推手速度领臂、紧腰、含胸、梗头，向上跳起（图 6-24）。

技术要点：注意推手有力，领臂迅速，含胸、紧腰、上跳，此侧手翻向内转体 90°。

保护与帮助：保护与帮助者站在练习者转体方向同侧，当练习者侧手翻向内转体 90°后，一手托其腹部，一手托其腰部上提，助其上跳。

教学方法：①在保护与帮助下或靠墙做侧手翻转体 90°成斜倒立。②手撑稍远处，摆起成斜倒立推手落下，领臂跳起。

主要错误动作：屈髋过多，造成插腿后倒或推手无力。

纠正方法：手撑稍远处，摆起成斜倒立推手落下，领臂跳起。

教学中应注意的问题：加强基本技术的训练，在保护与帮助下练习。

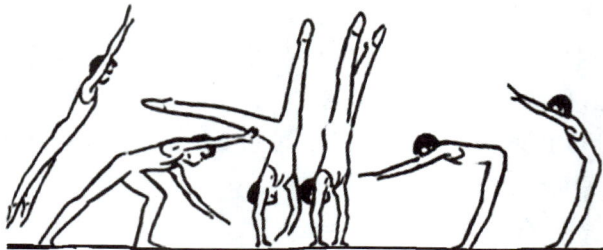

图 6-24

十一、空翻踺子（侧手翻内转 90°）

动作要领：由趋步开始，蹬地、摆腿、推手转体基本同手翻踺子。不同点：两臂支撑点比手翻踺子稍远。推手后，两腿要向后下方"踹"去，接着用前脚掌积极蹬地、提气、梗头、领臂，迅速向上跳起，眼看手（图 6-25）。

技术要点：两臂支撑点比手翻踺子稍远，注意推手有力，领臂迅速，含胸、紧腰、上跳，此侧手翻向内转体 90°。

保护与帮助：保护与帮助者站在练习者转体的一边脚落地点的侧后方或后方，一手扶练习者的背部，或练习者蹬腿起跳时双手扶其腰上托。

教学方法：①手撑跳箱盖（或适度的高垫子）做手倒立推手踹腿、提气、梗头、领臂起跳动作。②在保护与帮助下练习。

主要错误动作：着地时膝关节弯曲，起跳无力或起跳后收腹举腿、挺胸。

纠正方法：加强腿部爆发力的训练和采用教学方法①纠正。

教学中应注意的问题：加强基本技术的训练，加强手臂力量练习，注意提供保护与帮助。

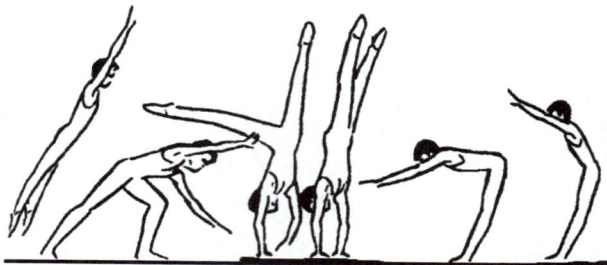

图 6-25

十二、垛子

动作要领：由站立姿势开始，两腿用力蹬地起跳，两臂向前上方摆起，马上制动、梗头提气，趋步后含胸，上体下压，一手先前离身体稍远处（约为身高的 2/3）撑地，同时一腿后摆，一脚蹬地，身体以支撑臂为轴，以肩、头带动身体向内转体 90°，接着另一手撑地（可稍屈臂）经倒立后猛力推手，蹬地腿向摆动腿靠拢，稍屈髋，两腿主动下压，脚接近两手落地后，前脚掌迅速向后蹬地，同时，迅速向后下甩臂。以臂带胸（挺胸），顶髋挑腰，两手积极向近脚处插，两脚蹬离。开始手倒立时，用力顶肩推地，迅速屈体灌腿，使上体抬起（图 6-26）。

技术要点：①注意推手有力，领臂迅速，含胸、紧腰上跳。②踺子动作两脚落地后，前脚掌用力向后起跳，不能向上起跳，同时摆臂要迅速。

保护与帮助：保护与帮助者站在练习者侧手翻向内转体 90°落地点的侧前方，两手托练习者的腰部帮助其完成动作。

教学方法：①趋步侧手翻转体 90°（踺子）动作练习。②后手翻动作练习，在垫子上做踺子，在踺子动作两脚落地处放置海绵包，在海绵包上完成后手翻动作练习。③在保护与帮助下做侧手翻转体 90°接后手翻动作练习。

主要错误动作：①侧手翻转体 90°动作两脚落地离手较远。②侧手翻转体 90°动作两脚落地接后手翻动作时两脚起跳向后用力不足，向上用力过多。

纠正方法：①在练习者身后放置海绵包，反复进行侧手翻转体 90°动作练习，提示其两脚接近两手落地。②在保护与帮助下，反复进行后手翻动作练习。

教学中应注意的问题：加强基本技术的训练，在保护与帮助下练习。

图 6-26

十三、侧手翻内转 90°（踺子）接后手翻

动作要领：手翻踺子完成后，身体随臀、背的惯性后移，迅速抬头，向后下甩动两臂。以臂带胸（挺胸），顶髋挑腰，两手积极向近脚处插落，两手撑地后用力顶肩推地，身体迅速屈体灌腿落地，带动上体快速抬起（图 6-27）。

技术要点：注意推手有力，领臂迅速，含胸、紧腰上跳，侧手翻向内转体 90°。

保护与帮助：保护与帮助者站立于练习者侧手翻向内转体 90°（手翻踺子）两脚落地点的侧方，待练习者完成踺子动作臀部重心后移时，两手上托练习者腰部，帮助其完成后手翻动作。

教学方法：①趋步侧手翻转体 90°（踺子）动作练习。②后手翻动作练习在垫子上做踺子，在踺子动作两脚落地处放置海绵包，在海绵包上完成后手翻动作练习。③在保护与帮助下做侧手翻转体 90°接后手翻动作练习。

主要错误动作：①侧手翻转体 90°动作两脚落地离手较远。②侧手翻转体 90°动作两脚落地接后手翻动作时两脚起跳向后用力不足，向上用力过多。

纠正方法：①在练习者身后放置海绵包，反复进行侧手翻转体 90°动作练习，提示两脚接近两手落地。②在保护与帮助下，反复进行后手翻动作练习。

教学中应注意的问题：加强基本技术的训练，在保护与帮助下练习。

图 6-27

第三节　空翻类动作教学

一、团身前空翻

根据摆臂动作方式的不同，团身前空翻可分为三类摆臂动作："刀手"摆臂团身前空翻、向后摆臂团身前空翻和向前摆臂团身前空翻。

1."刀手"摆臂团身前空翻

动作要领：由助跑开始，助跑的最后一步，单脚跳起双脚落于起跳板，两脚主动向前（身体重心在脚支撑点后），同时两臂屈肘上举于头后，掌心相对，两脚落板后用力向上起跳，两小臂向前上摆，手掌做拇指上顶、四指下压的"刀手"动作，同时梗头、含胸、提背向上跳起。接着迅速提臀、屈膝，两手紧抱小腿向前团身翻转。当翻转至 3/4 周时，两臂上领提气，伸展落地。如做双脚依次落地动作时，则在翻转近一周时随身体伸展，同时两腿前后分开依次落地（图 6-28）。

技术要点：起跳时，要注意团身，臀部高于头，身体充分伸展后落地。

保护与帮助：保护与帮助者站于练习者起跳点侧前方。当练习者起跳时，保护与帮助者一手向上托其腹部，一手托其背部，帮助其提臀翻转；当练习者落地时，保护与帮助者一手扶其背部，一手扶其胸部。

教学方法：①原地起跳练习做"刀手"动作。②在两人保护与帮助下，原地做团身前空翻动作练习。③在弹跳板上或助跳板上做助跑团身前空翻动作练习。④练习者熟练掌握团身前空翻双脚落地动作之后，可以要求做两脚前后依次落地动作，或做屈体前空翻动作。

主要错误动作：①起跳时身体前倾、挺胸，两腿没有充分蹬直，造成前冲，影响高度。②起跳后没有充分含胸、提背、提臀，团身不紧，影响翻转。

纠正方法：加强起跳练习并在保护与帮助下练习加以体会并纠正。

教学中应注意的问题：加强基本技术的训练，加强手臂的力量练习，注意提供保护与帮助。

图 6-28

2. 向后摆臂团身前空翻动作

动作要领：由助跑开始，助跑的最后一步，单脚跳起双脚落于起跳板，两脚主动向前（身体重心在脚支撑点后），两脚落板后迅速用力向上起跳，同时两臂从体前经下向后上方摆动，提肘提肩，两脚跳起动作要与两臂向后摆至极点动作时机相吻合。随着提背向上跳起迅速提臀、屈膝，两手紧抱小腿向前团身翻转。身体下落时，两臂上举，伸展身体，前脚掌落地。如做双脚依次落地动作时，则在翻转近一周时随身体伸展，同时两腿前后分开依次落地（图 6-29）。

技术要点：起跳时，要注意团身，臀部高于头部，身体充分伸展后落地。

保护与帮助：保护与帮助者站于练习者起跳点侧前方。当练习者起跳时，保护与帮助者一手向上托其腹部，一手托其背部，帮助其提臀翻转；当练习者落地时，保护与帮助者一手扶其背部，一手扶其胸部。

教学方法：①做助跑起跳摆臂动作。②在两人保护与帮助下，原地做团身前空翻动作练习。③在弹跳板上或助跳板上做助跑团身前空翻动作练习。④练习者熟练掌握团身前空翻双脚落地动作之后，可以要求做两脚前后依次落地动作，为踺子后空翻做准备。

主要错误动作：①起跳时身体前倾、挺胸，两腿没有充分蹬直，造成前冲，影响高度。②起跳后没有充分含胸、提背、提臀，团身不紧，影响翻转。

纠正方法：加强起跳练习并在保护与帮助下练习加以体会并纠正。

教学中应注意的问题：加强基本技术的训练，加强手臂的力量练习，注意提供保护与帮助。

图 6-29

3. 向前摆臂团身前空翻

动作要领：由助跑开始，助跑的最后一步，单脚跳起双脚落于起跳板，同时两臂由体前经侧摆至体后，两脚要超过上体落板（身体重心在脚支撑点后），落板后用力向上起跳，两臂由体后经下向前上摆动，同时梗头、含胸、提背向上跳起。接着迅速提臀、屈膝，两手紧抱小腿向前团身翻转。当翻转至 3/4 周时，两臂上领提气，伸展落地。如做双脚依次落地动作时，则在翻转近一周时随身体伸展，同时两腿前后分开依次落地（图 6-30）。

技术要点：起跳时，要注意团身，臀部高于头，身体充分伸展后落地。

保护与帮助：保护与帮助者站于练习者起跳点侧前方。当练习者起跳时，保护与帮助者一手向上托其腹部，一手托其背部，帮助其提臀翻转；当练习者落地时，保护与帮助者一手扶其背部，一手扶其胸部。

教学方法：①做助跑起跳摆臂动作。②在两人保护与帮助下，原地做团身前空翻动作练习。③在弹跳板上或助跳板上做助跑团身前空翻动作练习。④练习者熟练掌握团身前空翻双脚落地动作之后，可以要求做两脚前后依次落地动作，或做屈体前空翻动作。

主要错误动作：①起跳时身体前倾、挺胸，两腿没有充分蹬直，造成前冲，影响高度。②起跳后没有充分含胸、提背、提臀，团身不紧，影响翻转。

纠正方法：加强起跳练习并在保护与帮助下练习加以体会并纠正。

教学中应注意的问题：加强基本技术的训练，加强手臂的力量练习，注意提供保护与帮助。

图 6-30

二、屈体前空翻

动作要领：助跑单跳双落，双脚主动向前（身体重心在脚支撑点后），同时两臂屈肘上举于头后，接着小臂向前上摆，手掌做拇指上顶，四指下压的"刀手"动作，同时梗头，含胸，提背向上跳起。随后迅速提臀，上体压下，两臂侧举，向前屈体翻转。当翻转至3/4周时，双脚积极着垫，伸髋，身体伸展落地（图6-31）。

技术要点：翻转时，双腿并拢直膝，上体紧跟双腿，翻转至3/4周时，展髋，双脚积极着垫，身体伸展。

保护与帮助：保护与帮助者站于练习者侧面，一手托其腹部，一手托其背部，帮助其提臀翻转。

教学方法：①起跳练习，增加蹬地的初速度，加大翻转惯量，再缩短半径，增加角速度。②在保护与帮助下起跳，或在弹跳板、助跳板上练习。③强化柔韧性训练，注意上体屈体动作练习。

主要错误动作：翻转着地时重心不稳，翻转过程中膝盖弯曲。

纠正方法：注意翻转时上体伸展时机，双脚积极下压，核心部位收紧，在保护与帮助下多练习。

教学中应注意的问题：增强柔韧性训练，完成动作之前做好拉伸练习，同时加强身体核心力量与身体控制能力训练。

图 6-31

三、直体前空翻

动作要领：助跑单跳双落，双脚主动向前（身体重心在脚支撑点后），双腿快速蹬地，全力蹬摆腿，同时双手下压快速有力，起跳翻转时身体保持直立状态，迅速展臂。空中抬头挺胸，直膝绷脚面，身体形成背弓，继续抬头展体，抬头落地屈膝屈髋，双手向前下压，完成动作（图6-32）。

技术要点：翻转时展腹拉成弓形，应抬头挺胸，身体姿态在空中保持不变。

保护与帮助：保护与帮助者站于练习者侧方，一手托其腹部，一手托其背部，帮助其提臀翻转，并帮助其空中姿态保持不变。

教学方法：①加强双腿起跳练习。②控制空中身体姿态，在保护与帮助下完成动作。

主要错误动作：空翻时屈髋，且出现跟头现象。

纠正方法：保护与帮助者扶练习者的腰部，防止其出现屈髋动作，且练习者颈部应放松，避免栽跟头。

教学中应注意的问题：动作练习中应注意提供保护与帮助，加强基础技术动作的练习。

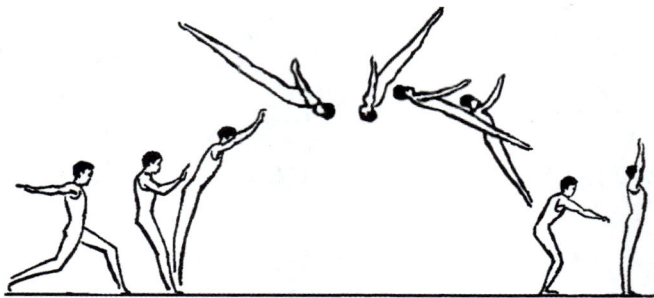

图 6-32

四、团身后空翻

动作要领：由站立姿势开始，两臂后摆，同时微屈髋、膝、踝等关节，使重心降低，上体微前倾。接着伸直身体，两臂用力向前上摆振，同时两脚用力蹬地向后斜上方跳起，上体猛向后倒，屈膝上举近胸，两手抱小腿拉引，头后仰，向后空翻一周，即挺身使上体抬起落地（图 6-33）。

技术要点：①摆臂动作越快越好，在未伸直身体跳至最高点时，不可过早做向后翻转的动作。②在屈缩身体时必须做得迅速有力，团身越紧越好。③两臂上摆，挺腿，接着上体猛向后倒，两手抱小腿向胸前拉引等动作，必须做得协调，才能增加旋转的速度。

保护与帮助：用手提保护带，两名保护与帮助者分别站在练习者两侧，各以一手执绳，向上提引，另一手托练习者的腰部、臀部向后上拨送。以后逐渐只用提绳，并减轻力量，以探其能否独立掌握动作。再后改用一人提供保护与帮助，站在练习者右侧，当练习者翻腾时，左手托其颈部，右手托其腰部向后掀送。

教学方法：①起跳练习。②在保护与帮助下练习。③在弹跳板或助跳板上练习。

主要错误动作：起跳时上体后仰，团身和松开不及时。

纠正方法：摆臂起跳提膝团身，保护与帮助者站在练习者背后，两手扶其腰上举；练习时，练习者站在高垫（30～50 cm）向低垫做后空翻或在海绵垫上做后空翻练习。

教学中应注意的问题：加强基础技术的训练，注意提供保护与帮助。

图 6-33

五、直体前空翻转体 180°

动作要领：助跑单跳双落，双脚主动向前（身体重心在脚支撑点后），双腿快速蹬地，全力蹬摆腿，同时双手下压快速有力，翻转、起跳时身体保持直立状态，迅速将两臂与身体并紧，以头部转动带动身体转体 180°。完成转体后，抬头展体，落地屈膝屈髋，双手向前侧平举，保持身体平衡（图 6-34）。

技术要点：转体时以头部的转动带动转体，转动方向与转体方向一致。

保护与帮助：保护与帮助者站于练习者侧面，一手托其腹部，一手托其背部，帮助练习者提升身体重心。

教学方法：①加强双腿起跳练习。②控制空中身体姿态，在保护与帮助下完成动作。

主要错误动作：空翻时，屈髋转体过早或过晚。

纠正方法：在熟练掌握直体前空翻的基础上，练习转头转体动作。

教学中应注意的问题：动作练习中应注意提供保护与帮助，加强基础技术动作的练习。

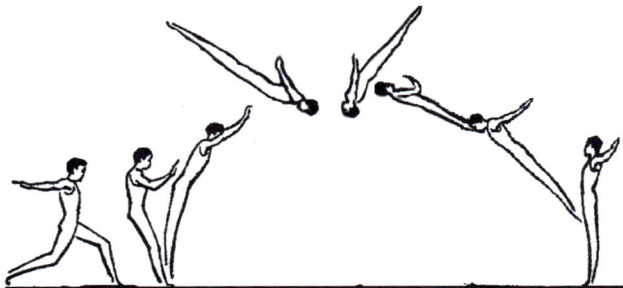

图 6-34

六、侧手翻向内转体 90°（踺子）接屈体后空翻

动作要领：由站立姿势开始，两臂后摆，同时微屈髋、膝、踝等关节，使重心降低，上体微前倾。接着伸直身体，两臂用力向前上摆振，同时挺腿，用力蹬地向后斜上方跳起，上体猛向后倒，屈髋收腹，两手抱大腿后侧，头后仰，向后空翻一周，即挺身使上体抬起

落地（图6-35）。

技术要点：①摆臂动作越快越好，在未伸直身体跳至最高点时，不可过早做向后翻转的动作。②两臂上摆、挺腿，接着上体猛向后倒，两手抱大腿后侧，必须做得协调，才能增加旋转的速度。

保护与帮助：用手提保护带，两名保护与帮助者分别站在练习者两侧，各以一手执绳，向上提引，另一手托练习者的腰部、臀部向后上拨送。以后逐渐只用提绳，并减轻力量，以探其能否独立掌握动作。再后改用一人提供保护与帮助，站在练习者右侧，当练习者翻腾时，左手托其颈部，右手托其腰部向后掀送。

教学方法：①起跳练习。②在保护与帮助下练习。③在弹跳板或助跳板上练习。

主要错误动作：起跳时上体后仰，屈髋收腹不及时。

纠正方法：摆臂起跳练习，保护与帮助者站在练习者背后，两手扶腰上举；练习时，练习者站在高垫（30～50 cm）向低垫做后空翻或在海绵垫上做后空翻练习。

教学中应注意的问题：加强基础技术的训练，注意提供保护与帮助。

图6-35

七、侧手翻向内转体90°（踺子）接直体后空翻

动作要领：由空翻踺子落地开始，两臂后摆，膝关节随踝关节的蹬伸迅速用力绷直，倒肩的同时脚尖用力向后上方摆起，头后仰，接着伸直身体，同时挺髋，抬头挺胸，向后空翻一周，即挺身使上体抬起落地（图6-36）。

技术要点：①摆臂动作越快越好，在未伸直身体跳至最高点时，不可过早做向后翻转的动作。②在伸直身体时必须做得迅速有力。③两臂上摆，挺髋，抬头挺胸。整个环节动作的连接必须做得协调，才能增加旋转的速度。

保护与帮助：用手提保护带，两名保护与帮助者分别站在练习者两侧，各以一手执绳，向上提引，另一手托练习者的腰部、臀部向后上拨送。以后逐渐只用提绳，并减轻力量，以探其能否独立掌握动作。再后改用一人提供保护与帮助，站在练习者右侧，当练习者翻腾时，左手托其颈部，右手托其腰部向后掀送。

教学方法：①起跳练习。②在保护与帮助下练习。③在弹跳板或蹦床上练习。

主要错误动作：起跳时上体后仰时机掌握不好。

纠正方法：摆臂起跳练习，保护与帮助者站在练习者背后，两手扶腰上举；练习时，练习者站在高垫（30～50 cm）向低垫做后空翻或在海绵垫上做后空翻练习。

教学中应注意的问题：加强基础技术的训练，注意提供保护与帮助。

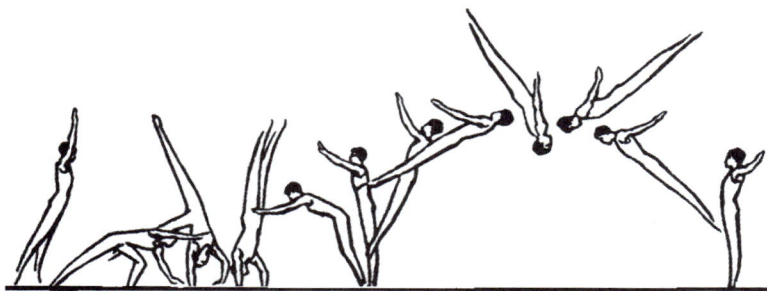

图 6-36

八、侧空翻

动作要领：由行进间趋步开始，两臂向前上方摆起，左腿前举向前跨出一大步成弓字步，接着后腿向后上方快速摆起，同时上体积极下压后制动，前腿用力蹬地，后腿快速摆起，并带动肩、头、身体向左转体90°，空中分腿加速摆动，一腿落地屈膝蹬直，另一腿侧伸落地成两臂侧举、分腿站立姿势（图 6-37）。

技术要点：①摆动腿摆蹬腿方向正、迅速有力。②蹬地腿主动积极蹬地。③上体下压后积极制动。

保护与帮助：保护与帮助者站在练习者前跨腿的一侧，两臂交叉扶托练习者腰部，随着其动作翻转给予助力，帮助其完成侧空翻动作。

教学方法：①先练习侧手翻。②在保护与帮助下做单手侧手翻，要求经倒立时单臂充分快速顶肩、分腿大，身体伸直。③在保护与帮助下做侧空翻。④利用摆蹬腿的力量提高重心水平速度，以加快完成侧翻动作的速度。

主要错误动作：①摆动腿摆动速度慢。②蹬地腿蹬地无力。③压肩后没有积极制动。

纠正方法：手扶肋木体会蹬地、摆腿及压肩后积极制动动作。

教学中应注意的问题：加强基本技术的训练，多次练习。

图 6-37

第四节　平衡类动作教学

一、燕式平衡

动作要领：由直立姿势开始，单腿慢慢后举，上体前屈，当后腿举至最大限度高位时，挺胸抬头，成单腿站立、两臂侧平举的平衡稳定姿势（图6-38）。

技术要点：上下腿伸直，后腿膝关节要高于肩。

保护与帮助：保护与帮助者要站在练习者侧面，一手托其腿，一手托其上臂，也可站在练习者前方或后方，扶其双肩或脚尖。

教学方法：①可扶把杆或肋木练习。②后踢腿练习要放在动作教学开始前。

主要错误动作：腿低于髋水平面。

纠正方法：单腿着地保持身体平稳，脚尖高于髋。

教学中应注意的问题：加强平衡性练习和身体姿态的训练。

二、侧平衡

动作要领：由站立姿势开始，左腿站立，右腿侧举，上体向左侧倒，右臂上举，左臂屈臂放于体后成侧平衡姿势（图6-39）。

技术要点：①举腿时应配合上体侧到手臂上举的动作，保持身体平衡。②侧平衡时脚要高于髋，身体重心要稳。

保护与帮助：保护与帮助者立于练习者后面，一手托其侧举起的腿，一手扶其上臂腋窝部帮助其保持平衡。

教学方法：①加强髋、腰、腿的柔韧性练习。②在扶持下做侧平衡。③一腿放在高处肋木上做侧平衡。

主要错误动作：侧举腿的高度不够。

纠正方法：加强髋、腰、腿的柔韧性练习。

教学中应注意的问题：加强柔韧性训练，注意提供保护与帮助。

图6-38　　　　　　图6-39

三、搬腿侧平衡

动作要领：由站立姿势开始，一脚站立，一腿侧上踢起，同时一手握住小腿后，另一臂侧上举，身体伸直保持平衡（图6-40）。

技术要点：侧举腿高度平于上体，高于髋，身体保持平衡。

保护与帮助：保护与帮助者站在练习者的后面，一手扶其腰，一手扶其腿，帮助其保持平衡。

教学方法：练习者一手扶器械做侧搬腿平衡动作。

主要错误动作：侧平衡两腿夹角小于135°。

纠正方法：手扶肋木做前、侧压腿，做前后、左右劈腿。

教学中应注意的问题：做好练习前的热身，且注意提供保护与帮助。

四、单跪膝平衡

动作要领：由跪撑姿势开始，单腿慢慢上举，上体上抬、抬头，当后腿举至最大限度高位时，挺胸抬头，双手与单腿跪撑地（图6-41）。

技术要点：上举腿伸直，后腿膝关节要高于肩。

保护与帮助：保护与帮助者要站在练习者侧面，一手托其腿，一手托其上臂，也可站在练习者前方或后方，扶其双肩或脚尖。

教学方法：①可扶把杆或肋木练习。②后踢腿练习要放在动作教学开始前。

主要错误动作：腿低于髋水平面。

纠正方法：单腿跪地保持身体平稳，脚尖高于髋。

教学中应注意的问题：加强平衡性练习和身体姿态的训练。

图 6-40   图 6-41

五、手倒立

动作要领：由直立姿势开始，两臂前举，一腿前跨，接着上体下压，两手向前撑臂与肩同宽，稍含胸，眼看手。一腿后摆，一脚蹬地，接近倒立时，两腿并拢上伸、顶肩、立腰、夹臀，伸直身体成倒立（图6-42）。

技术要点：①手倒立时五指分开并抓地，要充分顶肩伸直身体，控制身体重心在支撑面内。②先多做靠墙倒立练习，加强手臂的控制能力。③当手倒立失去平衡身体前翻时，应迅速屈臂、低头、团身做前滚翻动作。

保护与帮助：保护与帮助者站在练习者的侧面，当练习者做倒立时，扶其腿上提，或站在正面用腿顶住其肩防止冲肩，两手扶其腿帮助其控制平衡。

教学方法：①背对墙蹲撑，两脚依次蹬墙上移，直至膝、髋伸直成面向墙的斜倒立支撑或手倒立姿势。②在保护与帮助下做手倒立练习和靠墙手倒立练习，要求摆蹬腿有力，充分顶肩、紧腰伸直身体。③当身体重心接近垂直位时用力抬头、即时顶肩、伸髋制动，以增长半径或成手倒立。

主要错误动作：倒立不直、冲肩、塌腰。

纠正方法：训练肩、臂、腰的力量。

教学中应注意的问题：加强核心力量和基础技术的训练。

图 6-42

六、肩肘倒立

动作要领：由直腿坐姿势开始，上体后倒，两臂在体侧用力压地，接着举腿、翻臀，当脚尖至头部上方时，两腿上伸，髋关节充分伸直，用两手托住腰部成肩肘倒立姿势（图6-43）。

技术要点：收腹举腿要翻臀，眼睛应注视脚尖，向正上方伸直髋关节。

保护与帮助：保护与帮助者站在练习者侧方，上提其小腿，必要时可用膝顶其腰背部。

教学方法：①直腿坐，屈体后滚向上做伸髋练习，要求脚尖至头部上方，体会伸腿方向。②坐直后滚动，屈体翻臀，两臂屈肘撑腰练习，要求夹肘撑腰，以稳定支撑。③由身体的滚动到肩肘倒立，通过快速拉长半径达到制动的目的，因此，制动时应考虑身体重心控制在支撑面内。

主要错误动作：立不住，立不直。

纠正方法：①先练习屈腿的肩肘倒立，立稳后，再慢慢将腿伸直。②立腰，挺髋，挺腹，伸腿，伸脚尖。③两人一组，保护与帮助者两手提练习者踝关节向上，同时一膝抵住其腰部。

教学中应注意的问题：加强身体的控制能力及协调能力训练，注意提供保护与帮助。

图 6-43

七、头手倒立

动作要领：由蹲撑姿势开始，手指自然分开在体前撑地，用头的前额上部与两手成等边三角形撑地，身体重心前移，同时提臀，一腿上摆，一脚蹬地，接近倒立时，两腿并拢上伸，身体挺直成头手倒立（图 6-44）。

技术要点：初学时，先用头顶地，再用头的前额用力顶地，两臂内夹用力控制平衡。

保护与帮助：保护与帮助者握住练习者的腿，帮助其控制头手倒立平衡。

教学方法：①当头与手支撑成等边三角形后再做倒立，要求始终控制身体重心在支撑面内。②当身体重心稳定在支撑面内，稍靠向头部，形成一个稳定角。

主要错误动作：①头手距离太近。②用头顶撑地。

纠正方法：保护与帮助者予以纠正或要求练习者头手撑在标志点上。

教学中应注意的问题：提高时空方位的判断能力及身体的控制能力。

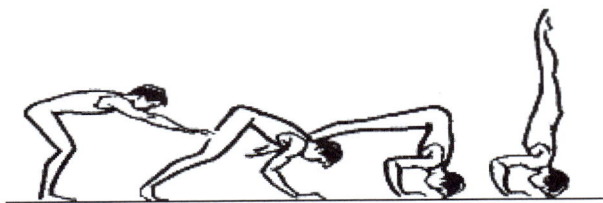

图 6-44

八、俯撑双腿摆越成仰撑

动作要领：由俯撑开始，稍塌腰，利用腰腹反弹立即收腹提臀，同时右手推离地面，身体重心移向左臂，两腿迅速经右侧向前摆越，当将摆至前面时两腿迅速前伸，同时右手撑地、拉开肩角、顶肩，挺身成仰撑（图 6-45）。

技术要点：俯撑时要紧腰，做塌腰反弹提臀动作。

保护与帮助：保护与帮助者跪立于练习者支撑臂一侧，一手扶其上臂，另一手推送其髋帮助其完成动作。

教学方法：①俯撑收腹提臀两脚蹬离地练习，要求充分利用快速塌腰反弹收腹提臀力量。②由俯撑向侧摆越成侧撑，要求利用塌腰反弹收腹提臀做侧摆成侧撑动作。③在保护与帮助下做俯撑两腿经侧摆越成仰撑，要求塌腰反弹收腹提臀速度快，顶肩推手及时有力，向前伸腿快、幅度大。

主要错误动作：重心不稳，动作不连贯。

纠正方法：①反复做塌腰、蹬地、用力提臀动作。②反复练习顶肩推手侧倒重心动作。③反复练习推手和两腿侧摆动作。

教学中应注意的问题：增强练习者的腰腹肌肉力量、协调性和灵活性。

图 6-45

九、俯撑单腿摆越成仰撑

动作要领：由俯撑开始，两手、左腿撑地支撑身体，右腿侧伸，右腿向前沿地面依次经过右、左臂，当绕过左臂，左臂推离地面后，上体左转180°，左臂快速向后撑地，右脚继续全旋至原来位置与左脚并拢成仰撑，并保持身体平衡（图6-46）。

技术要点：①手臂稳定地支撑身体，单腿全旋。②绕腿时要与上体重心移动相配合。

保护与帮助：保护与帮助者只需要用语言提示练习者动作做法、节奏、幅度、姿态等。

教学方法：①由单腿绕两手的半全旋练习，要求单腿绕过两手后屈脚至还原。②单腿全旋完整技术练习，要求全旋腿直、幅度大，速度由慢到快。

主要错误动作：单腿摆越时腿经前不够（脚尖未达到脚支撑点）。

纠正方法：做腿的柔韧性练习，在保护与帮助者的提示下练习。

教学中应注意的问题：增强练习者的腰腹肌肉力量、协调性和灵活性。

图 6-46

十、趋步

（一）原地趋步

动作要领：右脚向前一步跳起，左脚留在体后，两臂向前带至前上举，使身体充分伸展稍向前倾斜，接着右脚前脚掌着地，同时左脚由后向前迅速摆过右脚于体前屈膝落地（图6-47）。

技术要点：左脚留在体后，后腿蹬直，上身不能松懈，保持身体充分伸展姿态。

图 6-47

保护与帮助：保护与帮助者站于练习者侧面，两手扶其腰部，帮助练习者核心收紧并控制身体姿态。

教学方法：①练习屈膝起跳动作及身体姿态。②动作要点讲解清楚，在保护与帮助下练习并体会。

主要错误动作：①没有起跳动作。②身体没有充分伸展。

纠正方法：跳起时，两臂向前带至前上举，动作协调，带动身体充分伸展。

教学中应注意的问题：加强动作的协调性以及身体姿态的练习。

（二）行进中挺身趋步

动作要领：从助跑开始，两臂张开挺身，跑步自然，丹田上吸守气，步法均匀自然。身体起跳后与地面在 70°左右自然落下后应前倾，支撑腿落地后膝盖与前脚掌成垂直线，摆动腿落地后不要与支撑腿的距离太远，摆动腿落地后瞬间快速发力，积极向后上方摆起，为后面的连接动作创造良好的动力条件，完成整个趋步过程（图 6-48）。

图 6-48

技术要点：由助跑挺身到蹬地起的协调与衔接。

保护与帮助：保护与帮助者站在练习者起跳处，在练习者起跳时向上提其髋部帮助其完成动作。

教学方法：①让练习者在原地起跳，起跳离地时身体以向前倾 70°为宜。落下时前后脚的距离不能太远，身体落地后支撑腿的膝盖和脚掌成垂直线，保证身体的平衡。②从助跑开始练习趋步。刚开始让练习者以慢走的形式起跳落下至合适的位置站立。③趋步的强化练习。

主要错误动作：①起跳落地时出现塌腰、收髋，支撑腿太直或者前倾太多，整个身体没有支撑。②摆动腿落地时没有发力而是有蹬摆腿先蹬的现象。

纠正方法：①对练习者进行身体控制能力的练习。②刻意训练练习者摆动腿蹬地的动作。

教学中应注意的问题：练习前先做充分的准备活动，防止脚腕扭伤。在保护与帮助下反复练习动作。

（三）行进中屈腿趋步

动作要领： 由站立姿势开始，两手侧平举，身体保持直立。支撑腿向前腾跃一步，身体与地面成 70° 左右，双手顺势向后摆，身体自然落下后向前倾，当支撑腿落地后，支撑腿瞬间快速蹬地，脚背绷直，带动身体积极向前上方跃起，摆动腿直膝绷脚背做制动动作，同时手臂带动身体向斜上方摆动，紧腰、含胸、弓背，动作在空中停留 1～2 秒后平稳落地（图 6-49）。

技术要点： 摆动腿在蹬地时要迅速有力，带动身体向前上方跃起，身体在腾空过程中后面的摆动腿要伸直绷脚背，整个技术动作要求协调连贯。

保护与帮助： 保护与帮助者站在练习者起跳处，当练习者起跳时向上提其髋部帮助其完成动作。

教学方法： ①让练习者在原地起跳，起跳离地时身体以向前倾 70° 为宜，落下时前后脚的距离不能太远，支撑腿的膝盖和脚掌成垂直线，保证身体的平衡。②掌握技术要领后，以慢走的形式完成趋步动作，动作连贯后，再要求高度和远度。③保护与帮助者扶练习者的髋部保证其身体平衡。

主要错误动作： 蹬腿离地后身体松垮，落地重心不稳定。

纠正方法： 加强身体的控制能力训练，紧腰、含胸、弓背，提高动作的协调性，多次练习。

教学中应注意的问题： 练习前先做充分的准备活动以防脚腕扭伤。提高动作的协调性与连贯性，多次练习以掌握技术要点。

图 6-49

第五节　叠罗汉动作教学

　　叠罗汉是技巧动作的一种，既是一种游戏，又是一种大众表演项目，一般常出现于马戏团特技表演、啦啦队表演以及舞蹈表演等中。由若干人互相配合，组成造型动作，其专门术语称为"技巧造型"。叠罗汉的集体性强，可由三人到多人组成一个罗汉造型，可分为男子做、女子做、男女混合做几种。简单的叠罗汉对参加者的身体素质要求不高，一般不受场地条件的限制，适合在广大城乡中小学开展。叠罗汉要求练习者必须紧密协调配合，因此对培养青少年团结互助的集体主义精神有良好作用。叠罗汉常常穿插在团体操中进行表演，以丰富团体操的内容，活跃表演场上的气氛。

一、四人两层直角梯形叠罗汉

组合要领：①先出来两名学生面朝同侧一前一后并排平行站立。②第三名学生站于后面一位学生的双肩上。③第四名学生面朝下方，双脚搭在前面一位学生的双肩上，后面一位学生双臂伸直，撑住第四名学生的腰部。④第三名学生和第四名学生互相抓住手臂保持平衡，前面一位学生双臂可做自然下垂、侧平举或侧上举等动作，动作完成（图6-50）。

技术要点：①下面两人一定要一前一后面朝同侧平行站立。②前面一位学生身体略向前倾保持平衡。③身体控制能力强。

教学方法：①坚持腰部和腿部的肌肉力量练习才能更好地保持平衡。②在同学或教师的帮助下完成动作。

保护与帮助：四名保护与帮助者分别站于四名学生的前后左右，保持注意力集中于学生，随时准备扶持易滑落的学生。托住上爬者的腰部或腋下帮助其往上爬动，顺利完成动作。

教学中应注意的问题：①加强学生腰部和肢体力量的练习。②注意培养学生的基本姿态。③强化学生的保护与帮助意识。

二、四人两层"1"字叠罗汉

组合要领：①两名女生相隔1m左右的距离背对背单膝跪地，跪地腿与支撑腿均保持90°夹角，两名男生一前一后面朝同侧平行站于两女生之间。②两名女生掌心向前，保持直臂伸向前上方，放于耳朵两侧，保持姿势优美。③前面一位男生双腿弯曲重心靠前，后面一位男生与前面的男生手抓手踩住前面男生的大腿部攀爬至他的双肩上保持站立，重心靠前，前面一位男生双腿慢慢直立，完成动作（图6-51）。

技术要点：单膝跪地的两名学生保持姿态优美，掌心向前。中间两名学生配合要默契，身体控制力要强。

教学方法：①加强学生身体的姿态和控制力练习。②加强腿部肌肉力量练习。③在同学或教师的帮助下更好地完成动作。

保护与帮助：中间两名学生的前后左右各站一人，防止学生在攀爬时滑落跌伤或者砸在下面两名学生身上，在需要的时候托住学生的腰部帮助其往上爬。

教学中应注意的问题：①注意培养学生的姿态。②注意培养、锻炼学生的平衡能力。③保护与帮助合理得当。

图 6-50

图 6-51

三、三人两层飞燕式叠罗汉

组合要领：①两名学生背对背站立，其中一名学生单膝跪地成支撑，跪地腿放于另外一名学生的双腿之间，保持姿态。②第三名学生踩在单膝跪地学生的支撑腿上，手扶站立学生的双肩攀爬至下面学生的单侧肩部。③第三名学生手扶站立学生的双肩，上体与地面基本平行，左腿伸向天空，右腿站于下面学生肩部成燕尾式摆放，保持平衡，动作完成（图 6-52）。

图 6-52

技术要点：单膝跪地的学生跪地腿要放于站立者两腿之间，支撑者上肢力量要发达，这样才能更好地支撑上面的学生。上面的学生要有很好的腿部力量。

教学方法：①加强学生的身体基本素质练习，包括力量和柔韧性练习。②培养学生的平衡能力。③在同学或教师的帮助下完成动作。

保护与帮助：攀爬者的左右各站一人，防止其往上攀爬时滑落或跌落。学生不能独立完成时，保护与帮助者托住其腰部帮助其往上攀爬顺利完成动作。

教学中应注意的问题：①注意培养学生的平衡能力。②加强学生的肢体和腰部力量练习。③注意加强学生的自我保护意识与方法训练。

四、三人两层扶持倒立叠罗汉

组合要领：①两名学生一男一女面对面手腕相牵平行站立，男生双腿半弯曲重心靠后，女生双脚踩于男生两大腿部重心靠后成"Y"形。②第三名学生在男生后方做下腰动作成拱桥形，右腿支撑，左腿伸直蹬于男生背部保持稳定。③稳定后，男生的右臂、女生的左臂互相松开，男生右臂伸向身体右后方，女生左臂伸向身体后上方保持平衡。右侧与左侧动作相同、方向相反（图 6-53）。

技术要点：学生要有很好的下肢力量和平衡能力，下腰成桥的学生腰部力量要发达并且有很好的柔韧性。

教学方法：①加强学生的柔韧素质练习。②保持姿态柔美，加强平衡能力锻炼。③在同学或教师的帮助下完成动作。

保护与帮助：学生的两侧各站两人进行保护，防止学生滑落跌伤，并对学生腰部随时进行手托保护，帮助学生在必要的时候完成攀爬和下腰成桥动作。

教学中应注意的问题：①注意加强学生的身体柔韧性练习。②注意培养学生的姿态练习和力量练习。③注意加强学生的自我安全保护意识。

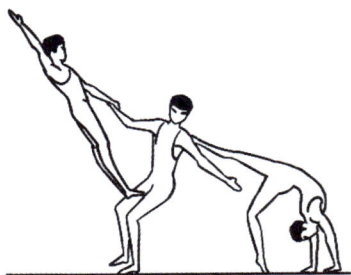

图 6-53

五、三人两层平行式叠罗汉

组合要领：①一名学生成马步站立，其他两名学生先双脚站于站马步学生的大腿之上，由站马步学生撑住另两名学生腰部，保持两名学生的站立姿态。②两名学生内侧手臂相拉，身体重心逐渐向外移动，同时外侧腿部侧跨，外侧手臂逐渐向外侧平举。③站马步学生扶持腿上站立学生后背的手逐渐放开，变为以手掌轻推两学生腰部，直至两位学生相拉手臂完全伸直，身体两臂与地面平行、两腿与地面成斜向的"大"字（图 6-54）。

技术要点：①站马步学生重心尽量向下，将两大腿向下与地面平行，股四头肌肌肉保持紧张状态。②上面学生手臂侧举和腿侧跨时动作要缓慢。

教学方法：①加强学生的腿部力量和柔韧性练习。②培养学生的平衡能力。③在同学或教师的帮助下完成动作。

保护与帮助：保护与帮助者要站立于腿部的学生身后，扶持其站立平稳，防止其站立时重心不稳而滑落。学生不能独立完成时，保护与帮助者托住学生的腰部帮助其顺利完成动作。

图 6-54

教学中应注意的问题：①注意培养学生的平衡能力。②加强学生的肢体和腰部力量练习。③注意加强学生的自我保护意识与方法训练。

六、三人两层简式叠罗汉

组合要领：两名学生相隔 1 m 左右面对面后，同侧的腿单膝跪地后成支撑，另一侧的支撑腿互相紧贴，与跪地腿同侧的手臂相互牵拉保持稳定，另一侧的两手臂分别托住第三名学生的腰部帮助其稳定地倒立于两条支撑腿上，最后摆好造型，完成动作（图 6-55）。

技术要点：跪地两名学生的支撑腿要紧靠，不可有过远的距离，上面的学生要有良好的平衡能力。

图 6-55

教学方法：①加强学生腿部肌肉的力量练习。②培养学生的身体平衡感。③在同学或教师的帮助下完成动作。

保护与帮助：阵形的前后各站一名保护与帮助者，手扶学生的腰部帮助其在必要时完成动作，并随时提供保护。

教学中应注意的问题：①注意加强学生下肢和腰部力量及柔韧性练习，防止拉伤。②加强学生的身体控制能力训练，使姿态更优美。

七、七人两层手扶倒立叠罗汉

组合要领：①两组男女双人组合面朝同侧平行站立，保持男在前女在后，两组之间留下2～3 m的距离。②男女双人组手拉手，男生半蹲，女生踩住男生的大腿部向上攀爬，骑于男生的双肩之上保持平衡。③其余三人站于两组之间，两人面对面单膝跪地，一侧大腿互相靠近成支撑，最后一名学生手撑住下面两名学生的大腿部，并在下面两名学生的扶持下成倒立姿势。④上面两名女生手扶倒立男生的小腿部保持平衡姿态柔美（图6-56）。

技术要点：外侧四人下肢力量及平衡能力要强，倒立的学生要有很好的身体控制能力，整体姿态要紧凑优美。

教学方法：①加强身体基本素质练习，包括肢体力量、平衡能力、柔韧练习等。②反复练习倒立动作以达到稳定状态。③在同学或教师的帮助下完成动作。

保护与帮助：两组男女双人组合的一侧各站两人防止其在做骑肩动作时失衡跌落，在倒立学生的前后各站一人对其进行保护，必要时手托攀爬者腰部帮助其顺利完成动作。

图6-56

教学中应注意的问题：①注意加强学生的上下肢体力量练习。②完善练习中的保护措施。③加强平衡和柔韧锻炼。

八、七人三层塔形叠罗汉

组合要领：①两名学生面对面平行站立，双臂伸直搭在对方的双肩上，再来两名学生各自单膝跪地于站立学生的身后，跪地腿放于站立学生的两脚之间。②接着再来两名学生面对面踩在单膝跪地的两名学生的双肩上，双臂各自搭在站立学生的双肩上头顶头成支撑。③最后一名学生双脚踩在最上面两名学生的背部，双臂各向侧上方伸展，动作完成（图6-57）。

技术要点：姿态要优美紧凑，人与人之间的距离要合适得当，腰部和四肢的力量练习以及平衡能力练习不可忽视。

教学方法：①督促学生加强腰部与肢体的力量和柔韧性练

图6-57

习。②加强学生之间的配合练习，达到默契合作。③在同学或教师的帮助下完成动作。

保护与帮助：罗汉的前后左右各站一人，在学生意外滑落或支撑不住的情况下对其进行手托保护并且帮助其顺利完成动作。

教学中应注意的问题：①注意加强学生基本力量的练习。②注意保护与帮助安排的合理性。③注意加强学生平衡稳定能力的锻炼。

九、九人四层塔形叠罗汉

组合要领：①（左侧）第一名学生双膝跪地，手臂摆成"八"字形，距离大于两肩成支撑。②第二名学生站于第一名学生的身后双腿伸直，弯腰直臂，双手撑于第一名学生的腰部成支撑。③第三名学生双脚踩在第一名学生的肩部，弯腰直臂，双手撑于第二名学生的肩部，第四名学生踩在第二名学生的腰部，弯腰直臂，双手撑于第三名学生的肩部。（右侧）右侧与左侧动作相同、方向相反。④左侧与右侧紧贴后，最后一名学生双脚各自踩在最上面两名学生的背部，摆好造型，完成动作（图6-58）。

技术要点：学生腰部和肢体力量要强，否则不足以支撑重量，上面学生的腿部要伸直不可弯曲，学生要有很好的身体控制能力。

教学方法：①增强学生的身体协调控制能力。②保持对身体重心的控制力。③在同学或教师的帮助下完成动作。

保护与帮助：九人四层罗汉阵形高度较高，危险性较大，需在更厚更软的垫子上进行练习，阵形前后各站三人随时提供保护，防止学生滑落摔伤，并帮助学生在必要的时候往上攀爬，顺利完成动作。

教学中应注意的问题：①注意培养学生的空间稳定性，更好地保持身体平衡。②加强学生的自我安全意识，适时进行自我保护。③注意加强学生的肢体力量练习和稳定性练习。

图6-58

十、九人三层简式叠罗汉

组合要领：①（左侧）第一名学生保持身体直立，第二名学生双膝跪地于第一名学生的体前，弯曲上身，双臂伸直成"八"字形摆放成支撑，第三名学生站于第二名学生的背上，第四名学生在第二名学生的臀部后方成倒立，第三名学生抓住倒立学生的双脚保持稳定。②第一名学生双臂伸直撑住第三名学生的背部。③（右侧）右侧与左侧动作一样、方向相反。④左右两侧下方站立的两人两腿前后开立，保持稳定，最后一名学生双腿站于这两名学生的肩部，摆好造型，完成动作（图6-59）。

技术要点：跪地学生要有很好的腰部力量，负责支撑的学生身体控制力要强，倒立学生要保持很好的空间平衡力。

教学方法：①主动加强学生的肢体和腰部力量练习。②让学生反复练习倒立，达到极好的控制状态。③在同学或教师的帮助下完成动作。

保护与帮助：在倒立学生的两侧各站一人，用手对其身体进行手扶保护，阵形前后各站一人对上方学生进行保护，防止其意外滑落摔伤，并用手托住其腰部帮助其完成动作。

教学中应注意的问题：①注意对身体核心控制能力的培养。②注意加强个人的肢体力量和柔韧性练习，防止练习过程中意外拉伤。③注重加强身体平衡能力的练习。

图6-59

十一、五人两层三角叠罗汉

组合要领：①两名学生背对背平行站立，相隔一脚的距离。②两名学生的前方各站一名学生，双膝跪地，弯腰直臂，两手臂伸直成"八"字形摆放成支撑，两名站立学生弯腰并各自伸直手臂，双手搭在下方学生的双肩之上。③最后一名学生双脚分别站于两名站立学生的背部，保持稳定姿态，摆好造型，完成动作（图6-60）。

技术要点：学生要有很好的肢体力量，腰部力量发达，最上面的学生具备良好的身体平衡控制能力。

教学方法：①通过体育训练来加强学生的腰部和肢体力量。②加强学生的基本素质和身体协调能力练习。③在同学或教师的帮助下完成动作。

保护与帮助：中间学生的前后各站一人，用手托住最后一名学生的腋下或腰部帮助其往上攀爬，并且注意力集中，随时准备保护学生的安全，防止其滑落摔伤。

教学中应注意的问题：①注意加强对学生膝关节和肩关节的保护。②注意培养学生的团队合作意识。③注意在练习前了解学生的力量练习和热身情况。

图 6-60

十二、八人单层扇形叠罗汉

组合要领：（左侧）①左侧四人面朝同侧从低到高平行站立，最后面的一名学生后仰平躺在地面上，伸直双臂于身体前上方。②第三名学生往后平躺，背部撑于最后一名学生的双掌上成支撑，紧接着第二名学生往后平躺撑于第三名学生的双掌上成支撑，第一名学生往后平躺撑于第二名学生的双掌上。（右侧）右侧与左侧动作相同、方向相反。③最后左右侧的第一名学生手拉手保持稳定，动作完成（图 6-61）。

技术要点与难点：每侧四名学生之间的距离要适当，不可过大或过小，并且对学生的上肢力量有很高的要求。

教学方法：①加强学生在体育训练过程中上肢和腰部力量的练习。②主动培养学生的身体控制能力。③在同学或教师的帮助下完成动作。

保护与帮助：每名学生的两侧各站两人，当有学生支撑不住时，用手托住其上身对其进行保护，并且在必要的时候出手帮助学生完成动作。

教学中应注意的问题：①注意每侧学生的身高按从高到低排，不可颠倒。②注意中间两名学生在展示动作时不可松手。③注意训练学生的力量和姿态美。

图 6-61

十三、六人三层"山"形叠罗汉

组合要领：①三名学生横排面朝同侧平行站立，两侧学生双膝跪地，弯腰直臂，手成"八"字形摆放成支撑，中间一名学生单膝跪地成支撑。②两侧学生的背上各站一人，单脚成支撑，另一只脚分别搭在中间学生一侧的肩膀上。③中间学生两手分别抓住两肩上学生的大腿部保持稳定，最后一名学生双腿分别跪在上面两名学生的大腿上成支撑，保持稳定，动作完成（图6-62）。

技术要点：站在上方的两名学生要有很好的平衡能力和身体控制能力，下方的三名学生要始终保持重心稳定，不可晃动。

教学方法：①在体育训练中要结合学生的身体基本素质水平，合理地培养他们的身体控制能力。②肢体和腰部的力量练习必不可少。③在同学或教师的帮助下完成动作。

图6-62

保护与帮助：两侧和后方各站两人，当学生失衡或意外滑落时用手托住他们的腰部或腋下防止摔伤，并且在必要的时候手托学生的腰部帮助其往上攀爬。

教学中应注意的问题：①注意加强学生腿部、腰部的柔韧性和力量练习，防止拉伤。②注意培养学生的团队合作意识。③多要求学生进行姿态美的练习。

十四、五人两层"人"形叠罗汉

组合要领：①两名学生背对背平行站立，相隔一脚的距离。②两名学生的前方各站一名学生，双膝跪地，弯腰直臂，两手臂伸直成"八"字形摆放成支撑，两名站立学生弯腰并各自伸直手臂，双手搭在下方学生的双肩上。③最后一名学生双脚分别站于两名站立学生的背部，保持稳定姿态，摆好造型，完成动作（图6-63）。

技术要点：学生要有很好的肢体力量，腰部力量发达，最上面的学生具备良好的身体平衡控制能力。

教学方法：①通过体育训练来加强学生的腰部和肢体力量。②加强学生的基本素质和身体协调能力练习。③在同学或教师的帮助下完成动作。

保护与帮助：中间学生的前后各站一人，用手托住最后一名学生的腋下或腰部帮助其往上攀爬，并且保持注意力集中，随时准备保护学生的安全，防止其滑落摔伤。

图6-63

教学中应注意的问题：①注意加强对学生膝关节和肩关节的保护。②注意培养学生的团队合作意识。③注意在练习前了解学生的力量练习和热身情况。

十五、双人"Y"形叠罗汉

组合要领：①男女双人组合，女前男后面朝同侧平行站立。②男生腿部弯曲，双手撑住女生的腰部帮助其站于自己的大腿之上。③稳定后，男生双手牵拉住女生的大腿部，男生身体重心靠后，女生抬头挺胸伸直双臂于前上方，掌心朝前保持平衡，完成动作（图6-64）。

技术要点：支撑学生的肢体力量一定要强，两名学生都要对身体重心有很好的控制力。

教学方法：①通过体育训练来加强学生的肢体力量。②加强学生基本的身体素质练习，使其更好地控制身体重心。③在同学或教师的帮助下完成动作。

保护与帮助：两名保护与帮助者分别站于两名学生的两侧，当发现他们有倾斜或支撑不住的情况时用手扶住他们的腰部，在帮助他们恢复基本姿态的同时保护其安全。

教学中应注意的问题：①注意在练习过程中培养学生的身体控制能力。②注意学生的肢体力量练习。③注意学生身体姿态美的练习。

图 6-64

十六、六人三层"正三角"叠罗汉

组合要领：①三名学生并列站成一横排，双膝跪地，弯腰，双手扶于地面成支撑。②再来两名学生，双腿依次跪于下面三名学生的背上，双手搭在下面学生的肩部。③最后一名学生动作与前面相似，双腿跪于第二层两名学生的背上，手扶第二层学生的双肩，稳定支撑，完成动作（图6-65）。

技术要点：每层学生的肢体和背部的支持力要大，上面两层学生要有很好的身体控制能力。

教学方法：①在体育训练过程中要加强学生肢体和腰部的力量练习。②培养学生的团队合作能力。③在同学或教师的帮助下完成动作。

保护与帮助：阵形的两侧和后方各站一人，当发现有学生支撑不住或滑落的情况时，用手托住其腋下或腰部对其进行保护，并且帮助学生往上爬动，顺利完成动作。

教学中应注意的问题：①每层学生的身体都应保持在一条直线上，不可有过多的倾斜。②注意在练习前了解学生的身体力量和柔韧性情况。③注意培养学生的身体平衡能力。

图 6-65

十七、三人两层"中三角"叠罗汉

组合要领：①两名学生相隔 1 m 左右面对面，同侧的腿单膝跪地后成支撑，另一侧的支撑腿互相紧贴。②与跪地腿同侧的手臂相互牵拉保持稳定，另一侧的两手臂分别托住第三名学生的腰部，帮助其稳定地站在两条支撑腿上，最后摆好造型，完成动作（图 6-66）。

图 6-66

技术要点：跪地的两名学生的支撑腿要紧靠，上面的学生要有良好的平衡能力。

教学方法：①加强学生腿部肌肉力量的练习。②培养学生的身体平衡感。③在同学或教师的帮助下完成动作。

保护与帮助：阵形的前后各站一人，手扶学生的腰部帮助其在必要时完成动作，并随时提供保护与帮助。

教学中应注意的问题：①注意学生下肢和腰部力量及柔韧性练习，防止拉伤。②加强学生的身体控制能力训练，使姿态更优美。

十八、三人两层三角叠罗汉

组合要领：①两名学生方向相对单膝跪地单手掐腰，上身直立，第三名学生在前两名学生中间直立并双手掐腰。②第三名同学双手扶住前两名学生的肩膀，单脚放在一名学生的膝盖上方，前两名学生扶住第三名学生的腰。③第三名学生将另一只脚放在另一名学生膝盖上，双手掐腰成站立状态，待平衡后双手上举成"V"字形（图 6-67）。

技术要点：下方的学生一定要保持平稳地单膝跪地，不可晃动，上方的学生注意自己的脚要站稳，克服恐惧心理，对身体的控制能力要强。

教学方法：①督促学生加强对身体平衡的控制力，要有很好的平衡感。②在同学或教师的帮助下完成动作。

保护与帮助：保护与帮助者在第三名学生的后方扶住其腰部，防止其因为身体不平衡而摔倒。

教学中应注意的问题：①加强学生对身体小肌肉群的控制力，让他们有更好的平衡感。②加强学生腿部力量的练习。③注意强化学生的保护与帮助意识，让他们养成互相帮助的习惯。④要多鼓励学生，增强他们的自信心。

图 6-67

十九、五人三层塔形叠罗汉

组合要领：①第一层外侧两名学生同向跪撑，双手伸直撑地，注意双手的距离要比肩宽。②第二层两名学生背对背站立于跪撑的两名学生内侧，双手分别俯撑于外侧第一层学生的双肩上。③第三层的一名学生双脚分别站立在第二层两名学生的背上，双臂向上打开成"V"字形（图6-68）。

技术要点：下层的学生要保持身体稳定，不要晃动，上层的学生要保持身体平衡，加强对身体的控制力。

教学方法：①根据学生的身体情况来分配人选。②让学生保持好平衡，克服心理困难。③在同学或教师的帮助下完成。

保护与帮助：保护与帮助者扶住最上层学生的身体，帮助他顺利地完成动作，避免受伤，让他们体会动作的要领。

教学中应注意的问题：①加强学生身体力量的练习。②加强学生的保护与帮助意识。③帮助学生克服害怕困难的心理。

图 6-68

二十、八人双层五边形叠罗汉

组合要领：①第一层学生中的两名学生双腿并拢，跪撑在地上且双臂伸直，第二层学生先将单脚放在第一层的学生背上，一只脚站好后再将另一只脚放在另一名学生背上，站稳后双手揣腰成平稳直立状态。②第一层的一名学生双腿分开成半坐状态，另一名学生站在其身后，将一只手交给前面的学生，后面的学生踩着前面学生的腿慢慢挪移到他的肩上，待上去后下层学生抓住上层学生的脚踝处慢慢站起，上层学生站起，身体保持直立并双手揣腰。③另一侧的三名学生的动作造型与对侧相同（图6-69）。

技术要点：上层学生要保持身体平衡与姿态优美，下层学生要保持身体不要晃动，让自己的姿态固定。

图 6-69

教学方法：①尽量让力量大的男生在下层，让他们来维持下层的稳定。②帮助学生克服心理障碍，鼓励他们去尝试。③在同学或教师的帮助下完成动作。

保护与帮助：上层学生的后方要站一个人，扶住其腰部，给予充分的保护。

教学中应注意的问题：①加强学生的力量练习，增强他们的四肢与腰背的力量。②加强对学生平衡感的练习，增强他们的平衡能力。③帮助学生克服心理障碍，多鼓励他们，增强他们的自信心。

二十一、八人双层房形叠罗汉

组合要领：①第一层两人面向同一方向站成一排，后面的学生单膝跪地，前面的学生直立。另一名学生站在这两名学生中间，与前两名学生面朝同向，将双手放在前面的学生的肩膀处，一条腿搭在后面的学生的肩膀处，后面的学生第二层学生的小腿。之后后面的学生将第二层学生双腿举起的同时，第二层学生将手按在前面学生的肩膀处并将手臂撑起，前面站立的学生双手掐腰或自然下垂。②第一层的一名学生双腿分开成半坐状态，另一名学生站在其身后，将一只手交给前面的学生，后面的学生踩着前面的学生的腿慢慢挪移到他的肩上，待上去后第一层的学生抓住上层学生的脚踝处慢慢站起，上层的学生站起身体保持平衡并手臂侧平举。③另一侧的三名学生的动作造型与对侧相同（图6-70）。

技术要点：下层学生一定要保持身体的姿态，不要晃动，给上层学生一个平稳的条件，上层学生要保证自己的身体平衡，不要晃动，让自己的动作更优美。

教学方法：①尽量让力量大的男生在下层，让他们来维持下层的稳定。②帮助学生克服心理障碍，鼓励他们多尝试。③在同学或教师的帮助下完成动作。

保护与帮助：保护与帮助者要在上层学生的旁边扶住他们，以防摔倒。

教学中应注意的问题：①加强学生的力量练习，增强他们的四肢与腰背的力量。②加强对学生平衡感的练习，增强他们的平衡能力。③帮助学生克服心理障碍，多鼓励他们，增强他们的自信心。

图6-70

二十二、双人双层 "Y" 形叠罗汉

组合要领：①下层学生屈膝成半坐姿势，上体略微向后倾斜。②上层学生与下层学生面对面，脚踩在下层学生的大腿处，双手拉住下层学生的手，身体略微向后倾斜（图6-71）。

技术要点：下层学生一定要保持身体的姿态，不要晃动，给上层学生一个平稳的条件，上层学生脚要踩稳并紧紧拉住下层学生的手。

教学方法：①让下层学生保持身体平衡，两人的手一定要抓紧。②在同学或教师的帮助下完成动作。③增强学生的身体力量和身体的平衡性。

保护与帮助：一名保护与帮助者帮助下层学生维持身体的稳定，另一名保护与帮助者扶住上层学生的腰，防止其摔倒。

教学中应注意的问题：①加强学生力量的练习，让他们的四肢力量与腰背力量更强。②多鼓励学生，让他们有信心做好动作。③提高学生对身体的控制能力，增强学生的平衡感。

图6-71

二十三、四人双层倒梯形叠罗汉

组合要领：①下层两名学生背靠背屈膝成后立姿势。②上层学生与下层各自的搭档面对面站立，脚踩在各自搭档的大腿上，手拉住搭档的手，身体向后倾斜（图6-72）。

技术要点：下层学生一定要保持身体的姿态，不要晃动，给上层学生一个平稳的条件，上层学生脚要踩稳并紧紧拉着下层学生的手。

教学方法：①让下层学生保持身体平衡，两人的手一定要抓紧。②在同学或教师的帮助下完成动作。③加强学生的身体力量和身体平衡性练习。

图6-72

保护与帮助：两名保护与帮助者帮助下层学生维持身体稳定，另两名保护与帮助者扶住上层两名学生的腰，防止其摔倒。

教学中应注意的问题：①加强学生的力量练习，让他们的四肢力量与腰背力量更强。②多鼓励学生，让他们有信心做好动作。③提高学生对身体的控制能力，增强学生的平衡感。

二十四、两人双层简式叠罗汉

组合要领：①下层学生屈膝成半坐姿势，上体向后略微倾斜。②上层学生背对着下层学生，脚踩在下层学生大腿上，身体略微前倾。③下层学生用手拉着上层学生的腿。上层学

生身体平衡后一手掐腰，一手向斜上方伸直（图6-73）。

技术要点：下层学生保持身体姿态且不要晃动，给上层学生一个稳定的条件，上层学生要站稳且腿部要用力绷紧。

图6-73

教学方法：①让下层学生保持身体平衡，两人的手一定要抓紧。②在同学或教师的帮助下完成动作。③加强学生的身体力量和身体平衡性练习。

保护与帮助：一名保护与帮助者帮助下层学生维持身体的稳定，一名保护与帮助者扶住上层学生，防止其摔倒。

教学中应注意的问题：①加强学生的力量练习，让他们的四肢力量与腰背力量更强。②多鼓励学生，让他们有信心做好动作。③提高学生对身体的控制能力，增强学生的平衡感。

二十五、三人两层锥形叠罗汉

组合要领：①第一层的两名学生双腿并拢，跪撑在地上，双手伸直。②第二层的学生先将单脚放在第一层的学生背上，在一只脚站好后将另一只脚放在另一名学生背上，站稳后双手掐腰成平稳直立状态（图6-74）。

技术要点：上层学生要保持身体平衡与姿态优美，下层学生要保持身体的稳定，让自己的姿态固定。

教学方法：①尽量让力量大的男生在下层，让他们来维持下层的稳定。②帮助学生克服心理障碍，鼓励他们多尝试。③在同学或教师的帮助下完成动作。

保护与帮助：上层学生的后方要站一名保护与帮助者，扶住他的腰部，给予充分的保护。

图6-74

教学中应注意的问题：①加强学生的力量练习，增强他们的四肢与腰背力量。②加强学生的平衡感练习，增强他们的平衡能力。③帮助学生克服心理障碍，多鼓励他们，增强他们的自信心。

二十六、三人三角形倒立叠罗汉

组合要领：①下层两名学生侧对面站立，身体成弓步姿势，且弓步腿并放。②上层学生的双手分别按在下层学生的双腿上，然后让自己成倒立姿势。③下层两名学生一手扶住上层学生的腰，另一手向侧上方举起（图6-75）。

技术要点：下层学生要保持身体的稳定，不能晃动。上层学生的倒立一定要标准。

教学方法：①让学生们先把倒立练好，加强他们的倒立平衡感。②帮助学生克服心理障碍，鼓励他们多尝试。③在同学或教师的帮助下完成动作。

保护与帮助：上层学生的侧面要站一人，帮助他保持稳定，且可以防止意外发生。

教学中应注意的问题：①加强学生力量与倒立练习，让他们有更好的倒立平衡感。②帮助学生克服心理障碍，多鼓励他们，增强他们的自信心。

图 6-75

二十七、双人双层"十"字形叠罗汉

组合要领：①下层学生平躺举腿，成仰卧分腿上举姿态。②上层学生由两名保护与帮助者以横叉姿势抬起，为保持身体平衡可手扶帮助者两肩。③保护与帮助者将上层学生的大腿放在平躺学生的前脚掌上，之后，上层学生两手紧紧抓住下层学生的脚跟部位（图6-76）。

技术要点：下层学生的腿部要有足够的力量，不可晃动，上层学生一定要有足够好的柔韧性，且要维持身体的平稳。

教学方法：①督促学生对身体柔韧性、力量和平衡感的练习。②在同学或教师的帮助下完成动作。

保护与帮助：两名保护与帮助者分别站在上层学生的两侧进行保护，防止因为下层学生的晃动或自身的失误而受伤。

教学中应注意的问题：①加强学生身体力量与柔韧性练习，让他们有更好的平衡感。②注意培养学生的保护与帮助意识，让他们养成互相帮助的习惯。③要多鼓励学生，增强他们的自信心。

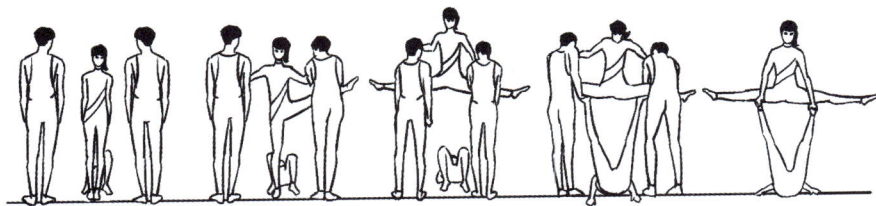

图 6-76

二十八、六人单层一字形叠罗汉

组合要领：①两名学生面对面站立，身后各站两名学生，最外侧的学生单膝跪地，最内侧学生手放在对面学生的肩上。②中间的两名学生把手放在最内侧学生的肩上，小腿放在最外侧学生的肩上（图6-77）。

技术要点：中间学生的柔韧性要好，内侧学生要平稳地站立。

教学方法：督促学生对身体柔韧性与基本姿态进行练习。

保护与帮助：两名保护与帮助者分别站在中间学生的旁边，防止意外摔倒。

教学中应注意的问题：加强学生的柔韧性练习，加强学生体操基本姿态的练习，保持优美的姿态。

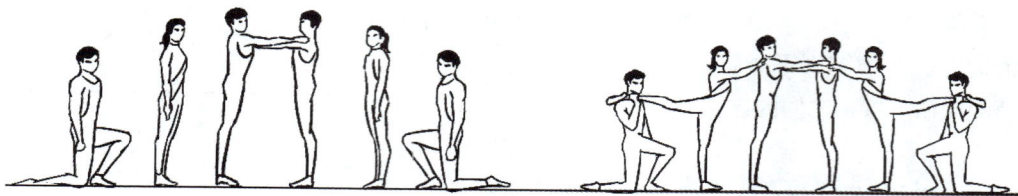

图 6-77

本章小结

　　本章主要介绍了技巧动作中滚翻类、翻转类、空翻类、平衡类、叠罗汉等技术动作的特点和作用，帮助学生熟悉技巧动作的基本内容，了解技巧及叠罗汉的动作要领和技术要点，并熟悉各类动作的教学方法以及保护与帮助的方法。

回顾与思考

　　1. 技巧动作教学包括哪些原则？

　　2. 简述技巧动作的内容与分类。

　　3. 技巧动作有哪些作用？

　　4. 简述自己能够掌握的技巧动作技术及教学方法。

　　5. 简述自己能够掌握的叠罗汉动作技术及教学方法。

\第七章\ 支撑跳跃教学艺术

【学习目标】

通过本章的学习，了解支撑跳跃动作的概念、技术特点、锻炼价值与意义；掌握支撑跳跃动作的动作要领、技术要点、身体素质要求等；掌握各动作的教学方法及保护与帮助的方法等。

【学习任务】

1. 了解支撑跳跃动作的概念及内容。
2. 掌握支撑跳跃动作的技术及动作要领。
3. 学习支撑跳跃动作的练习方法。
4. 掌握支撑跳跃动作的教学方法和保护与帮助的方法。

【学习地图】

了解支撑跳跃动作的概念及内容→支撑跳跃动作的技术、动作要领的学习→支撑跳跃动作练习的实践→支撑跳跃动作练习的教学→支撑跳跃动作练习的保护与帮助。

　　跳跃动作是中小学体育教学的主要内容，跳跃动作分为一般跳跃和支撑跳跃两大类。一般跳跃有跳上、跳下、跳跃障碍等动作，这些动作是支撑跳跃的基础。支撑跳跃动作包括助跑、上板、踏跳、第一腾空、推手、第二腾空、落地七个技术环节。其中，第二腾空动作要求动作高、飘、远、美、稳，这也是评定整个支撑跳跃动作质量的主要环节。从支撑跳跃动作结构分析，可分为正腾越、侧腾越和翻转腾越。

　　跳跃的特点是通过腿和手臂短促有力地作用于器械，使人体在短暂的腾空时间里做出各种不同形式的动作。经常进行跳跃动作练习，能够全面提高人体运动器官、血液循环器官、呼吸器官及前庭分析器官的功能；对增强练习者下肢、腰腹、肩带肌和上肢肌群的爆发力有显著作用；对发展练习者的空间定向判断能力和身体平衡的控制能力有着积极的影响；对培养练习者勇敢、顽强、果断的意志品质和跨越障碍的实用技能有积极的促进作用。

　　支撑跳跃的跳马是竞技体操比赛的项目之一。跳马动作技术从最初的水平腾跃类到前手翻、前空翻发展至侧手翻、踺子后手翻、空翻类，再到前手翻前空翻转体类等动作，难度要求逐渐提升。

　　支撑跳跃动作形式多样，各技术环节衔接紧密，完成动作时间短暂，对动作学习要求较高。在教学中要抓住主要环节，多运用辅助练习、诱导练习、保护与帮助等方法，教学设计要严谨、层次合理，加强练习者心理训练和安全教育，才能顺利完成教学任务。

第一节　一般跳跃基本技术与教法

一、挺身跳（弹跳板）

　　动作要领：①轻松助跑，单跳双落上板，两腿向下蹬板同时两臂积极向前上方摆动，使身体向上高高腾起。②紧腰、梗头接近最高点时挺身亮相，然后控制身体平衡落地（图7-1）。

　　技术要点：①助跑上板练习，要求动作协调，起跳有力。②垫上练习和由高向低挺身跳下练习，要求身体充分伸展。③弹跳板上连续起跳接挺身下，要求动作连贯，保持身体的准确姿势。④加大踏板的作用力以获得更大的支撑反作用力，有利于增加腾空高度，从而使身体充分伸展。

　　教学规格：起跳时紧腰，梗头上顶，两臂积极上摆，腾空将至最高点时充分伸展挺身，落地时屈膝缓冲。

　　保护与帮助：保护与帮助者站在杠侧前方，一手托练习者的腰，另一手托其肩，当练习者腹部靠杠时，换成一手托其肩，另一手托其腿。

　　教学方法：①原地纵跳挺身动作练习，注意起跳后挺髋、制动腿、身体绷直。②3步助跑，在垫上做挺身跳练习。③从跳台或跳马上起跳的挺身跳练习。④踏板或弹簧板挺身跳练习。

教学中应注意的问题：注意单跳双落上板，动作要协调、连贯。

图 7-1

二、屈伸腿跳（团身跳）

动作要领：①轻松助跑，单跳双落，上板，两臂用力摆起，下肢充分蹬伸，使身体高高向上之后伸直跳起。②接近最高点时用力收腹、屈腿上提，两手抱膝团身，接着迅速伸腿展体落地（图 7-2）。

技术要点：①仰卧于垫上做收伸腿练习，要求团身紧、收伸腿快。②一人在练习者身后扶腰帮助其向上跳起完成团身跳练习，要求收腿快、团身紧。③由高处向低处做团身接着伸腿跳下，要求团身紧、展体快。④适当增加起跑初速度，加大腾起角，以增加垂直高度。

教学规格：①起跳有力，腾空将至最高点时要固定上体，同时迅速屈膝上提、抱腿。②伸展时，两臂要积极上举，头部上顶，同时两腿用力下伸。

保护与帮助：保护与帮助者站在弹跳板前、练习者落点一侧，两手前挡后扶，维持练习者身体平衡，防止其向前或向后跌倒。

教学方法：①原地纵跳屈伸腿动作练习，注意腿的屈伸，空中抱腿、放腿等动作要快，脚尖绷直。②3步助跑，在垫上做屈伸腿跳练习。③从跳台或跳马上起跳的屈伸腿跳练习。④踏板或弹簧板屈伸腿跳练习。

教学中应注意的问题：腾空将至最高点时要固定上体，同时要求团身紧、展体快。

图 7-2

三、屈体跳

动作要领：①轻松助跑，单跳双落上板，两臂用力摆起，下肢充分蹬伸，使身体高高向上之后伸直跳起。②接近最高点时用力收腹，两腿伸直上举，两手前伸触脚，接着迅速屈膝缓冲落地（图7-3）。

技术要点：①仰卧于垫上做收伸腿练习，收伸腿要快。②一人在练习者身后扶腰帮助其向上跳起，完成屈体跳练习，要求收伸腿快。③适当增加起跑初速度，加大腾起角，以增加垂直高度。

教学规格：①起跳有力，腾空将至最高点时要固定上体，同时两腿迅速伸直上提、抱腿。②伸展时，两臂要积极上举，头部上顶，同时两腿用力上伸。

保护与帮助：保护与帮助者站在弹跳板前、练习者落点一侧，两手前挡后扶，维持练习者的身体平衡，防止其向前或向后跌倒。

教学方法：原地纵跳屈体动作练习，注意腿的屈体动作要快，脚尖绷直。②3步助跑在垫上做屈体跳练习。③从跳台或跳马上起跳的屈体跳练习。④踏板或弹簧板屈体跳练习。

教学中应注意的问题：腾空将至最高点时要固定上体，同时要求屈体规范、伸展到位。

图7-3

四、分腿屈体跳

动作要领：①轻松助跑，单跳双落上板，两臂用力摆起，下肢充分蹬伸，使身体高高向上之后伸直跳起。②接近最高点时用力收腹，两腿伸直分腿上举，两手前伸触脚，接着迅速并腿屈膝缓冲落地（图7-4）。

技术要点：①仰卧于垫上做收伸腿练习，收伸腿要快。②一人在练习者身后扶腰帮助其向上跳起，完成屈体分腿跳练习，要求收伸腿快。③适当增加起跑初速度，加大腾起角，以增加垂直高度。

教学规格：①起跳有力，腾空将至最高点时要固定上体，同时两腿迅速分开、伸直上提、两手触脚。②伸展时，两臂要积极上举，头部上顶，同时两腿用力上伸。

保护与帮助：保护与帮助者站在弹跳板前、练习者落点一侧，两手前挡后扶，维持练习者的身体平衡，防止其向前或向后跌倒。

教学方法：①原地纵跳分腿屈体动作练习，注意分腿屈体动作要快，脚尖绷直。②3步助跑，在垫上做分腿屈体跳练习。③从跳台或跳马上起跳的分腿屈体跳练习。④踏板或弹簧板分腿屈体跳练习

教学中应注意的问题：腾空将至最高点时要固定上体，同时要求屈身分腿规范，伸展到位。

图 7-4

五、跳转 90°

动作要领：①轻松助跑，单跳双落上板，两臂用力摆起，下肢充分蹬伸，使身体高高向上之后伸直跳起。②向上充分起跳后，身体保持紧腰、伸直，一手落下迅速向一侧摆动，带动头、臂、肩及身体向一侧沿纵轴转动。如果是向左转体，则左臂上举、右臂伸向左腋。转体接近 90°时，两臂向前上方伸展制动，然后平稳落地（图 7-5）。

技术要点：①垫上原地练习，要求身体直，转体方向正。②由高处向低处做跳转 90°下，要求腾空高、身体直、转体方向正。

教学规格：助跑有节奏，起跳有力，同时一手上举，身体垂直，控制平衡，随即屈膝缓冲落地。

保护与帮助：保护与帮助者站在练习者转体方向同侧的落点处，两手前挡后扶，维持其身体平衡。

教学方法：①三人一组，两人保护，一人练习。②在踏板或垫子上起跳要迅速有力。③空中旋转时身体竖直绷紧，控制好身体平衡。

教学中应注意的问题：应注意加强身体平衡感知能力的练习，并加强腰部的力量练习，以更好地控制身体。

图 7-5

六、跳转 180°

动作要领：①轻松助跑，单跳双落上板，两臂用力摆起，下肢充分蹬伸，使身体高高向上之后伸直跳起。②向上充分起跳后，身体保持紧腰、伸直，一手落下迅速向一侧摆动，带动头、臂、肩及身体向一侧沿纵轴转动。如果是向左转体，则左臂上举、右臂伸向左腋。转体接近 180°时，两臂向前上方伸展制动，然后平稳落地（图 7-6）。

技术要点：①垫上原地练习，要求身体直，转体方向正。②由高处向低处做跳转 180°下，要求腾空高、身体直、转体方向正。③加大腾起角，以增加垂直高度，便于转体。

教学规格：助跑有节奏，起跳有力，同时一手上举，身体垂直，控制平衡，随即屈膝缓冲落地。

保护与帮助：保护与帮助者站在练习者转体方向同侧的落点处，两手前挡后扶，维持其身体平衡。

教学方法：①三人一组，两人保护，一人练习。②在踏板或垫子上起跳要迅速有力。③空中旋转时身体竖直绷紧，控制好身体平衡。

教学中应注意的问题：应注意加强身体平衡感知能力的练习，并加强腰部的力量练习，以更好地控制身体。

图 7-6

七、跳转 360°

动作要领：①轻松助跑，单跳双落上板，两臂用力摆起，下肢充分蹬伸，使身体高高向上之后伸直跳起。②向上充分起跳后，身体保持紧腰、伸直，一手落下迅速向一侧摆动，带动头、臂、肩及身体向一侧沿纵轴转动。如果是向左转体，则左臂上举、右臂伸向左腋。转体接近 360°时，两臂向前上方伸展制动，然后平稳落地（图 7-7）。

技术要点：①垫上原地练习，要求身体直，转体方向正。②由高处向低处做跳转 360°下，要求腾空高、身体直、转体方向正。

教学规格：助跑有节奏，起跳有力，同时一手上举，身体垂直，控制平衡，随即屈膝缓冲落地。

保护与帮助：保护与帮助者站在练习者转体方向同侧的落点处，两手前挡后扶，维持其身体平衡。

教学方法： ①三人一组，两人保护，一人练习。②在踏板或垫子上起跳要迅速有力。③空中旋转时身体竖直绷紧控制身体。

教学中应注意的问题： 应注意加强身体平衡感知能力的练习，并加强腰部的力量练习，以更好地控制身体。

图 7-7

第二节　跳撑静止类辅助动作教学

一、跳上成蹲撑

动作要领： 3~5 步助跑起跳，两臂同时迅速前摆，含胸，头稍低，撑器械时提腰，屈膝靠胸，前脚掌踏在器械上成蹲撑（图 7-8）。

技术要点： 起跳后两臂及时撑马，用力顶肩，同时稍含胸、提臀，屈膝上提成蹲撑。

教学规格： 助跑有节奏，起跳有力，同时双手撑马。

保护与帮助： ①保护与帮助者站在器械正前方，当练习者跳上成蹲撑时两手顶其肩部。②保护与帮助者站在器械前方，一手扶顶练习者上臂，另一手托其大腿后部帮助其上成蹲撑。

教学方法： ①由垫上俯撑开始，蹬地迅速提腰、收腹、屈腿成蹲撑。②在鞍马上或横马上练习，要求收腹快、团身紧。

教学中应注意的问题： 应注意加强身体平衡感知能力的练习，加强身体姿态的练习。

图 7-8

二、跳上成分腿坐撑

动作要领：3～5 步助跑起跳，两臂同时迅速前摆，含胸，头稍低，撑器械时提腰，分腿前摆，双腿分开伸直、屈髋在器械上成分腿坐撑（图 7-9）。

技术要点：起跳后两臂及时撑马，用力顶肩，同时稍含胸、提臀，及时分腿成坐撑。

教学规格：助跑有节奏，起跳有力，同时双手撑马、双腿及时分开成坐撑。

保护与帮助：①保护与帮助者站在器械正前方，当练习者跳上成坐撑时两手顶其肩部。②保护与帮助者站在器械前方，一手扶顶练习者上臂，另一手托其大腿后部帮助其上成坐撑。

教学方法：①由垫上俯撑开始，蹬地迅速提腰、收腹、直腿成坐撑。②在鞍马上或纵马上练习，要求收腹快、身体紧。

教学中应注意的问题：注意加强腰腹力量练习，以更好地控制身体，注意腾空分腿节奏协调。

图 7-9

三、跳上成跪撑

动作要领：3～5 步助跑起跳，助跑上板起跳后，迅速向前含胸、提臀，向前摆臂撑器械，紧腰屈膝成跪撑于器械上（图 7-10）。

技术要点：起跳后两臂及时撑马，用力顶肩，防止前冲，同时含胸、提臀，屈膝上提成跪撑。

教学规格：含胸、紧腰，肩角拉开，用力顶肩，平稳跪撑于器械上。

保护与帮助：①保护与帮助者站在器械正前方，当练习者跳上器械成跪撑时两手顶其肩部。②保护与帮助者站在器械前方，一手扶顶其上臂，另一手托其大腿后部帮助其上成跪撑。

教学方法：①原地俯撑山羊跳上成山羊跪撑动作练习。②3 步助跑无踏板起跳成山羊跪撑动作练习。③3 步助跑踏板起跳成山羊跪撑动作练习。④慢助跑踏板成山羊跪撑动作练习。

教学中应注意的问题：及时撑马，用力顶肩。加强保护与帮助，防止练习者从器械上摔下。

图 7-10

四、跳上并腿立撑

动作要领：3～5步助跑起跳，两臂同时迅速前摆，含胸，头稍低，撑器械时提腰，屈髋，双臂支撑，前脚踏在器械上成并腿立撑（图 7-11）。

技术要点：起跳后两臂及时撑马，用力顶肩，同时稍含胸、提臀，屈髋、提臀成并腿立撑。

教学规格：助跑有节奏，起跳有力，同时双手撑马。

保护与帮助：①保护与帮助者站在器械正前方，当练习者跳上成并腿立撑时两手顶其肩部。②保护与帮助者站在器械前方，一手扶顶练习者上臂，另一手托其大腿后部帮助成并腿立撑。

教学方法：①由垫上俯撑开始，蹬地迅速提腰、收腹、屈髋成并腿立撑。②在鞍马上或横马上练习，要求快速收腹、提臀、屈髋。

教学中应注意的问题：应注意加强身体平衡感知能力的练习，加强身体姿态的练习。

图 7-11

第三节　斜进腾越类动作教学

一、斜进直角腾越

动作要领：①从器械左侧斜向助跑，左脚上板踏跳，同时上体稍后倾，挺胸、立腰，右手撑器械右侧。②右腿带动髋部猛力向右前上方踢送，左腿踏跳迅速并右腿。③两腿高举经直角支撑将至最高点时快速下压脚尖展体挺身，同时两手推离器械腾越落地（图7-12）。

技术要点：①摆动腿上摆同时送髋，肩要稍后倾，并挺胸、立腰。②空中并腿快，重心高，脚尖积极下压，伸展和推手要协调进行。

教学规格：身体成直角状态，达到最高点时展髋挺身下。

保护与帮助：保护与帮助者站在器械近端右侧，当练习者起跳后，右手握其上臂，左手托其腰部帮助其腾越。

教学方法：①先以跳台斜进直角腾越练习为基础，没有跳台时，可将垫子挂于跳马之上。②进行斜进踏板起跳屈体坐撑跳台上的练习，要用力向上摆腿，并腿要迅速，姿态要好。③当单腿起跳、向上摆越的动作协调、向上摆腿动作有力时，逐渐向推手、换手两腿侧摆动作过渡。④待推手、换手动作协调，两腿向侧摆动远度适中后，进行完整动作练习。

教学中应注意的问题：空中并腿快，身体成直角状态，达到最高点时展髋挺身下。

图7-12

二、斜进（直体）俯腾越

动作要领：从身体左侧斜向助跑踏跳，向前摆臂、含胸，两手快速撑器械远端，同时稍屈髋、提臀，接着后摆腿展髋挺身，当接近最高点时积极制动腿，左、右手依次推离器械，越过器械挺身落地（图7-13）。

技术要点：①两手快速撑器械远端。②后摆腿展髋挺身，当接近最高点时积极制动腿。

教学规格：后摆腿展髋挺身达到最高点时，左、右手依次推离器械并展髋挺身下。

保护与帮助：保护与帮助者站在器械近端右侧，当练习者起跳后，右手握其上臂，左手顶其肩。

教学方法：①先以跳台斜进俯腾越练习为基础，没有跳台时，可将垫子挂于跳马之上。②进行斜进踏板起跳摆腿俯卧或跪撑于跳台上的练习，控制好向上摆腿的高度，并腿速度要快，姿态要优美。③待单腿起跳、向上摆越并腿的动作协调、摆腿高度控制自如时，逐渐向完整动作练习过渡。

教学中应注意的问题：两手快速撑器械远端，同时稍屈髋、提臀，接着后摆腿展髋挺身，当接近最高点时积极制动腿。

图 7-13

第四节　直进类动作教学

一、纵马（箱）前滚翻

动作要领：①有节奏地短距离助跑踏跳，保持稍屈髋姿势含胸摆臂起跳，同时远看器械近端。②两手主动撑器械近端两侧，提臀、屈臂、低头、紧腰屈体做前滚翻。③当滚至器械远端臀部接触器械时，迅速上体前跟，用力压大腿、抬上体离开器械伸展落地（图 7-14）。

技术要点：①起跳后要含胸、提腰，使前滚翻头部高于肩部，滚翻动作圆滑。②当滚翻至器械远端臀部接触器械，上体将至垂直位时大腿用力下压，伸展落地。

教学规格：起跳时含胸、摆臂，提臀、屈臂、低头、紧腰屈体做前滚翻，动作要圆滑、规范。

保护与帮助：保护与帮助者站在器械近端一侧，当练习者跳起后，一手托其肩，另一手托送其大腿，帮助维持身体平衡、及时顺势翻转，并向前跟进保护其落地。

教学方法：①先以踏板上的原地支撑马头（箱面）起跳提臀动作练习为基础，两手支撑用力提高臀部。②做踏板上的原地支撑马头（箱面）起跳提臀前滚翻动作练习。③做踏板上的原地支撑马头（箱面）起跳提臀远撑前滚翻动作练习。④待原地支撑马头（箱面）起跳、提臀、远撑前滚翻动作练习熟练后，进行慢速助跑完整动作练习。

教学中应注意的问题：加强身体素质的训练，尤其是上肢力量的训练，加强基本技术的练习。

图 7-14

二、侧腾越

动作要领：①短距离助跑后两脚用力踏跳，含胸，两臂迅速前摆撑器械，屈髋、提臀，带动两腿向左侧上方摆起。②左手推离器械侧举，身体重心移至右臂，同时两腿向侧伸髋，经右手单臂支撑展体挺身，越过器械之后落地（图7-15）。

技术要点：①起跳点应稍靠向右侧。②起跳后支撑要快，含胸、提臀、侧摆要协调，以脚面带动身体向左侧上方伸髋。③右臂要用力推离，并顺势侧举，使之经右臂侧撑的挺身姿势腾越。

教学规格：①两脚用力踏跳。②起跳后支撑要快，侧摆要协调。③右臂用力推离，挺身充分。

保护与帮助：保护与帮助者站在器械前或后的右侧，当练习者撑器械时，右手握其右臂，左手托送其右髋，顺势帮助练习者两腿侧摆越挺身下。

教学方法：①先在垫上做原地俯撑两腿向侧向前的摆越动作练习，两腿向侧向前摆动时与摆动方向同侧的手推手上举。②做低箱的原地俯撑两腿向侧向前的摆越动作练习，两腿向侧向前摆动时，注意并腿要迅速，姿态要优美。③做低箱的踏板上原地俯撑起跳两腿向侧向前的摆越动作练习。④待低箱的踏板上原地俯撑起跳侧腾越动作练习熟练后，向跳马侧腾越过渡。

教学中应注意的问题：加强保护和帮助，防止练习者跌落地面。

图 7-15

三、屈腿腾越（团身）

动作要领：①有节奏地逐渐加速助跑，单跳双落，积极摆臂踏跳。②含胸、紧腰，两臂主动前伸，向前撑器械并用力快速顶肩推手，同时稍提臀，两腿收腿前伸，有意识地下压制动。③两臂顺势上举、起肩、挺身，接着迅速并腿前伸落地（图7-16）。

技术要点：①起跳后两臂迅速前伸，含胸、撑器械。②用力顶肩推手，在肩过垂直面前完成推手和制动下肢动作，推手和屈腿同时进行。③腾空后要主动向侧上举臂，同时起肩、抬头、挺身展体，迅速并腿落地。

教学规格：推手时臀部与肩齐平，腿直，腾空展体明显。

保护与帮助：①保护与帮助者站在器械的正前方，当练习者撑器械时，两手顶其肩并顺势握其大臂上提，同时后退帮助完成腾越动作。②保护与帮助者站在练习者落地点侧面，帮助其维持平衡。

教学方法：①横鞍马或高垫上跳成分腿立撑接分腿挺身跳下。②山羊分腿腾越，山羊两侧分别由2人各持一根竹竿用来延长山羊，并限制练习者分腿的高度。③低山羊分腿腾越。

教学中应注意的问题：做动作要含胸、紧腰，动作连贯迅速。

图 7-16

四、分腿腾越

动作要领：①有节奏地逐渐加速助跑，单跳双落，积极摆臂踏跳。②含胸、紧腰，两臂主动前伸，向前撑器械并用力快速顶肩推手，同时稍提臀，两腿侧分，有意识地下压制动。③两臂顺势上举、起肩、挺身，接着迅速并腿前伸落地（图7-17）。

技术要点：①起跳后两臂迅速前伸，含胸、撑器械。②用力顶肩推手，在肩过垂直面前完成推手和制动下肢动作，推手和分腿同时进行。③腾空后要主动侧上举臂，同时起肩、抬头、挺身展体，迅速并腿落地。

教学规格：推手时臀部与肩齐平，腿直，腾空展体明显。

保护与帮助：①保护与帮助者站在器械的正前方，当练习者撑器械时，两手顶其肩并顺势握其大臂上提，同时后退帮助完成腾越动作。②保护与帮助者站在练习者落地点侧方，帮助其维持平衡。

教学方法：①横鞍马或高垫上跳成分腿立撑接分腿挺身跳下。②山羊分腿腾越，山羊两侧分别由 2 人各持一根竹竿用来延长山羊，并限制练习者分腿的高度。③低山羊分腿腾越。

教学中应注意的问题：做动作要含胸、紧腰，动作连贯迅速。

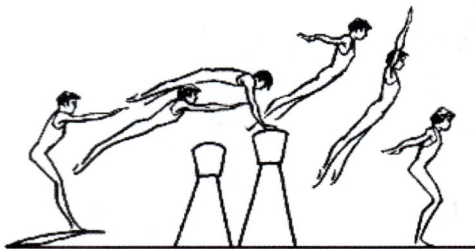

图 7-17

五、屈体腾越

动作要领：有节奏地加速助跑并积极踏跳，含胸、紧腰，两臂主动前伸撑马，用力向前下顶肩快速推手，同时提臀、两腿伸直、屈髋，迅速举起两臂、梗头、起肩、立腰、展髋、挺身，缓冲落地（图 7-18）。

技术要点：①起跳后两臂前伸撑马，同时提臀、屈髋，直腿前伸。②推离后两臂上举，起肩、梗头、立腰，同时展开髋关节，做挺身动作。③空中完成伸展后，立即屈髋前送，下肢前伸，缓冲落地。

教学规格：臀部应高于肩轴，空中要有伸展动作。

保护与帮助：保护与帮助者站在马前一侧，当练习者撑马时，一手握其上臂，另一手托其腰部帮助越过横鞍马。

教学方法：①先由他人保护，俯撑成屈体立撑，横鞍马上跳屈体立撑向前跳下，然后直接练习，保护与帮助者位于跳马侧前方，当练习者撑马时，一手握其上臂，帮助其抬起上体越过器械。②熟练后转向横跳箱练习，进而逐步将踏跳板远移。③利用器械保护，借助跳台、叠加海绵包模拟跳马练习。

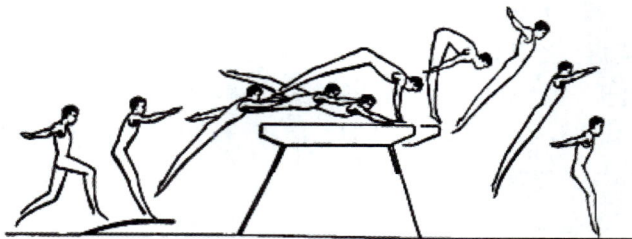

图 7-18

教学中应注意的问题：①加强身体素质的训练，尤其是上肢力量的训练。②强化诱导性练习，并通过各种方式的诱导性练习（如垫上分解动作练习，利用跳台、叠加海绵包模拟跳马）强化基本技术。

六、头手翻（横马或横箱）

动作要领：由助跑上板踏跳开始，上体快速前屈，两臂屈肘支撑，用头前额上部在两手前顶在器械面上，同时两腿用力上摆，翻臂经屈体头手倒立，当臀部前移身体重心超过垂直面后，两腿迅速向前上方用力摆腿、伸髋，同时用力推手、充分伸髋，使身体腾空成反弓形姿势至落地。落地时，脚掌前半部着地缓冲，保持抬头、挺胸，两臂上举成站立姿势（图7-19）。

技术要点：①先学会头手翻，再学习器械上头手倒立。②当屈体头手倒立重心前移超过支撑面后，再迅速向前上方用力伸髋，同时用力推手。

保护与帮助：保护与帮助者单膝跪立在练习者侧前方，一手托其上臂或肩部，另一手托其腰部帮助翻转。

教学方法：①由助跑上板踏跳开始，上体前屈双手向前撑器械面成短暂的屈体头手倒立，要求稍保持屈体头手倒立姿势后做向前滚翻。②由仰卧屈体，肩背撑地开始，在两人拉手帮助下，做原地屈伸起练习，要求向前上方用力摆腿、伸髋，使身体腾空成反弓形姿势。③在他人保护帮助下做分解动作，要求头撑器械面成屈体头手倒立时应挺胸、立腰、翻臀，伸髋速度快。④加大蹬摆腿、伸髋的速度，掌握好伸髋的方向和推手的用力时机。

主要错误动作：展髋过早或过晚。

纠正方法：做屈体头手倒立展髋练习。

教学中应注意的问题：加强学生的腰腹肌肉力量及柔韧性练习，注意提供保护与帮助。

图 7-19

七、前手翻

动作要领：由助跑上板踏跳开始，两臂上举，上体积极前压，两臂前伸撑器械面，同时两腿快速向后上方摆起，两腿摆至接近倒立部位时，顶肩推手、紧腰、梗头，使身体腾空保持反弓形姿势至落地。落地时，膝踝关节缓冲，成两臂上举的直立姿势（图7-20）。

　　技术要点：由助跑上板踏跳开始在器械上做手倒立动作。

　　保护与帮助：保护与帮助者站于练习者手撑地点的侧前方，一手托其肩部，另一手托其腰部帮助翻转。

　　教学方法：①由助跑上板踏跳开始在高垫子上做手倒立动作，要求撑垫、顶肩、紧腰。②在他人保护与帮助下做摆倒立顶肩推手练习，要求手撑垫将触垫子时应快速拉开肩角做顶肩推手动作。③在他人保护与帮助下，在高垫子上做前手翻，要求体会腾空、翻转、着地动作。④加大蹬摆腿的速度，掌握好制动性推手的力量、时机和角度。

　　主要错误动作：①摆撑器械时冲肩。②两腿摆动不够积极。

　　纠正方法：平时加强靠墙摆倒立练习和摆倒立顶肩推手练习。

　　教学中应注意的问题：锻炼摆腿速度与力量、肩带力量及动作的协调性与灵巧性，注意提供保护与帮助。

图 7-20

本章小结

　　本章主要介绍了支撑跳跃动作的技术特点和锻炼作用，帮助学生熟悉支撑跳跃的基本内容，了解支撑跳跃动作的动作要领与技术要点，并熟悉各个动作的教学方法以及保护与帮助的方法。

回顾与思考

　　1. 了解支撑跳跃动作的技术特点和锻炼价值。

　　2. 掌握各个支撑跳跃动作的动作要领与技术要点。

　　3. 简述支撑跳跃动作的教学方法和保护与帮助的方法。

第八章  趣味体操

【学习目标】

本章简述趣味体操在教学中的作用，并设计一些具体动作、造型和游戏方法，目的在于促进学生身心全面发展，提高教学内容的趣味性。

【学习任务】

1. 了解趣味体操的特点和价值。
2. 掌握象形动作基本技术与教学方法。
3. 掌握滚动动作基本技术与教学方法。
4. 掌握翻转摆越动作基本技术与教学方法。
5. 掌握跳跃动作基本技术与教学方法。
6. 掌握体操游戏的组织与教学方法。

【学习地图】

趣味体操概述→象形动作技术与教学→滚动动作技术与教学→翻转摆越动作技术与教学→跳跃类动作技术与教学→体操游戏的组织与教学。

趣味体操是指动作简单、形式灵活又具有娱乐性的健身健心的体操活动。趣味体操往往选用难度小、学生易于掌握的动作，其形式灵活多样、生动有趣，可徒手进行，也可借助器械完成，可单人练习，也可双人或多人共同操练。趣味体操对提高学生学习兴趣，活跃课堂气氛，健身健心，增强集体主义精神、相互协同配合的能力，培养良好的心理素质具有十分积极的意义。

趣味体操可以简单地划分为象形动作、滚动动作、翻转摆越动作、跳跃动作和体操游戏。象形动作可以提高人体模仿力。滚翻动作有助于提高人体在失去平衡时的自我保护能力。翻转摆越动作有助于提高人体对时间、空间的感受能力。跳跃动作可用于锻炼勇猛果断、克服困难的心理素质和在较复杂的情况下控制身体运动的能力。

体操游戏可以全面发展学生的身体素质，提高跑、跳、投等基本活动能力，增强体质，并学会正确的动作，为将来学习较复杂的动作和技能打好基础；体操游戏一般是集体进行的，具有一定对抗性，可以通过游戏培养学生朝气蓬勃、遵守纪律、团结互助的集体主义精神和机智、果断、勇敢、顽强等优良品质；体操游戏还可以培养青少年对体育的爱好，启发学生的思维活动，促进智力的发展。

趣味体操的价值体现在两大方面。第一是课上的价值：趣味体操内容丰富多彩，环境相对自由，有趣的动作、造型和游戏不仅锻炼了身体，也培养了多种能力；富有情感的游戏，激发了学生的兴趣和旺盛的求知欲，有助于获得良好的教学效果；根据不同的教学时段选择一些有针对性的动作或游戏，可以起到提高学生积极性的目的，如课堂的准备部分，以提高学生的注意力、热身和使身体尽快进入运动状态为目的，而在整理结束部分，则是为了放松精神，调整体力。第二是课后的价值。课后的价值是一种潜在的，带有一定的心理作用。课上的愉快、刺激、有趣会使学生对这个项目重偏爱，随之而来的是业余爱好的注意力转移或倾斜；有趣的动作，易被学生搬到课后来练习，无形中培养了锻炼身体的习惯，掌握了锻炼身体的方法，既丰富了健身的内容形式，也达到了健康人生的目的。

在开展和组织趣味体操教学时，应考虑以下方面：

第一，教学要有针对性。根据教学任务、内容及教学时段，有计划地选择和设计动作或游戏，一般常用于热身、游戏和提高学生运动的情绪、集中学生注意力、活跃课堂气氛、融洽师生关系、发展身体多方面素质及能力等，有助于身体的充分活动。

第二，教学的安排要有科学性。趣味体操教学要使绝大多数学生都能参与活动，尽可能通过多种方式，使学生全身心地投入，全面发展提高。由于趣味体操自身的特点，要随时注意控制学生的情绪、把握学生的兴奋度，要强调安全第一，杜绝借机恶作剧的现象。

第三，教学活动要有控制性。趣味体操教学中要明确规则、判罚正确、奖惩适度且到位。

第一节　象形动作教学

一、兔跳

兔跳是模仿兔子跳跃的象形动作，可发展身体的协调性、灵敏性和跳跃的能力。

动作要领：由全蹲或半蹲开始，两臂屈肘于胸前。做动作时，双脚后下方蹬地，同时双臂向前上方做刀手式摆臂，身体离地后形成向前的小抛物线。身体至最高点时提臀，同时身体稍向前翻转，待双手向前撑地推起时，屈膝、足跟上靠至臀部，之后双脚落地成开始的预备姿势。依据跳跃远度和高度的不同（起跳高度与手撑地的远度），兔跳可分为小兔跳［图8-1（a）］和大兔跳［图8-1（b）］。

技术要点：①手撑地时，要注意含胸拱背、手臂紧张不能松弛。②身体由最高点至手撑地时要注意臀略高于肩。

保护与帮助：保护与帮助者站在练习者前方做好抓住练习者下肢的准备。

教学方法：①在垫子上练习手撑地后蹬的动作。②在整个过程中，动作要快、身体要协调并且要含胸、弓背。

主要错误动作：身体至最高点时提臀过低或过高。

纠正方法：脚蹬地用力，同时使身体向上走，使臀部略高于肩。

教学中应注意的问题：练习者用力过大，重心不稳，导致脸部着地，做动作时双脚要取代双手的位置。

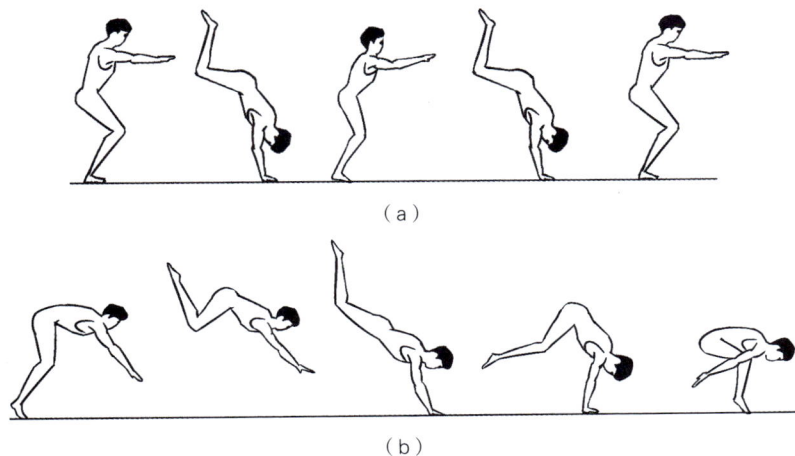

（a）

（b）

图8-1

二、蛙跳

蛙跳是模仿青蛙跳跃的象形动作，可发展身体的协调性、灵敏性和腿部力量。

动作要领：身体伏地，两腿分开，髋关节外展同时屈膝，身体重心后移，臀部靠近小腿。踝关节伸（勾脚）。上肢屈臂侧举伏地，五指张开，掌心向下触地，抬头目视前方。做动作时，上体先抬起，两脚蹬地，同时双臂向前上方伸展，身体离地形成向前的小抛物线，似青蛙跳跃腾空姿势。身体下落时，双手先触地，屈臂缓冲，同时提臀收腿成开始的预备姿势（图8-2）。

技术要点：①两脚蹬地时踝关节内侧用力使身体向前上方走。②身体腾空过程中踝关节有一个微屈的过程，在下一次动作开始时踝关节伸（勾脚）。

保护与帮助：保护与帮助者站在练习者前侧方，在练习者蹬地后向上托其胸部，让其体会向上走的感觉，帮助其完成动作。

教学方法：①让练习者在垫子上体会踝关节用力向前上方蹬地后上体积极抬起的感觉。②进行动作系统协调性练习。

主要错误动作：做动作时踝关节一直处于半屈状态并且在落地时脚先于手着地。

纠正方法：教师应在练习者做动作时经常做出口头提示，使练习者有意识地克制。

教学中应注意的问题：手要先于脚着地。

图 8-2

三、象形走

象形走是模仿大象缓慢笨重行走的象形动作，可发展身体的协调性、灵敏性及头部向下时的适应能力。

动作要领：两腿分开伸直，上体前屈，双臂与肩同宽，手触地。做动作时，重心左移，左手左脚同时向前移动（迈步），再重心右移、右手右脚同时向前移动（迈步），之后依次前行（图8-3）。

技术要点：整个过程中动作协调，双膝不能弯曲，始终保持腿的伸直状态。

保护与帮助：保护与帮助者站在练习者的一侧，双手扶住练习者的腰部两侧。

教学方法：①在垫子上进行同侧手脚的协调性练习。②在垫子上两腿直立分开，双手触地缓慢向前行走。③将②所提及动作反复练习之后再进行快速前行动作。

主要错误动作：同侧手与脚不能同时移动。

纠正方法：在教学过程中应先做一些协调性的辅助练习。

教学中应注意的问题：①身体重心要随肢体的移动快速转换。②双臂不能张开过大。

图 8-3

四、狗走

狗走是模仿狗行走的一种象形动作，可发展身体的协调性、灵敏性。

动作要领：两腿分开伸直，上体前屈，双臂与肩同宽，手触地。做动作时，重心左移，左腿屈膝，左脚与右手同时向前移动（迈步），再重心右移，右腿屈膝，右脚与左手同时向前移动（迈步）之后依次前行（图 8-4）。

技术要点：整个过程中动作协调，支撑腿不能弯曲，身体不能左右摇晃，保持平衡。

保护与帮助：保护与帮助者站在练习者的一侧，双手扶住练习者的腰部两侧，防止其摔倒。

教学方法：①在垫子上进行异侧手脚的协调性练习。②上体下压，四肢着地进行狗走的缓慢动作练习。

主要错误动作：异侧手脚不能同时离地。

纠正方法：在教学过程中应做一些协调性的辅助练习。

教学中应注意的问题：①身体重心不能过于向右或向左。②支撑脚不能弯曲。

图 8-4

五、猫走

猫走是模仿猫行走的一种象形动作，可发展身体的协调性、灵敏性、柔韧性。

动作要领：两腿分开伸直，上体前屈，双臂与肩同宽，手触地。做动作时，重心左移，左腿屈膝，左脚与右手同时向前移动（迈步），并且脚与手落地点在同一直线上，再重心右移，右腿屈膝，右脚与左手同时向前移动（迈步），手脚落地点依然在同一直线上，之后依次前行（图 8-5）。

技术要点：在做动作过程中，支撑手脚要维持身体平衡，并且手脚落地点要在同一直线上。

保护与帮助：保护与帮助者站在练习者身体一侧，双手扶住练习者腰部两侧，防止其摔倒。

教学方法：①在垫子上进行异侧手脚同时着地并落在同一直线上的练习。②两腿分开身体下压，四肢着地进行猫走的缓慢动作练习。

主要错误动作：异侧手脚落地时不能落在同一直线上。

纠正方法：在教学过程中应做一些协调性的辅助练习。

教学中应注意的问题：①身体重心不能过于向右或向左。②支撑腿不能弯曲。

图 8-5

六、虎扑

动作要领：两手经体侧上提，前伸，待上体前俯时变虎爪，再下按至膝部两侧，经体侧上提，向前下扑；换做右势，两手前伸时上体前扑，两手经下按再上提时，膝部先前顶，前送，身体后仰，形成躯干的蠕动。虎扑要注意手形的变化，上提时握空拳，前伸、下按时变成虎爪，上提时再变成空拳，下扑时又变成虎爪，速度由慢到快，劲力由柔到刚（图8-6）。

技术要点：下扑时配合呼气，以气推力，力贯指尖，虎扑动作使脊柱的充分伸展与折叠交替进行，锻炼脊柱各关节的柔韧性和伸展度，起到疏通经络、活跃气血的作用。

保护与帮助：保护与帮助者站在练习者一侧对其进行口头要领提示，并且做好准备随时提供保护与帮助。

教学方法：①两腿分开站立，上体前俯，两手缓慢上提并下扑至膝部两侧。②两手经侧上提，快速向前下扑。

主要错误动作：两手前伸时容易弓腰、低头、屈膝。

纠正方法：抬头前伸，臀部后顶，塌腰伸膝，将躯干充分伸展。

教学中应注意的问题：反复练习动作，使动作协调、灵敏。

图 8-6

七、袋鼠跳

动作要领：由一只脚直立撑地开始，摆动腿至后上方处于伸直状态，上体几乎与地面平行（稍向下），双手离地5cm左右。做动作时，支撑腿弯曲，双手着地，之后支撑腿向后下方蹬地，同时双手离地向前方运动，待双手撑地时，摆动腿（绷脚尖）向后上方运动，支撑腿处于水平状态（勾脚尖），之后支撑腿落地成开始的预备姿势（图8-7）。

技术要点：①动作协调，身体处于紧张状态。②双腿离地后至动作完成，身体部位不能改变。

保护与帮助：保护与帮助者站在一侧，在练习者准备阶段扶住其腰部，防止其失去平衡。

教学方法：①做核心力量练习。②在垫子上做单腿撑地向前跳的练习。

主要错误动作：腾起后，支撑腿由勾脚尖变成绷脚尖。

纠正方法：教师应时刻提醒练习者勾脚尖。

教学中应注意的问题：重复练习该动作，并练习身体协调性和控制能力。

图 8-7

八、小马亮掌

动作要领：从俯撑开始，双脚依靠塌腰、屈腿蹬地，后摆至最高点时迅速做拍击动作（图8-8）。

技术要点：①动作协调，身体处于紧张状态。②上臂用力，注意保持身体姿态。

保护与帮助：在垫子上练习动作，保护与帮助者要保持垫子的稳定，防止出现意外。

教学方法：①在垫子上做手撑地双腿后摆动作。②做上臂力量练习。③做完整动作的练习，直至熟练。

主要错误动作：应注意塌腰后摆腿用力，做顶肩动作时上臂松弛。

纠正方法：做腰腹力量练习动作，做上臂力量练习动作。

教学中应注意的问题：做增强腰腹力量的素质练习动作，注意提醒练习者塌腰后摆腿用力。

图 8-8

九、鱼跃龙门

动作要领：半蹲姿势，两臂自后向前摆动，随两脚起跳带动身体向前上方跃起，空中髋关节略屈，落地时两手臂撑地缓冲，低头团身（图 8-9）。

技术要点：①鱼跃时的远度与高度。②接触地面时动作连贯、勿松垮。

保护与帮助：保护与帮助者应保持垫面平整，避免垫面上有异物。

教学方法：①在垫子上进行鱼跃练习以及跪撑同学的背部、体操凳或限定高度的橡皮筋等练习。②熟练掌握屈臂团身动作。

主要错误动作：鱼跃时高度不够，身体姿态不紧凑、动作不连贯。

纠正动作：保持动作连贯、身体姿态协调、团身及时。

教学中应注意的问题：鱼跃时要高且远，练习腹部力量和身体的协调能力，特别强调两手撑地后，一定要低头，身体不要过松。

图 8-9

十、快乐小兔

动作要领：半蹲姿势，两臂前伸。两脚用力蹬地，身体向前下方跳起，起跳后臀部向上带动两腿屈腿上举，两臂撑地缓冲后，两腿屈腿落地时尽量向两手靠近，待学生熟练掌握前述动作后可做连续兔跳动作。两腿后举高度可以根据学生掌握动作的情况而定，但在小学阶段一般与地面夹角不超过 45°。此动作为支撑跳跃中的屈腿腾越动作（图 8-10）。

技术要点：①手撑地时，要注意含胸拱背、手臂紧张不能松弛。②两腿屈腿落地时，应尽量向两手靠近。

保护与帮助：保护与帮助者站在练习者前方，做好抓住练习者下肢的准备。

教学方法：①在垫子上练习手撑地后蹬的动作。②整个过程中，动作要快，身体要协调，并且要含胸弓背。

主要错误动作：身体至最高点时提臀过低或过高。

纠正方法：脚蹬地用力的同时使身体向上走，使臀部略高于肩。

教学中应注意的问题：练习者用力过大，重心不稳，导致脸部着地，做动作时双脚要取代双手的位置。

图 8-10

十一、小兔剪脚

动作要领：从蹲撑开始，两脚蹬地后摆分腿，至最高点后，两脚迅速以四拍的节奏，做上交叉、下交叉、拍击和并拢落地动作（1、2、3、落）。该动作是学生体验碰撞式起跳以及举臀直臂动作的一种支撑跳跃常规诱导性练习动作（图 8-11）。

技术要点：①两脚在空中做四拍的节奏动作后落地。②动作要协调，腰腹力量要强。

保护与帮助：保护与帮助者站在练习者后侧，抓住练习者的两条腿做交叉、拍击动作，让其体会该动作感觉。

教学方法：①在垫子上进行兔跳练习。②做上肢力量以及协调能力的练习。③做完整动作的连贯性练习。

主要错误动作：两腿交叉时容易出现碰撞，做动作时出现塌腰。

纠正方法：做原地的两腿交叉练习，做增强腰腹力量的练习。

教学中应注意的问题：①教师应注意提醒直臂推手用力动作。②在保护与帮助下反复练习。

图 8-11

十二、小兔摆尾

动作要领：练习者两手撑跳箱一端准备，练习开始后，练习者两臂用力撑箱起跳，然后含胸、提臀，屈两腿成蹲姿，臀向右移并腿落地；两臂再用力撑箱，同时含胸、提臀，屈两腿成蹲姿，臀向左移并腿落地（图 8-12）。

技术要点：①含胸、提臀、屈两腿成蹲姿动作的姿态。②屈腿腾越时，应注意第一腾空与推手动作的衔接要紧凑。

保护与帮助：保护与帮助者站在练习者一侧，在其做动作时扶住其手臂，防止跌落。

教学方法：①调整跳箱的高度进行练习屈腿腾越。②做增强上臂力量的练习。

主要错误动作：身体姿态不紧凑，手臂弯曲。

纠正方法：做动作时提臀要快、高，手臂推直。

教学中应注意的问题：①在保护与帮助下进行动作练习，防止意外事故的发生。②跳箱的头部挂上体操软垫，两侧地面放置体操垫。

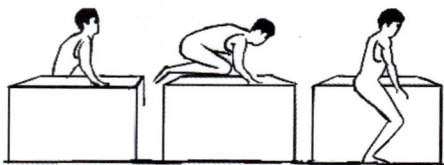

图 8—12

十三、蟹弹腿

动作方法：仰撑垫子上，髋关节挺直，两腿交替做蹬地上举动作，逐渐增加举腿的高度。此练习是提高腰腹力量的素质练习以及举腿控腿感觉诱导性练习动作。因此，教师要注意提醒学生塌腰、腿上举用力以及举腿的姿态（图 8—13）。

技术要点：①做动作时应协调，身体处于紧张状态。②上肢力量和腰腹力量要大。

图 8—13

保护与帮助：保护与帮助者跪在练习者一侧，双手扶住其腰部，帮助其完成动作。

教学方法：①做增强上臂及腹部力量的练习。②做仰卧举腿练习。

主要错误动作：做动作时出现塌腰、屈臂现象。

纠正方法：锻炼其腹部及上肢力量。

教学中应该注意的问题：要保持地面的平整、清洁。

第二节　滚动动作教学

一、握脚前滚翻

动作要领：该动作是在基本掌握前滚翻动作技术之后的一种趣味变化形式。第一种做法是双手各握同侧脚尖。第二种做法是双脚左右交叉，双手各握异侧脚尖。其他各部分方法一致。全蹲，双手各握同侧脚尖，身体成团状。做动作时，双脚蹬地，同时低头，含胸、提臀，使身体向前成球状滚动。由于双手握脚故手不能撑地，触地点应从头后部着地开始，依次是肩、背、臀部的滚动。待滚动完一周后，双脚着地，成开始预备姿势为动作的完成。此动作可连续做（图 8–14）。

技术要点：整个滚动过程中动作要协调，手不能松开脚撑地，含胸、低头，着地时后脑勺先着地。

保护与帮助：保护与帮助者站在练习者后方，当练习者提臀时给予向后的拉力，防止其还没低头就滚过去。

教学方法：①做一些含胸、拱背的练习。②在垫子上做躯体前滚翻动作，至动作圆滑再尝试做此动作的缓慢练习。

主要错误动作：在滚动过程中双手松开脚去撑地。

纠正方法：教师应在练习者做动作时不断提醒。

教学中应注意的问题：练习者要沿直线滚动，蹬地同时含胸、弓背。

图 8–14

二、单脚前滚翻

动作要领：该动作是在基本掌握前滚翻技术动作之后的一种趣味变化形式。第一种做法，不触地面的脚放于体前，成单腿蹲，另一条腿伸直斜前平举状态。第二种做法，不触地面的脚放于体后，成单腿蹲，另一条腿弯曲并将脚放置于支撑腿的腘窝部位（膝盖后）。其他各部分方法一致。预备姿势，以左脚支撑为例，左脚蹲撑，右腿伸直斜举 45°。做动作时，左脚蹬地，同时低头、含胸、提臀，身体向前滚动，此时两臂侧举，不撑地，以头后部、背、腰、臀依次滚动着地，右腿始终伸直。待滚动一周左脚触地时，右腿仍保持于体前斜上 45°的状态。此动作可连续做（图 8–15）。

技术要点：整个过程中腹部不能松弛，动作协调，非支撑脚一直处于伸直斜举 45°状态。

保护与帮助：保护与帮助者站在练习者一侧，在其蹬离地面时双手前后扶住练习者腹部，给予练习者向前上翻转的力。

教学方法：①在垫子上做前滚翻动作，直至动作圆滑。②在支撑脚蹬离地面时要低头、含胸。

主要错误动作：支撑脚蹬离地面时双手直接着地。

纠正方法：练习者应多练习前滚翻动作，直至熟练掌握前滚翻技术要领。

教学中应注意的问题：做动作时依次是头后部、背、腰、臀着地，动作要圆滑协调。

图 8-15

三、双人并排前滚翻

动作要领：该动作是以前滚翻为基础的一种趣味变化形式，即在双手于膝后拉手的情况下完成前滚翻。预备姿势，双手于膝后相互拉住，身体成蹲姿。做动作时，双脚蹬地开始，同时低头、含胸、提臀前滚。以头后部、背、腰、臀依次着地。待滚翻一周后，双脚着地为滚动作结束，可连续做（图 8-16）。

技术要点：①身体成蹲姿时上体略向前倾。②双脚蹬离地面，同时含胸、低头。

保护与帮助：①保护与帮助者站在练习者一侧，防止其从垫子上掉下来。②保护与帮助者在练习者成蹲姿到蹬离地面过程中扶住其肩部，防止其身体过早着地。

教学方法：①进行前滚翻动作练习，使动作圆滑。②身体下蹲时膝盖在脚尖前面。

主要错误动作：两脚蹬地时无含胸的动作，导致不能翻转过去。

纠正方法：练习者应在练习动作前多做含胸、拱背的练习。

教学中应注意的问题：练习者髋部松弛导致膝盖与脸部撞击。

图 8-16

四、双人或多人手拉手前滚翻

动作要领：滚动动作是以前滚翻为基础的一种趣味变化形式，由双人或多人相互拉手共同完成动作。双人做时，两人的内侧手相拉。多人做时，只有最外侧的人的手撑地。中间的人手均不撑地。以双人拉手为例，预备姿势，两人并肩蹲撑，内侧手相拉。做动作时，两人要按一定节奏同时蹬地，低头、含胸、提臀前滚至蹲撑的开始姿势，可连续做。两人要协调配合、保持稳定、控制速度、均衡距离（图 8-17）。

技术要点：①两人在做动作时要有一定的默契。②双手都不能撑地的同学要克服心理障碍、相信同伴。

保护与帮助：保护与帮助者应站在练习者一侧，给其蹬地走的口令。

教学方法：①两人或多人站成一横列手拉手。②教师或练习者同时喊出蹬地走的口令。

主要错误动作：在做动作过程中由于心理恐惧相邻两个人的手松开。

纠正方法：练习者在练习动作前先做一些增强彼此默契度的练习。

教学中应注意的问题：①定距离，分组，比速度。②多人做的情况下，可以人为圆心，整个横排向左或右滚动，内圆单个滚动距离要短，外圆单个滚动距离要长。

图 8-17

五、双人前滚翻

动作要领：该动作是以前滚翻为基础的一种趣味变化形式，是由双人互握对方脚踝部共同完成的。双人做时，甲前滚翻成仰卧举腿姿势，乙分腿站立于甲的头两侧。甲、乙互相握住对方踝关节上部，之后乙双脚蹬地，似做鱼跃前滚翻，甲的双脚向前下落撑地，并稍有屈膝，同时举起乙的双腿。乙顺势做前滚翻，甲借力蹲起。接着甲重复乙的动作，可依次滚动成串（图 8-18）。

技术要点：①两人做动作时，甲（乙）的手要与乙（甲）的脚对抗。②做前滚翻时要低头让后脑勺先着地。

保护与帮助：保护与帮助者应站在练习者一侧并提示其动作要领，防止练习者发生碰撞。

教学方法：①在垫子上练习前滚翻至动作熟练。②两人配合做多组对抗练习。

主要错误动作：做前滚翻时容易过早地屈腿且两人手脚之间无对抗。

纠正方法：教师应提示练习者臀部着地后再屈腿，且腾空时间不宜过短，在做动作前让两人先进行对抗练习。

教学中应注意的问题：反复练习并在帮助下完成指定动作。

图 8-18

六、双人后滚翻

动作要领：滚动动作是以后滚翻为基础的一种趣味变化形式，是由双人互握对方脚踝部共同完成的。双人做时，甲仰卧举腿，乙分腿站在甲的头部两侧，并互握对方脚踝的上部。之后乙屈臂用力提甲，屈膝后坐，上体后倒，把甲的脚放置于自己的头两侧，同时双脚用力挑起甲，甲在乙的拉、挑作用下，顺势完成后滚翻，接着甲重复乙的动作，可依次滚动下去（图8-19）。

技术要点：①站立者腿成直立状。②仰卧者要在拉、挑作用下，顺势完成后滚翻。

保护与帮助：保护与帮助者应站在练习者一侧并提示其动作要领，防止练习者发生碰撞。

教学方法：①在垫子上练习后滚翻至动作熟练。②练习者手要紧握对方的脚，开始后站立者要缓慢往下坐。

主要错误动作：站立者向下走的力度过大导致动作不圆滑。

纠正方法：练习者全身要处于紧张状态，开始做动作时要缓慢进行。

教学中应注意的问题：反复练习并在帮助下完成指定动作。

图 8-19

七、双人背滚

动作要领：该动作是以背、臀部横向滚动为基础的动作。预备姿势，分腿坐，练习者两人面对面，两手分别握住同侧脚踝。做动作时，身体向左（右）侧倾倒，右腿上举，经左侧屈体分腿侧卧身体向右侧滚经背、臀至右侧分腿侧卧还原成分腿坐。动作完成后，身体转体约180°。该动作简单，故简图略。

技术要点：双腿处于紧张状态，以背、臀部滚动为主。

保护与帮助：保护与帮助者站在一侧，在练习者滚动时进行提醒，同时扶住练习者腰部和背部，帮助其完成动作。

教学方法：①在垫子上练习背部滚动直至动作协调。②多做一些增强柔韧性的练习。

主要错误动作：腿部易屈，不伸展。没有依次经过背、臀部滚动来完成动作。

纠正方法：多做增强柔韧性的练习，做动作时教师要对其进行提醒。

教学中应注意的问题：增强练习者的背部、腹部力量，以及身体紧张度。

八、侧滚动

动作要领：该动作是身体仰卧，以身体的垂直轴为圆心的横向滚动（横向打滚）。预备姿势，身体仰卧，向左（右）滚动。滚至左侧卧时，身体两端向上，保持微微侧屈，顺惯性继续左转至俯卧，此时背部紧张用力，身体微成反弓状，以腹部为主撑地，头部与脚离地。再顺惯性继续左转至右侧卧，动作要点同左侧卧。之后继续滚至仰卧，以腰、背、臀触地（图8-20）。

技术要点：①练习者腹部用力，全身处于紧张状态。②连续协调地做该动作。

保护与帮助：一名保护与帮助者一手扶练习者的肩膀，一手扶练习者的髋部做助力，另一名保护与帮助者在另一头保护练习者不滚动到地面，同时给他下一次滚动提供助力。

教学方法：①做增强腹部力量的练习，如平板支撑。②身体由仰卧到侧卧一直处于紧张状态。③由侧卧到俯卧时头与下肢不能着地。

主要错误动作：练习者将自己的双手贴在体侧进行滚动。

纠正方法：练习者做动作时应有一名保护与帮助者在一旁拉住他的两臂顺势转动他的手。

教学中应注意的问题：从仰卧开始后到动作结束前，头与下肢离地，两腿并拢不能弯曲。

图 8-20

九、屈体后滚翻成手倒立

动作要领：由并腿坐姿势开始，上体前屈后倒，接着收腹举腿后滚，两手在头部外侧向后下撑地（手指朝前）。滚至背部离地，脚至肩上方时，两手再用力撑地（立肘，掌跟向后），两腿向上猛伸，同时两手迅速有力推地，抬头成手倒立（图8-21）。

技术要点：上体前屈后倒时，上体主动快速后倒，再迅速举腿、翻臀，推手要快，同时控制好身体重心，脚尖带动两腿向上猛蹬，通过身体控制成手倒立。

保护与帮助：保护与帮助者站在练习者后侧方，当腿向上伸时，两手握住小腿（或大腿）上提。

教学方法：①身后放一软海绵垫子，做屈体后坐练习，要求折紧身体，直腿后倒。②并腿坐，后滚，翻掌撑地做伸髋推手动作（背、颈离地连续进行），体会伸腿的方向和腿、臀动作的配合。③在保护与帮助下练习。

主要错误动作：后滚翻经手倒立时伸髋过早或过迟。

纠正方法：反复练习后滚，翻掌撑地做伸髋推手动作，注意提供保护与帮助。

教学中应注意的问题：加强基本技术的训练，在保护与帮助下完成动作。

图 8-21

十、越人鱼跃前滚翻

动作要领：该动作是以鱼跃前滚翻为基础的一种趣味变化形式。越过的高度可视情况而定，如可从低位的跪卧、蹲撑、分腿立撑、并腿屈体立撑、分腿头手倒立乃至并腿屈腿头手倒立等不同高度过渡。此动作有助跑、起跳（并腿）、腾空和落地四个环节，由于高度问题，练习时一定要注意双臂及时撑地缓冲和低头（图 8-22）。

技术要点：①动作要协调，腾起要有一定的高度和远度。②动作过程复杂，需掌握的动作要领多。③越人会有一定的心理压力，需要同伴对自己绝对信任。

保护与帮助：保护与帮助者站在练习者一侧，在其运动过程中进行口头提示。

教学方法：①在垫子上做鱼跃前滚翻动作练习。②将练习者前方的垫子加高，进行鱼跃前滚翻练习。

主要错误动作：起跳后两腿弯曲，落地速度太快没有腾空动作。

纠正方法：先让练习者进行鱼跃前滚翻动作练习，至动作熟练后再进行此动作练习。

教学中应注意的问题：①腾起过程中髋部要紧张，防止膝盖与脑袋相撞。②落地要及时缓冲。

图 8-22

十一、钻"洞"鱼跃前滚翻

动作要领：该动作是以鱼跃前滚翻为基础，在设定的某一空间区域内钻过。具体做法是以不同型号的轮胎为环，再将环竖立起来而成"洞"，或者两站立者侧对着站立，两手拉成环。练习者通过助跑、起跳、腾空（此阶段钻洞）和落地来完成此动作。练习时，"洞"口的大小、位置的高低可视情况而定。练习者不要分腿，以免影响钻"洞"效果。前方可以放置海绵包，从而提高练习的安全性（图 8-23）。

技术要点：洞的位置及"洞"口大小的控制。

保护与帮助：保护与帮助者站在"洞"后一侧，在练习者过洞时给予其要领提示。

教学方法：①先练习前滚翻动作至动作协调圆滑。②做原地的钻低"洞"练习。③两站立者侧对站立，两手拉成环，让练习者体会动作要领。

主要错误动作：在练习者钻"洞"时，两站立者调动洞口的位置。

纠正方法：在练习时，两站立者不能随意活动，让钻"洞"者自己找洞口。

教学中应注意的问题：①站立者两腿直立。②要反复练习动作。

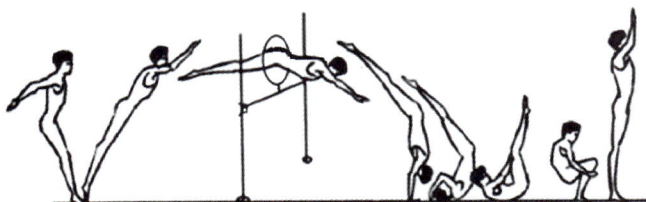

图 8-23

十二、仰卧屈伸起

动作要领：仰卧屈伸起有两种方法。①练习者平躺在垫子上，上肢身体两侧，大臂与小臂夹角 90°。开始做动作时，上肢反手撑于脑袋两侧，同时两腿向后方运动借助向后的力，脚尖绷直带动腿向上运动，两肩撑地，顺势将两臂伸直，同时腰部用力带动下肢向前下方走，利用惯性两脚落地站起。②由俯卧撑动作开始，两腿并拢直立向前走到一定位置，使背向上拱起，顶肩，上臂用力，两腿向后上方摆动同时抬头，随后屈膝使两脚落于两手之间，身体直立亮相，动作完成（图 8-24）。

技术要点：身体运动协调，并且上体跃起时两臂伸直；上体下摆速度要快。

保护与帮助：保护与帮助者站在练习者一侧，当练习者腿部由后向上方运动时，向上提其腿帮助其向上运动。

教学方法：①让练习者平躺在垫子上两手向后撑地腿部向后运动。②手向下推地，借助此力腿部向上运动，两臂向上推离，腿部向前下方运动借力站起。

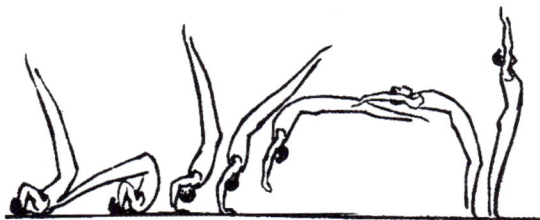

图 8-24

主要错误动作：手臂推地力度不够，腿由上下摆时膝盖弯曲。

纠正方法：多进行增强上臂力量及柔韧性的练习。

教学中应注意的问题：反复练习动作，直至动作协调。

十三、胸滚

动作要领：由摆倒立开始，然后肘关节弯曲，胸部着地，同时抬头，双脚并拢向上举起，塌腰，身体处于紧张状态，依次是胸、腹部、大腿、小腿着地，最后，手推地伸直使上体抬起（图8-25）。

技术要点：①手倒立做规范。②两腿一直处于伸直状态。

保护与帮助：保护与帮助者站在练习者一侧，在其做手倒立时抓住其腕关节往上提，帮助其完成动作。

教学方法：①做手倒立练习。②做由手倒立到胸着地同时两腿向上伸的练习。

主要错误动作：做动作时膝盖弯曲。

纠正方法：多做一些控制身体能力的练习。

教学中应注意的问题：由手倒立到胸着地时下肢直接摔在地上。

图 8-25

十四、转体 90° 胸滚

动作要领：由原地或助跑开始到最大速度身体重心瞬间移向左侧，转体90°顺势使右脚向后上方摆动，两臂伸向远端，然后两手撑地，左腿顺势向上摆动，空中两脚并拢向上伸，屈臂抬头胸部着地，最后手推地两腿顺势落地使上体伸直（图8-26）。

技术要点：①转体90°到手撑地动作要协调，身体控制能力要强。②手臂撑地时力量要大。③腰部力量要强。

保护与帮助：保护与帮助者在练习者手撑地时提起其腾起脚向后上方用力，帮助其完成动作。

教学方法：①做原地转体90°单腿上摆练习。②在原地做手撑地、顶肩、两腿并拢向后上方摆动的练习。③做整个动作的协调练习。

主要错误动作：由转体90°到手撑地时上体弯曲。

纠正方法：做向远处撑地练习以及向后上方的摆腿练习。

教学中应注意的问题：手撑地时手臂力量不够，导致手臂瞬间弯曲，身体着地造成伤害。

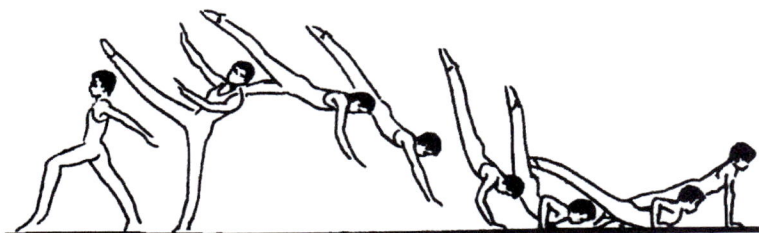

图 8-26

十五、手倒立胸滚

动作要领：由倒立的姿势开始，两臂前举，一腿前跨，接着上体前倒，两手向前撑地与肩同宽，稍含胸，眼看手。一腿后摆，一脚蹬地，接近倒立时，两腿并拢上伸，顶肩，立腰，夹臀伸直身体成手倒立状态，然后身体绷紧控制前倒，手臂缓慢弯曲，胸部、腰部、大腿、小腿依次着垫，身体完全落于地面时，双臂顶肩成支撑，完成动作（图8-27）。

技术要点：练习者必须有很好的身体控制能力，对手倒立动作非常熟练，因为只有在倒立稳定的情况下才能完成胸滚动作。

保护与帮助：两名保护与帮助者分别站于练习者的两侧，保持注意力集中，当练习者在倒立不稳或支撑不住的情况下，用手抓住他们的小腿，防止摔倒，并帮助练习者稳定身体，顺利完成动作。

教学方法：①分组练习，每组三名练习者，一人做动作，两人提供保护与帮助。②在练习动作前加强身体控制能力锻炼。③在他人的保护与帮助下完成动作并及时纠正错误动作。

主要错误动作：①手倒立后身体还没稳定就接着做胸滚，导致动作不协调。②胸滚不圆滑，胸部、腰部、大腿、小腿没有依次着垫。

纠正方法：练习前先找人帮助稳定身体，做胸滚动作要控制胸部、腰部、大腿、小腿依次着垫，多做几组动作以达到稳定状态。

图 8-27

教学中应注意的问题：①要注意加强练习者肢体、腰部的力量和柔韧性练习。②注意平时加强身体控制力和稳定性练习。③做好保护措施，在保证安全的前提下多练习动作。

十六、头手倒立胸滚

动作要领：首先是头手倒立的准备姿态，由蹲撑姿势开始，手指自然分开在体前撑地，用头的前额上部与两手成等边三角形撑地，身体重心前移，同时提臀，一腿上摆，一脚蹬地，接近倒立时，两腿并拢上伸，身体挺直成头手倒立。然后身体绷紧控制后倒，手臂缓慢弯曲，胸部、腰部、大腿、小腿依次着垫，身体完全落于地面时，双臂顶肩成支撑，完成动作（图8-28）。

技术要点：练习者必须要有很好的身体控制能力，对头手倒立动作非常熟练，因为只有在头手倒立稳定的情况下才能完成胸滚动作。

保护与帮助：保护与帮助者握住练习者的腿，帮助其完成头手倒立动作。

教学方法：①分组练习，每组三名练习者，一人做动作，两人提供保护与帮助。②在练习动作前对练习者身体控制能力加以锻炼。③在他人的保护与帮助下完成动作。

主要错误动作：头手倒立后身体重心还不稳就做胸滚动作，导致动作不协调。

纠正方法：练习前多做头手倒立练习，学会控制自己的身体重心，加强稳定性练习。

教学中应注意的问题：①在做动作前先将头颈部活动开，防止受伤。②加强练习者的身体控制能力。

图8-28

十七、挺身胸滚

动作要领：由助跑开始，两腿并腿落地后用力蹬地，同时两臂积极向前上方摆动，使身体腾空。紧腰、梗头，接近最高点时挺身，紧接着两臂伸向远端撑地顶肩，然后身体绷紧控制前倒，手臂缓慢弯曲，胸部、腰部、大腿、小腿依次着垫，身体完全落于地面时，双臂顶肩成支撑，完成动作（图8-29）。

技术要点：由空中挺身到双臂的撑地动作要协调、衔接。

保护与帮助：保护者与帮助者站在练习者起跳点处，在练习者腾空挺身时扶住其腰部，维持其身体平衡。

教学方法：①做挺身动作的练习。②在练习动作前对练习者的身体控制能力加以锻炼。③在他人的保护与帮助下完成动作。

主要错误动作：手撑地时两腿弯曲。

纠正方法：加强练习者的身体控制能力。

教学中应注意的问题：①加强手臂力量的训练，防止其手撑地时因上肢力量不足屈臂倒地。②做好保护措施，在保证安全的前提下反复练习动作。

图 8-29

十八、单肩后滚翻成单腿跪撑

动作要领：从直腿坐开始，上体前屈，接着屈体后滚，头右偏（稍左转），两手后翻撑地。当身体重心落在头后时，一腿下落跪地，另一腿后上举，两手用力推地，抬头成单膝跪撑平衡（图 8-30）。

技术要点：①屈臂支撑、头侧屈、举腿方向正确。②把握伸臂、推撑的时机，保持高举腿。

保护与帮助：保护与帮助者立于练习者的侧后方，当练习者滚至背部离地时，一手托其肩，另一手托其后举的腿。

教学方法：①并腿做后滚经肩成跪撑。②由肩肘倒立开始练习分腿、伸臂、头侧屈动作。③在保护与帮助下完成整个动作。

主要错误动作：后倒不会做头侧屈或方向不对，伸手、伸臂、后举腿动作不协调，后举腿下落或方向不正确。

纠正方法：练习直腿坐，反复练习后倒头侧屈、伸臂、撑手动作。由肩肘倒立开始练习分腿、伸臂、头侧屈动作。

教学中应注意的问题：头侧屈做法不当造成脖子损伤，要反复练习动作。

图 8-30

第三节 翻转摆越动作

一、俯卧立传

动作要领：由俯撑姿势开始，塌腰，腿稍弯曲，以脚尖蹬地加上腰部用力，带动两腿后摆。当摆至最高点时，迅速屈腿回收同时转体90°，后摆时腰部不能过度放松，肩部不能往前冲，两腿收于胸前，推手成半蹲站立（图8-31）。此练习既是屈腿腾越跳跃动作的收腿动作练习，又是一种腹背力量的练习，因此教师可根据不同的练习目标向练习者提出练习要求。

技术要点：①推手和屈腿动作协调有力。②腰部不能过度放松，肩部不能往前冲。

保护与帮助：保护与帮助者站在练习者一侧，在其做动作时扶住其腰部，以防练习者失去平衡摔在地上。

教学方法：把练习者分为4～5组，每位练习者以30 s最大能力完成摆腿及收腿蹲撑动作，计算动作次数，然后将每位练习者完成动作的次数相加，依据总次数排出比赛名次。

主要错误动作：摆动腿后摆动时松腰、冲肩，手推地太慢，整体动作不协调。

纠正方法：做直体平板支撑，提醒练习者膝盖绷直、含胸立腰。

教学中应注意的问题：多做腿部韧带的拉伸、推手及平衡练习。

图 8-31

二、俯撑单腿前摆成仰撑

动作要领：由俯撑开始，做动作时左腿撑地，摆动腿（右腿）借助向后上方摆动的力顺势向前摆动，此时手臂由弯曲（稍大于90°）状态变为伸直状态，并且摆动腿同侧的手（右手）主动推地，使摆动腿落在两手之间，右手撑地上体转体90°，左手侧平举，最后两手都撑地与肩同宽成仰卧，摆动腿顺势与支撑腿并在一起，然后身体恢复俯撑状态（图8-32）。

技术要点：①动作协调，对柔韧性要求比较高。②摆动腿在整个过程中处于伸直状态。

保护与帮助：保护与帮助者站在练习者一侧，在其做动作时扶住其腰部，以防练习者失去平衡摔在地上。

教学方法：①做竖叉练习，增强身体柔韧性。②摆动腿向前摆动与手推地几乎同时完成。

主要错误动作：摆动腿由后向前摆动时弯曲，手推地太慢，单手撑地时身体晃动。

纠正方法：多做腿部韧带的拉伸练习及平衡练习。

教学中应注意的问题：①反复练习该动作。②多做柔韧性练习。

图 8-32

三、俯撑单腿上摆成仰撑

动作要领：由俯撑开始，稍挺髋后立即收腹提臀，接着左腿向侧绕旋。当腿绕到侧前方时，左手用力推地，身体重心移至右臂上。左腿绕过，左手立即撑地，同时右手用力推离侧摆，顺势向右转体180°成仰撑（图8-33）。

技术要点：①身体一直处于平衡紧张状态，下肢不能弯曲。②动作开始时，上臂由弯曲状态直接随身体变动为伸直状态。

保护与帮助：保护与帮助者站在一侧，当练习者由俯卧变为侧平举时扶住其腰部，防止其失去平衡倒地。

教学方法：①做劈叉性的压腿。②左腿绕旋成左臂侧撑，练习完整的动作。

主要错误动作：在由仰卧变为侧平举时摆动腿弯曲或运动轨迹过于向后。

纠正方法：做动作时全身用力，脚尖绷直。

教学中应注意的问题：动作要进行反复协调练习，多做锻炼上肢肌肉力量的练习。

图 8-33

四、俯撑双腿前摆成仰撑

动作要领：由俯撑开始，稍塌腰，利用腰腹反弹立即收腹、提臀，同时右手推离地面，身体重心移向两臂，双腿迅速经后向前摆越。当双腿将摆至前面时迅速前伸，同时两手之间经外转向后方，拉开肩角，顶肩，挺身成仰撑（图8-34）。

技术要点：①俯撑时由紧腰做塌腰反弹提臀动作。②俯撑，双腿从两个支撑臂中间穿越成仰撑。

保护与帮助：保护与帮助者跪于练习者一侧，一手扶其上臂，另一手推送其髋部帮助完成动作。

教学方法：①做俯撑收腹提臀两脚蹬离地面练习，要求充分利用快速塌腰反弹收腹提臀力量。②由俯撑向前摆越，要求利用提臀收腹力量使身体向前运动。③在保护与帮助下做俯撑双腿经后向前摆越成仰撑，要求塌腰反弹收腹提臀速度快，肩顶推手及时有力，向前伸腿快、幅度大。

主要错误动作：顶肩推手不及时，速度不够快。

纠正方法：做上肢力量的练习，做手倒立找顶肩的感觉。

教学中应注意的问题：动作要协调，反复练习。

图 8-34

五、倒立（扶持或靠墙手倒立）

动作要领：找一面墙，双手手掌平放在距离墙根 15 ～ 25 cm 的地面上，双手与肩同宽（一人站在练习者面前距离练习者一步远）。手臂伸直或近乎伸直，膝盖弯曲，撑起身体。提起一条腿的膝盖，让其靠近同侧的肘部，然后使劲向下蹬地，同时让另一条腿向后上方摆。与此同时，让蹬地的腿离地，紧随另一条腿向墙壁靠近（腿伸直向后，另一人扶住其脚使练习者身体竖直），手臂保持伸展，两脚脚跟应同时接触墙壁（图 8-35）。

技术要点：上肢要有一定的力量基础，身体控制能力强。

保护与帮助：保护与帮助者站在一侧，在练习者蹬地后拉住其一条腿上举帮助其贴墙。在练习者头部下方放一个垫子防止头部着地。

教学方法：①双手放在离墙 20 cm 左右处，两腿一前一后撑地做向上蹬摆练习。②手臂伸直，仰头，做腹式呼吸。

主要错误动作：上踢的力量过大，后背和臀部猛地撞到墙上。

纠正方法：练习者先做一些原地蹬摆练习，找一找腿的空间位置感觉。

教学中应注意的问题：腿蹬摆完成瞬间由于手臂力量不足，手部松弛，身体直接摔倒在地上。

图 8-35

六、俯卧立撑起

动作要领：由俯卧撑开始，然后收腿提臀，两脚蹬地，抬头，两脚同时向后上方摆动，同时塌腰，上体与水平面几乎平行，在两腿向下运动时顺势推手，腹部、腿部肌肉收缩，使身体直立（图8-36）。

技术要点：腹部控制能力强，两臂力量要求高。

保护与帮助：保护与帮助者站在练习者一侧，在练习者腿向上走时拉住其腿向上，帮助其完成动作并防止其脸着地。

教学方法：①在垫子上做手撑地、腿向上蹬摆的练习。②对练习者进行要领指导，并提供保护与帮助。

主要错误动作：两手撑地脚蹬地后两腿分开。

纠正方法：练习者应多做蹬地并腿后摆动作练习。

教学中应注意的问题：①预防练习者由于臂力小在脚蹬摆向上时屈臂而受伤。②在保护与帮助下反复练习该动作。

图 8-36

七、屈体立撑

动作要领：俯撑，前脚掌蹬离地面，两腿后摆接近最高点时立即制动腿，推手，同时直腿前伸，接着上体急振成站立姿势。推手时腰、背、腹部肌群要适当地紧张，以加大推撑力量。推手后，上体用力向后上方抬起，挺身，两臂向侧上挥摆（图8-37）。此练习既是屈腿腾越跳跃动作的收腿动作练习，又是一种腹背力量的练习，因此教师可根据不同的练习目标向练习者提出练习要求。

技术要点：腹部控制能力强，两臂推手、顶肩有力。

保护与帮助：保护与帮助者站在练习者一侧，在练习者腿向上走时拉住其腿向上，帮助其完成动作并防止其脸着地。

教学方法：①在垫子上做手撑地、腿向上蹬摆的练习。②对练习者进行要领指导，并提供保护与帮助。

主要错误动作：两手撑地脚蹬地后两腿分开、屈腿。

纠正方法：练习者应多做蹬地并腿后摆动作练习。

教学中应注意的问题：①预防练习者由于臂力小在脚蹬摆向上时屈臂而受伤。②在保护与帮助下反复练习该动作。教师应提示练习者起跳后保持身体紧张，推手后落回起跳板上，避免跳偏。

图 8-37

八、分腿立撑

动作要领：俯撑，依靠前脚掌用力，蹬离地面，两腿后摆接近最高点时立即制动腿，推手，同时分腿前摆，上体急振成站立姿势。推手时腰、背、腹部肌群要适度紧张，以加大推撑力量。推手后，上体用力向后上方抬起，挺身，两臂向侧上挥摆（图 8-38）。此练习既是屈腿腾越跳跃动作的收腿动作练习，又是一种腹背力量的练习，因此教师可根据不同的练习目标向练习者提出练习要求。

技术要点：腹部控制能力强，两臂推手、顶肩有力。

保护与帮助：保护与帮助者站在练习者一侧，在练习者腿向上走时拉住其腿向上，帮助其完成动作并防止其脸着地。

教学方法：①在垫子上做手撑地、腿向上蹬摆的练习。②对练习者进行要领指导，并提供保护与帮助。

主要错误动作：两手撑地脚蹬地后屈腿。

纠正方法：练习者应多做蹬地并腿后摆动作练习。

教学中应注意的问题：①预防练习者由于臂力小在脚蹬摆向上时屈臂而受伤。②在保护与帮助下反复练习该动作。教师应提示练习者起跳后保持身体紧张，推手后落回起跳板上，避免跳偏。

图 8-38

九、起跳推手

动作要领：将跳板放在预期跳墙之前，做 3～5 步匀速助跑，快速上板起跳，起跳后，两臂随起跳动作迅速向前上方挥摆，身体向前上方腾起，两臂前伸，以肩带和手腕的弹性推跳墙，给身体以反作用力，使身体回落，完成跳墙练习（图 8-39）。该练习的目的是掌握起跳和两臂挥摆的部位以及制动的技术。因此，起跳板与跳墙的距离应随练习者起跳技术熟练程度的不断提高逐渐加大。

技术要点：①练习者的双臂要有足够的力量，否则难以支撑身体。②练习者要有良好的身体控制能力，以保持平衡。③在蹬离地面的时候，双臂与双脚的动作保持同步。

保护与帮助：两名保护与帮助者分别站在练习者的两侧，保持注意力集中，跟随练习者走动，当练习者最后蹬离地面处于腾空状态时，若练习者在空中失衡，应立即托住练习者腰部，并在必要时帮助练习者完成动作。

教学方法：①练习者在熟悉动作之后分组进行反复练习，加强动作的稳定性。②在练习动作之余要加强练习者肢体和腰部的力量练习。③要在同学或教师的帮助下完成动作。

主要错误动作：①趋步走动时手与脚不协调，动作变形。②身体在蹬离地面时向上的幅度过大。

纠正方法：做原地向前蹬地动作，身体尽量前伸，做之前要有意识地控制自己的身体，多练几组达到熟练为止。

教学中应注意的问题：①预防练习者由于臂力小在脚蹬摆向上时屈臂而受伤。②在保护与帮助下反复练习该动作。教师应提示练习者起跳后保持身体紧张，推手后落回起跳板上，避免跳偏。

图 8-39

十、顶肩推手

动作要领：将跳板放在预期跳墙之前，做 3～5 步匀速助跑，快速上板起跳，起跳后，两臂随起跳动作迅速向前上方挥摆，身体向前上方腾起，两臂前伸，保持含胸、紧腰、肩角拉开，以肩带和掌跟的弹性推跳墙，做顶肩动作。给身体以反作用力，使身体回落，完成跳墙练习，或做托跳练习，充分体会顶肩动作（图 8-40）。该练习的目的是掌握起跳和两臂挥摆的部位以及制动的技术。因此，起跳板与跳墙的距离应随练习者起跳技术熟练程度的不断提高逐渐加大。

技术要点：①练习者的双臂要有足够的力量，否则难以支撑身体。②练习者要有良好的身体控制能力，以保持平衡。③在蹬离地面的时候，双臂与双脚的动作保持同步。

保护与帮助：两名保护与帮助者分别站在练习者的两侧，保持注意力集中，跟随练习者走动，当练习者最后蹬离地面处于腾空状态时，若练习者在空中失衡，应立即托住练习者腰部，并在必要时帮助练习者完成动作。

教学方法：①练习者在熟悉动作之后分组进行反复练习，加强动作的稳定性。②在练习动作之余要加强练习者的肢体和腰部力量练习。③要在同学或教师的帮助下完成动作。

主要错误动作：起跳后两腿上摆高度不够，肩角没有拉开、屈臂。

纠正方法：练习者应多做蹬地并腿后摆动作练习，注意拉开肩角。

教学中应注意问题：①注意在教学前加强对练习者肢体、腰部的力量和柔韧性练习。②注意培养练习者的身体平衡能力和控制力。③注意多鼓励练习者，增强其自信心以克服恐惧心理。

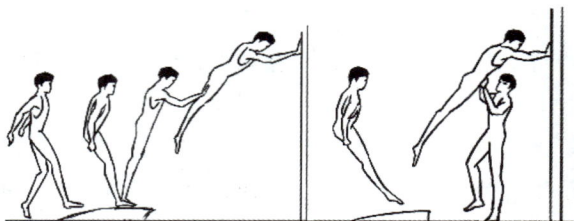

图 8-40

十一、单腿全旋

动作要领：由两手撑地支撑身体，左腿全蹲，右腿侧伸开始，右腿向前沿地面依次经过两臂、左脚，继续向左、右全旋至原来位置，并保持身体平衡。当腿绕至两臂时，依次推掌让腿绕过去，在绕过左脚时身体重心移至两手，提臀、蹬跳稍有腾空，让右腿绕过（图8-41）。

技术要点：绕腿时要与身体重心移动相配合。

保护与帮助：保护与帮助者只需用语言提示动作要领、节奏、幅度、姿态等。

教学方法：①单腿绕两手的半全旋练习。②单腿全旋练习完整技术。③依次移动身体重心。

主要错误动作：做动作时支撑臂弯曲。

纠正方法：做手臂支撑绕腿练习。

教学中应注意的问题：要反复协调地练习该动作。

图 8-41

十二、推手飞旋

动作要领：以软垫覆盖于纵箱头部，练习者屈臂俯撑箱头，然后用力推伸手臂，同时转体360°，当再次面向纵箱头部时，两手前伸撑箱，屈臂缓冲成俯撑。转体时两手做搂抱状，两脚距箱头的位置可视练习者推手力量确定（图8-42）。

技术要点：①转体时两手做搂抱状。②注意屈臂到直臂推手动作的转换和用力。

保护与帮助：保护与帮助者应提示练习者两手臂一直置于胸前，以髋部和脚尖用力带动身体转动。

教学方法：①先进行推手动作诱导练习。②完成整个动作的连贯练习。

主要错误动作：再次面向纵箱头部时，应注意两手前伸撑箱，屈臂缓冲。

纠正方法：转体时两手做搂抱状，两脚距箱头的位置可视练习者推手力量而定。

教学中应注意的问题：进行多次练习直至动作熟练。

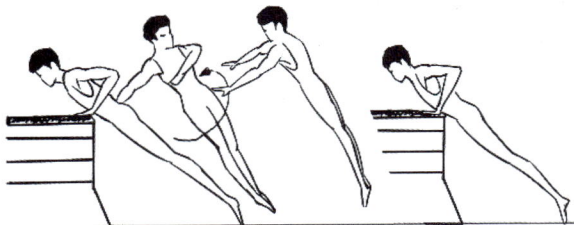

图 8-42

十三、步步高攀

动作要领：手脚依次推踏不同高度的跳箱，并做并腿跳下。先以不太快的3～5步助跑、两脚起跳后，做两臂支撑的蛙跳至低箱上，当两脚跳至低箱后，再以蛙跳动作连续跳至两个逐渐加高的跳箱上，最后挺身跳下。跳箱高度和箱与箱之间的距离可视练习者的年龄和级段而定（图8-43）。

技术要点：①做整套动作的连贯性与协调性。②做动作时，屈腿腾越的起跳、摆腿、提臀、推手、落地动作。

保护与帮助：保护与帮助者站在一侧进行口头暗示，提示练习者注意力集中，跨越跳箱时防止脚步磕绊跳出现意外。

教学方法：①先多次练习屈腿腾越动作直至熟练。②再进行跳箱练习且依次增加高度。③多次练习完整动作。

主要错误动作：肢体动作不协调，屈腿腾越不完善。

纠正方法：落地步伐要柔和，注意缓冲。

教学中应注意的问题：教师要提醒练习者注意起跳、摆腿、提臀、推手、落地动作。

图 8-43

十四、分腿立卧撑

动作要领：由站立开始，双手侧平举，双臂经侧向前，双膝微屈。之后，双脚用力蹬离地面，双手撑地，双腿后摆斜上举并且膝关节由屈变为伸直状态，同时双腿分开。最后，屈膝使双腿落于双手之间，成站立状态（图 8-44）。

技术要点：①上肢力量要足够大。②双腿在空中分开时处于伸直状态。

保护与帮助：保护与帮助者站在练习者一侧，在其做动作时辅助其完成动作，并进行动作要领提示。

教学方法：①在垫子上做手撑地后摆腿分腿练习。②做上肢力量训练。③做完整的协调练习。

主要错误动作：手撑地时手臂弯曲，做动作时低头。

纠正方法：做俯卧撑增强上肢力量以及对其进行口头提示。

教学中应注意的问题：在保护与帮助下进行协调性动作练习。

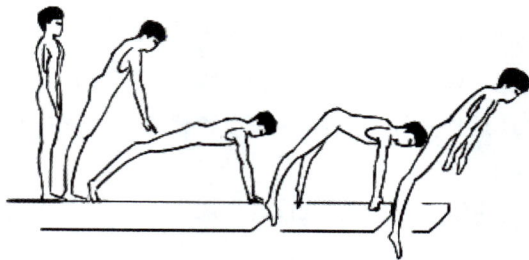

图 8-44

第四节 跳跃动作

跳跃动作是由两个项目组成的：一是利用跳箱、跳马和高台进行的项目；二是利用弹板或小弹网进行的项目。在动作要领、技术要点等方面与前三节有重复的地方，这里不再赘述。

一、跳上成跪撑接跪跳下

动作要领：该动作是从助跑开始，经起跳、上板、第一腾空、手触跳箱之后，立即收腿，双臂用力控制身体下落速度，使双膝能跪于跳箱上，完成上半部动作。下半部动作是以跪跳起为基础，在双膝跪于跳箱上后，双臂前上摆，并于最高点制动，同时两小腿下压跳箱身、收腹、抬腿、（同跪跳起）做跳下（图8-45）。

技术要点：小腿着器械成跪撑。压膝前送。

保护与帮助：①保护与帮助者站在器械正前方，当练习者跳上时，双手顶其肩部，然后移步至侧方保护其落地。②保护与帮助者站在器械侧前方，当练习者跳上时，一手握其上臂，另一手托其大腿后部帮助其成跪撑，在落地时双手扶挡其腹部、背部，维持身体平衡。

教学方法：①垫上鱼跃成跪撑，跪跳起，要求跪跳时前臂要发力带动提肩向上摆起，同时小腿发力。②将跳箱放在垫子上（高30～40 cm），练习者由垫子上向跳箱上跳成跪撑，要求含胸屈膝前引成跪撑。③在垫子上连续做跪跳起，向上腾起要高，动作要连贯。④适当增加双臂上提和制动的速度与力量，增加小腿对器械的作用力以获得较大的支撑反作用力。

主要错误动作：落地时身体难保持平衡。

纠正方法：双臂制动以及小腿发力。

教学中应注意的问题：增强下肢和腹肌力量，发展练习者的协调性和空中平衡能力。

图 8-45

二、跳上蹲撑接挺身跳下

动作要领：在两腿起跳、两手支撑跳箱以后，两腿并拢屈膝，高抬至胸前，用前脚掌踏跳箱。练习者不能停顿，立刻蹬离跳箱，两腿伸直，并挺起上体、挺髋，两臂侧斜上举，把这个姿势保持到落地前为止（图8-46）。两脚在跳箱上的起跳动作和上述跪撑在跳箱上的起跳动作一样，应当向上不要向前，这对于正确地进行蹲腾跃起来说是非常重要的。

技术要点：起跳后两臂及时撑跳箱，用力顶肩，同时稍含胸提臀，屈膝上提成蹲撑。蹬离跳箱时，头要上顶，两臂配合向前上方摆。

保护与帮助：保护与帮助者站在器械前练习者着地点的旁边，如果练习者跌下，立刻托住他的胸部或背部（要视练习者跌下的情况而定）。

教学方法：①由垫上俯撑开始，蹬地迅速提腰、收腹、屈腿经蹲撑，接着推手挺身跳，要求收腹快，挺身充分。②弹跳上屈腿跳，要求身体充分团身与伸展。③在鞍马或横马上练习，要求收腹快，团身紧。④收腹时缩短半径，挺身跳时增大半径。

主要错误动作：起跳动作不紧凑，挺身动作不充分。

纠正方法：提腰、收腹、屈腿经蹲撑过程应连贯，跳起腾空后挺身要充分。

教学中应注意的问题：增强腰腹肌力量，发展其协调性和灵巧性。

图8-46

三、跳上并腿立撑接分腿跳下

动作要领：经过助跑、上板、起跳、第一腾空，在手触跳箱之后两腿是以脚尖发力，直腿收腹并落于两手之间的部位，做跳下时，两臂由前向后方摆起，同时两脚蹬跳箱，左右分腿侧上摆，并在最高点处两手击脚。落地前两腿并拢下落，屈膝缓冲（图8-47）。

技术要点：起跳后两臂及时撑跳箱，用力顶肩同时稍含胸提臀，脚尖发力完成跳下。

保护与帮助：保护与帮助者站在器械正前方，当练习者跳上时，两手前挡后扶，维持其身体平衡，然后移步至侧方保护其落地。

教学方法：①垫上鱼跃成直腿收腹并落于两手之间，其间以脚尖发力。②在弹板上起跳，要求身体充分伸展。③在鞍马或高垫上练习过渡到在他人帮助下直接练习，要求收腿快、动作连贯紧凑。④在手撑跳箱时顶肩制动性推撑，由水平速度转换为垂直速度，同时后摆制动后迅速提腰前摆，体前屈站于器械之上。

主要错误动作：跳下时下肢弯曲。

纠正方法：摆起时两脚蹬跳箱，左右分腿侧上摆，保持两腿伸展，并在最高点处两手迅速击脚。

教学中应注意的问题：增强腰腹肌和肩带肌力量，发展其协调能力和空间判断能力。

图 8-47

四、挺身鱼跃

动作要领：该动作是将跳马或跳箱换成不同高度的海绵包，起跳后，身体伸直，略挺胸、展腹，直接跃上海绵包。在海绵包上完成动作，也可转体180°成仰卧（图8-48）。

技术要点：体会起跳后身体的腾空感，其间要挺胸、展腹。

保护与帮助：保护与帮助者站在器械近端一侧，当练习者跳起后，一手托其肩，另一手托送大腿，帮助其跃上海绵包。

教学方法：在垫子上进行多组鱼跃前滚翻练习。

主要错误动作：腾空时屈体。

纠正方法：身体充分伸展，切勿屈体。

教学中应注意的问题：进行多次练习，使练习者熟练掌握动作。

图 8-48

五、高台前滚翻

动作要领：该动作是在起跳之后，尽量后摆双腿，并加高加大第一腾空的高度和距离，在双手触包之后，立即屈肘缓冲，身体继续上摆至最高点，低头做鱼跃前滚翻（图8-49）。

技术要点：鱼跃后接前滚翻的连贯性与协调性。

保护与帮助：保护与帮助者站在器械近端一侧，当练习者跳起后，一手托其肩，另一手托送大腿，帮助其跃上海绵包，同时扶挡练习者，防止其从高台掉落。

教学方法：在垫子上进行多组鱼跃前滚翻练习。

主要错误动作：屈体过早，动作不协调。

纠正方法：身体充分伸展，避免屈体过早。

教学中应注意的问题：进行多次练习，使练习者熟练掌握动作。

小弹板和小弹网的作用一样，都是利用其较大的器械变形弹力使身体抛高。尽管一个是上板，另一个是上网，但它们的基本动作要领是一样的，即助跑、上板（上网）、起跳、落地。起跳之后的空中动作在于锻炼、提高练习者的时间和空间感觉，以及教会他们在空中如何利用惯性做出一些动作。

图 8-49

六、空中交换腿跳

动作要领：该动作经助跑、起跳、上网后，脚踏网，利用网的弹性向远上方跳起，双臂前上方摆，在腾空时前后交换腿做走步状，并腿缓冲落地（图8-50）。

技术要点：上网腾空时的连接，腾空时走步的规范。

保护与帮助：保护与帮助者在练习者做动作时根据其掌握程度提供保护，同时给予口头提示。

教学方法：①多次进行助跑、起跳、上网练习。②在垫子上练习走步。③将动作结合在一起反复练习。

主要错误动作：助跑、起跳、上网不衔接，走步动作不明显。

纠正方法：进行助跑、起跳的协调性练习。

教学中应注意的问题：锻炼、提高练习者的时间和空间感觉，以及教会他们在空中如何利用惯性做出一些动作。

图 8-50

七、跳起分腿（前、后、左、右）

动作要领：该动作要经过助跑、起跳、上网、腾空一系列动作。不同的是，在腾空时要求双脚脚尖发力，左右分腿成侧上摆，在最高点时，双手击脚，落地前双腿并拢，屈膝缓冲（图 8-51）。

技术要点：腾空时分腿的伸展与动作紧凑以及在上网时接分腿的过程。

保护与帮助：保护与帮助者站在练习者一侧，进行辅助，托住其大腿后部和背部。练习者也要注意自我保护。

教学方法：①多次进行助跑、起跳、上网练习。②体会空中分腿的感觉。③将动作结合在一起多加练习。

主要错误动作：分腿时不迅速，动作不连贯，上网与腾空不衔接。

纠正方法：做动作时，身体转换角度迅速，做协调性练习。

教学中应注意的问题：锻炼、提高练习者的时间和空间感觉，以及教会他们在空中如何利用惯性做出一些动作。

图 8-51

八、屈伸跳

动作要领：在经助跑、起跳、上网之后，双脚用力蹬离小弹网，在空中，双腿屈膝折叠，双手抱紧，之后身体伸展，屈膝缓冲（图 8-52）。

技术要点：空中团体时间的把握，以及与整体动作的连贯性。

保护与帮助：保护与帮助者站在练习者一侧，提示其动作要领，提醒其及时落地缓冲。

教学方法：①多次练习助跑、起跳、上网。②在高垫往低垫上做空中团体及落地缓冲动作。③进行一系列的整体动作练习。

主要错误动作：在腾空时团体时间过长或过短，做动作断断续续。

纠正方法：做动作时控制好各肌肉群，使动作协调。

教学中应该注意的问题：锻炼、提高练习者的时间和空间感觉，以及教会他们在空中如何利用惯性做出一些动作。

图 8-52

九、跳转 90°、跳转 180°

动作要领：该动作的前半部也是助跑、起跳、上网，之后在腾空时，手臂上举，左臂向右臂肩部屈肘摆动以帮助转体，同时转头使身体能在落地前完成从纵轴转体 360°，屈膝缓冲落地（图 8-53）。

技术要点：空中转体的姿态以及整体动作的连贯性。

保护与帮助：保护与帮助者站在练习者一侧，注意其动作存在的问题，进行口头提示，帮助其自我保护。

教学方法：①多次练习助跑、起跳、上网。②练习上步转体做动作。③将动作连贯到一起进行练习。

主要错误动作：在空中转体时身体扭曲，前倾后倒。

纠正方法：做增强腹部肌肉力量练习以及平衡素质的练习。

教学中应注意的问题：锻炼、提高练习者的时间和空间感觉，以及教会他们在空中如何利用惯性做出一些动作。

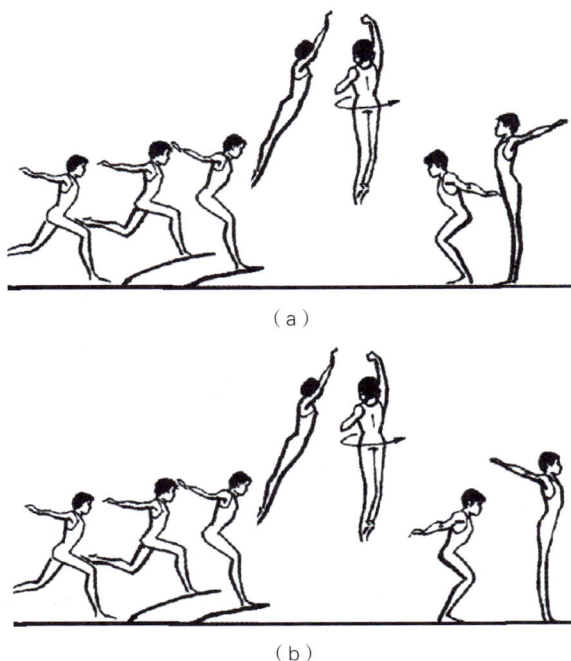

（a）

（b）

图 8-53

十、屈体跳

动作要领：该动作与空中分腿有点相似，但不同的是，在经助跑、起跳、上网之后，腾空时尽量用双手去拍击并拢的双脚，腹部折叠，上体前屈积极贴向双腿，之后双脚并拢，屈膝缓冲（图 8-54）。

技术要点：腹部折叠要快速，上体前屈贴向双腿要做充分。

保护与帮助：保护与帮助者站在练习者一侧，一手扶其背部，一手扶其大腿后部，帮助其折叠再立即打开，同时，提示练习者注意自我保护。

教学方法：①练习助跑、起跳、上板（或弹网）踏跳技术。②原地起跳，做向前下方压上体及收腿屈体动作。③完整练习整套动作。

图 8-54

主要错误动作：上体向前下方下压时不够充分，身体没有完全折叠就落地。

纠正方法：腹部折叠要充分，展体迅速，落地缓冲。

教学中应注意的问题：①注意培养练习者的时空感觉，即起跳高度与时间的控制能力。②注意培养练习者身体腾空后的动作控制能力。

十一、分腿跳马、屈体跳马、屈腿跳马

动作要领：开始时，三个动作均是两手撑马与肩同宽，领肩含胸，腿用力蹬地，并腿向后斜上方摆。之后分腿跳马为提臀、分腿，迅速顶肩推手、制动腿，抬上体，空中挺身、并腿，屈膝落地［图8-55（a）］。屈体跳马为屈腿缓冲，之后提臀，伸腿、绷脚尖、顶肩，最后直腿从两臂间越过，缓冲落地［图8-55（b）］。屈腿跳马为收髋、屈膝，最后推手、伸膝，落地屈膝缓冲，身体直立，两手臂侧上举［图8-55（c）］。

技术要点：①培养练习者正确感知越过障碍的能力。②消除练习者对跳跃障碍的畏惧心理，掌握跳马分腿腾越动作技术。

保护与帮助：保护与帮助者站在练习者落点的侧面，扶其腹部和背部，帮助其平稳落地。

教学方法：①集体做俯撑蹬地后摆腿推手成分腿屈体立撑练习。②做脚踩高处、手撑低处的顶肩推手练习。

主要错误动作：推手后，上体没有随着推手做挺身动作。

纠正方法：①在练习时，应明确推手动作在肩部超过两手支撑点之前完成。②用信号提示练习者顶肩推手的时间，强化练习者顶肩推手的动作以及挺起上体后的挺身动作。③让练习者多进行发展肩部与臂部力量的动作训练。

教学中应注意的问题：要反复练习动作，使练习者克服心理障碍。

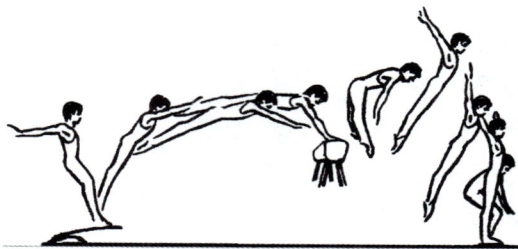

（a）

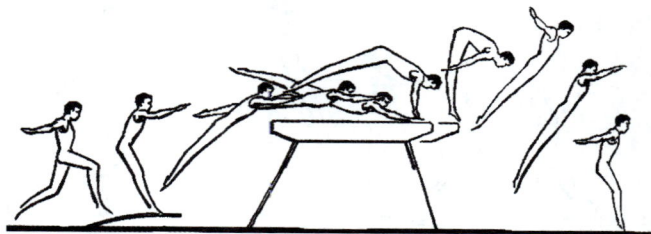

（b）

（c）

图 8–55

十二、跳背

动作要领：甲练习者两腿分开与肩同宽身体前屈，两手紧握两膝关节同时低头，乙练习者在离甲一步远处，双手撑在甲背上同时含胸、紧腰，脚用力向上蹬地时向下撑背并用力快速顶肩推手，同时稍提臀，两腿侧分，有意识下压制动，两臂顺势上举、起肩、抬上体、挺身，接着迅速并腿前伸落地（图 8–56）。

技术要点：①上下肢要协调。②上肢要把人往前推。

保护与帮助：保护与帮助者站在甲练习者一侧提醒其低头，并在乙练习者落地时扶住其一臂防止其倒地。

教学方法：①做大腿肌肉的韧带拉伸练习。②做低山羊的分腿腾越，要求腿直、推手快速、展体明显。③推手时积极制动腿，使动量传递到上体，迅速抬体、挺身，缓冲落地。

主要错误动作：在乙练习者用力撑背时，甲练习者身体向下运动。

纠正方法：教师应在练习前强调动作要领。

教学中应注意的问题：①甲练习者要一直处于低头状态。②要让乙练习者克服心理障碍。

图 8–56

十三、跳肩

动作要领：甲练习者两腿分开与肩同宽，直立站在原地并且低头，乙练习者站立在离甲练习者 4 m 远处，由加速助跑开始然后身体下蹲蹬地，两手臂上摆撑在甲练习者肩上，乙练习者同时顶肩利用向上的惯性与手臂撑肩的力量使身体向上运动，此时两脚伸直开叉，最后两腿并拢落地（图 8–57）。

技术要点：①上下肢要协调。②乙练习者下肢要具有良好的柔韧性。

保护与帮助：保护与帮助者站在甲练习者一侧，在乙练习者撑肩时扶住其手臂防止其中重心太靠前而翻过去。

教学方法：①练习原地撑肩跳练习。②做腿部韧带的拉伸练习。③整合前两个动作，做完整的动作协调练习。

　　主要错误动作：乙练习者撑肩后向前惯性过大，直接坐在甲练习者肩上。

　　纠正方法：助跑速度不能过快，且在做动作前要先量好自己的起跳步点。

　　教学中应注意的问题：在乙练习者撑肩时，甲练习者腿部弯曲，使乙练习者直接从其头上越过趴在地上。

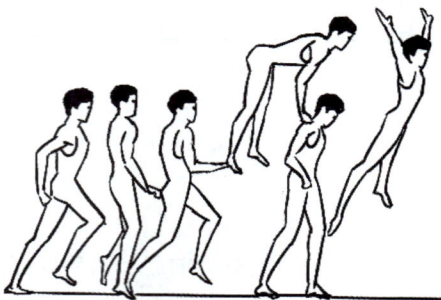

图 8-57

十四、跳跃障碍

　　动作要领：收集大小（直径）不同的废旧轮胎（或体操凳），由低到高依次排列，将一半左右埋入土中并夯实，露出地面的部分作为跳马。让练习者模仿跳马动作由低到高依次尝试，挑战能跳过第几个轮胎。建议在学校场地等条件允许的情况下，制作一条固定的跳马路线。此动作为支撑跳跃中的腾跃动作练习（图 8-58）。

　　技术要点：练习者要注意起跳、摆腿、提臀、分腿、推手的动作。

　　保护与帮助：保护与帮助者应在练习者一侧进行口头提示，练习者也应注意自我保护。

　　教学方法：①在垫子上进行跳跃动作练习。②原地进行收腹跳练习。

　　主要错误动作：动作不连贯，无法克服心理障碍。

　　纠正方法：进行多次协调性练习。

　　教学中应注意的问题：教师要提醒练习者注意起跳、摆腿、提臀、推手的动作。

图 8-58

十五、腾越驼峰

动作要领：两只山羊并行放置，中间可添加软式排球等，做动作时，练习者两腿后上方摆腿，两手撑两侧山羊，两腿屈腿从两只山羊中间收过。两只山羊中间的软式排球数量可根据练习者的实际情况而定。此动作为支撑跳跃中的屈腿腾越动作，教师要提醒练习者注意起跳、摆腿、提臀、收腿、推手的动作（图8-59）。

技术要点：①做动作时肢体要协调。②上肢力量要足够大。

保护与帮助：保护与帮助者站在练习者一侧进行口头提醒，并抓住其手臂帮助其完成动作。

教学方法：①做增强上臂力量的练习。②做原地的手撑山羊后摆腿练习。

主要错误动作：后摆腿下时双脚踩在软式排球上，屈髋。

纠正方法：做原地的仰撑顶髋动作。

教学中应注意的问题：在保护与帮助下，进行该动作练习，防止在完成动作时发生意外事故。

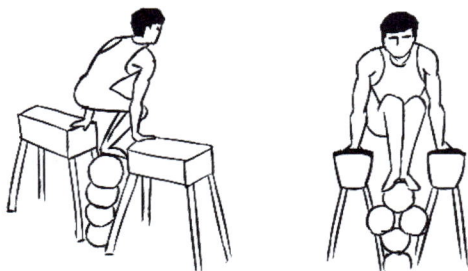

图 8-59

第五节　体操游戏

体操游戏是体育游戏的组成部分。它是结合体操项目的特点演化而来的。体操游戏不仅可以活跃气氛，调整心理状态，还可以提高身体的许多素质，诸如协调性、灵敏性、力量等。

在组织体操游戏时应注意：一是有针对性，要根据学生各方面特点来设计内容；二是有目的性，要根据教学内容的目标来定；三是有趣味性，要能调动学生的情绪，寓教于乐；四是要注意安全，预防伤害事故；五是要精心组织，安排合理；六是要奖惩分明、适度。

一、推"小车"

游戏目的：锻炼学生上肢、腰、腹力量，提高身体的协调配合能力。

游戏准备：将学生分成人数相等的两组，每组成二路纵队站立（左右间隔 50 cm），站在一侧线的后面。前面的学生两手撑在线上成俯撑，后面的学生将其双腿分开用手握住踝关节，并使其内踝贴在自己的髋侧。

游戏方法：教师发出口令后，撑地的学生两手依次向前爬行，扶腿的学生尽量帮助维持其身体平衡，并随其前进，以先达到另一线的一队为胜。之后两人互换进行（图 8-60）。

游戏规则：发令前，撑地的学生的手不得越线，并以手触到另一条线为到达。

教法建议：行进距离可根据情况适当增减。比赛前可先让学生试做 1～2 次。游戏过程中应注意安全，当撑地爬行的学生无力时，及时放下腿。

图 8-60

二、飞跃障碍

游戏目的：提高学生支撑跳跃的能力，培养学生勇敢顽强的意志。

游戏准备：将学生分成 4～5 组，站于起跑线之后。

游戏方法：快速助跑，两脚猛力起跳，两臂迅速向前上方摆起前伸。当身体腾起后，两臂立即制动，头正直，两腿后摆，身体自然伸直转为水平部位，两手成高垫后，屈臂低头，在高垫上做前滚翻动作。高垫的高度以及起跳板的远度应依据学生的情况而定（图 8-61）。

游戏规则：每组学生完成动作跑过终点线后，另一组学生才能出发，先完成动作的那组获胜。

教法建议：学生起跳后及在空中做动作时，身体应该保持紧张状态，教师随时提示学生手撑地后应及时低头。

图 8-61

三、跳"山羊"

游戏目的：提高学生支撑跳跃的能力，培养学生勇敢顽强的意志。

游戏准备：将学生分成人数相等的两组，每组均成一路纵队站立，两路纵队之间间隔2 m。除队尾外，其余人统一向右（或向左）转，低头、屈体，双手撑在膝部上方（或两手抓握踝关节）成"横山羊"状站好（也可以是每位学生面向前屈体的纵队，两手扶膝或抓握脚踝成"纵山羊"状）。

游戏方法：教师发出口令后，各队排尾学生迅速向前，遇"山羊"后，就做撑"山羊"背的分腿腾越动作，直至跳过排头的最后一名学生后，迅速做屈体支撑成"山羊"状动作，保证纵向"山羊"队形，使其他学生跳过自己后背，每一纵队所有学生必须完成一次跳过本队所有学生后背的跳"山羊"动作。待全组所有学生完成一次跳跃后，先跳完的那组为获胜组（图8-62）。

游戏规则：按要求跳过"山羊"，不得绕过，没有越过时，要重新做。

教法建议："山羊"高度要适当，不可过高。"山羊"也不宜太低，太低时动作不美观舒展。

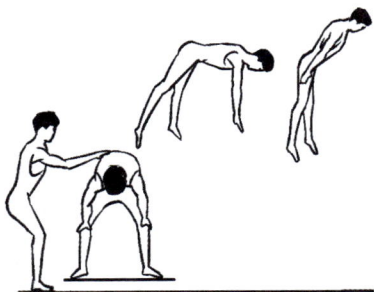

图 8-62

四、双杠支撑行进接力

游戏目的：锻炼学生的上肢力量及支撑能力。

游戏准备：两副双杠，学生平均分为两组，分别站于杠一端。

游戏方法：教师发出口令后，杠端第一人跳起成杠端支撑，双手依次撑杠前行，至另一端跳下，之后迅速绕杠跑回本队与第二人击掌，然后第二人重复第一人的动作，先做完的那组为胜（图8-63）。

游戏规则：手撑杠行走时身体不能碰杠，否则扣分，跌下也要扣分。

教法建议：双杠不可太高（以1.2～1.5 m为宜），下跳处放一块垫子，以防跳下时受伤。

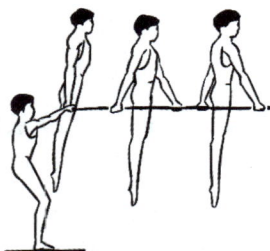

图 8-63

五、双杠追逐

游戏目的：锻炼学生的上肢及腰腹力量，提高灵敏性和急速奔跑能力。

游戏准备：1.2～1.5 m 高的双杠一副，将学生平均分为两组进行对抗，各队分别站于杠的一端，排头站于杠端前。

游戏方法：教师发出口令后，两队排头迅速撑杠跳起，收腹举腿向右越杠落下，落地后急速跑向杠的另一端追逐对方。如没有触及对方身体，则在杆另一端跳起越杆追逐，最后以追上的一方为胜（图 8-64）。

游戏规则：按逆时针方向跑追，拍到方对身体的任何部位皆可。跳上杠时，双手必须撑在杠端部位。

教法建议：可两人互追，直到追上对方；也可提高难度，在落地后加做一个前滚翻动作。

图 8-64

六、集体越障碍

游戏目的：培养学生的团队协作和集体主义精神。

游戏准备：设置两个低平衡木（30 cm 左右）、两个低跳箱（3 层跳箱加盖）、两副鞍马、两副双杠形成系列障碍。将学生平均分为两组进行对抗，每队手拉手成纵队站于起跑线后。

游戏方法：教师发出口令后，各组集体快速走上平衡木（从一端至另一端），依次踏过跳箱，从鞍马肚子下钻过，并从双杠中穿过，再集体返回。

游戏规则：脱手一次扣 1 分，必须依次完成并通过所有障碍，路线不得有误，否则扣分。

　　教法建议：障碍的设置可根据实际情况充分利用器材，如体操凳、跳马、山羊、低单杠等都可利用。

本章小结

　　本章主要介绍了趣味体操的特点和价值，要求学生掌握象形动作、滚动动作、翻转摆越动作、跳跃动作等的基本技术与教学方法，掌握体操游戏的组织与教学方法。

回顾与思考

　　1. 趣味体操的概念及特点是什么？

　　2. 组织趣味体操时应注意哪些问题？

　　3. 双人前滚翻动作要领与教学方法有哪些？

　　4. 试设计一种体操游戏。

\ 第九章 \

体操身体素质训练

【学习目标】

　　通过本章的学习，学生可了解身体素质的基本内涵和外延、身体素质训练的基本手段，以及利用体操器械或基本体操动作练习的方式提升力量和柔韧等身体素质水平，塑造优美形体的方式与方法。

【学习任务】

　　1. 了解身体素质以及身体素质训练的基本知识。

　　2. 熟练掌握运用体操器械进行力量和柔韧等素质训练的方式与方法。

　　3. 熟练掌握运用基本体操动作进行力量和柔韧等素质训练的方式与方法。

　　4. 体验通过体操身体素质训练改善身体素质状况及塑造良好形体的具体方法。

　　5. 培养运用体操方式进行身体素质训练的兴趣和习惯。

【学习地图】

　　身体素质训练的基本理论→身体素质训练的基本手段→体操身体素质训练方法。

第一节　身体素质训练概述

一、身体素质的内涵与外延

身体素质是衡量人体体质状况的一个重要指标。它是指人体在体育活动中，各器官系统所表现出的各种能力，包括力量、速度、耐力、柔韧、灵敏等方面。

（一）力量素质

力量素质是指肌肉在用力过程中克服阻力的能力。力量素质根据不同的分类方式可分为速度力量、耐力力量，或相对力量、绝对力量。

（二）速度素质

速度素质是反映人体运动快慢能力的指标，速度素质包括反应速度、动作速度和移动速度。反应速度是指人体对各种信号快速应答的能力，动作速度是指人体或人体某一部分快速完成某一动作的能力，移动速度是人体在特定方向的位移速度。

（三）耐力素质

耐力素质是反映人体长时间运动能力的指标。耐力素质可分为肌肉耐力和心血管耐力。肌肉耐力也称为力量耐力，心血管耐力又分为有氧耐力和无氧耐力。有氧耐力是指机体在氧气供应比较充足的情况下，坚持长时间运动的能力；无氧耐力也叫速度耐力，是指机体以无氧代谢为主要供能形式，坚持较长时间运动的能力。

（四）柔韧素质

柔韧素质是指人体关节在不同方向的运动能力，以及肌肉、韧带等软组织的伸展能力。柔韧素质可以分为一般柔韧素质和专门柔韧素质。柔韧素质与人体关节活动幅度的大小和跨过关节的韧带、肌腱、肌肉等的延展性有关。

（五）灵敏素质

灵敏素质是指人体在各种突然变换的条件下，快速、协调、敏捷、准确地完成动作的能力，它是人的运动技能、神经反应和各种身体素质的综合表现。发展灵敏素质可采用球类运动、技巧动作、折线跑、十字变向跑、游戏等方法。

本章依据上述五种素质的基本内容，结合学生进行体操学习的基本特点，主要介绍利用体操器械或基本体操动作练习提升身体素质水平、塑造良好形体较为显著的力量素质和柔韧素质的练习。

二、身体素质训练的价值

身体素质训练是指为提升某一身体素质水平，采用的各种有针对性的方式与方法。

身体素质训练是有效改善和提高人体内脏器官，特别是心血管系统、呼吸系统、中枢神经系统机能的有效手段，是增强骨骼、肌肉、肌腱和韧带等运动器官功能的良好方式。因此，从提升运动能力的角度来看，对体育专业的学生来说，身体素质训练对改善学生的身体形态、提高各器官系统的机能、提升运动能力，培养良好的意志品质、延长运动寿命、提高运动成绩，都具有极为重要的作用。从促进身心健康的角度来说，身体素质训练对促进学生身体健康和心理健康，增强体质，克服人体的生物惰性，促进机体的新陈代谢都具有极为重要的作用。这些作用能够有效地提高机体对外界环境的适应能力和对疾病的抵抗能力，对保障人们工作、学习和生活的有序进行也具有极其重要的作用。

第二节　身体素质训练的基本手段

一、力量素质训练

（一）主要手段

1. 负重抗阻力练习

运用杠铃、哑铃、壶铃等训练器械，加大练习者的运动负荷，是训练中常用的手段，可用于机体任何一个部位肌肉力量的锻炼。

2. 对抗练习

练习者通过双人顶、推、拉等运动形式，依靠对抗双方以短暂的静力作用发展力量素质。对抗练习不需要任何训练器械和设备，可以很好地激发练习者的兴趣。

3. 克服弹性物体的练习

使用拉力器、橡皮带等，依靠弹性物体变形而产生的阻力发展力量素质。

4. 利用力量训练器械的练习

利用力量训练器械可以使身体处在各个不同的姿势（或坐或卧或立）进行练习，可直接加强翻转运动时所需的肌肉力量，使锻炼具有针对性。利用力量训练器械，还可以减轻练习者的心理负担，避免伤害事故的发生。

5. 克服外部环境阻力的练习

克服外部环境阻力的练习，如沙地和草地跑、跳练习等。这种练习往往在运动结束阶段所用的力量较大，每次练习要求不用全力、动作轻快。

6. 克服自身重力的练习

克服自身重力的练习，如引体向上、倒力推起、纵跳等。这类练习均由四肢运动练习完成，迫使机体局部承受体重，使机体局部的力量得到发展。

7. 电刺激

用电刺激自己发展肌肉力量是将电极放置于肌肉的起止点，电流强度以人体不感觉到痛苦为宜。经过电刺激后，肌肉体积没有明显增大，但能减少脂肪使力量得到提高。

（二）注意事项

1. 力量素质的发展要全面而有重点

在发展力量素质的过程中，一方面应使四肢、腰、腹、背、臀等部位的大肌肉群和主要肌肉群得到锻炼，另一方面也要注意发展那些薄弱的小肌肉群的力量。体操运动中的许多动作是很复杂的，需要身体各个部位许多大小不同的肌肉群系统工作才能完成，但发展不同类型的力量素质并不意味着面面俱到、平均发展，而应该在全面发展的基础上针对项目特点有所侧重。

2. 紧密结合项目特点和专项技术安排力量练习

不同的体操动作有各自不同的技术结构，参加工作的肌肉群的力量也不同。每一个力量练习动作都有各自的技术规格要求，练习者只有按照技术规格要求去操作，才能发展肌肉群的力量。否则，技术动作变了样，参与活动的肌肉群也会有所改变，势必影响力量训练的效果。例如，做深蹲练习时，正确的动作要求是挺胸直腰，腰背肌收紧以固定脊柱，主要依靠膝关节的屈伸，同时伴随着髋关节的一定屈伸来完成动作。这样既安全可靠，又能保证膝关节力量得到很好的发展。但是很多练习者往往弓腰练习深蹲，尤其是当站不起来时，腰弓得更加厉害，这样就比较容易造成腰部损伤。

3. 进行力量训练时，要全神贯注，念动一致，注意安全

肌肉活动总是在中枢神经系统的调节下进行的，训练时要全神贯注，训练到哪里就想到哪里，使意念活动与练习动作紧密配合。这样有助于肌肉力量得到更好的发展。特别是进行大负荷练习时，不能说说笑笑，注意力应高度集中，否则容易受伤。因为笑的时候肌肉最容易放松，如果力量练习的负荷过大，一不小心就会造成损伤。此外，还应注意加强自我保护和相互保护，尤其是在举或肩负极限重量时，更应该注意加强自我保护和相互保护。

4. 进行力量训练时，要掌握正确的呼吸方法

因为憋气有利于固定胸廓，提高腰背肌紧张程度，可提高训练时的力量，所以极限用

力往往要在憋气的情况下进行。当然，用力憋气会引起胸廓内压力升高，使动脉的血液循环受阻，从而导致脑贫血，甚至产生休克。为了避免产生不良后果，力量训练时必须注意以下几点：

①当最大用力的时间很短，尤其在重复做用力不是很大的动作时，应尽量不憋气。

②对刚开始训练的人，所给予的极限和次极限用力的练习不要太多，并让其学会在练习过程中完成呼吸，避免用憋气来完成练习。

③在完成力量训练前不应做深吸气，因为力量训练时间短暂，吸的气并不会立即在练习中产生作用。相反，深度吸气增加了胸廓内的压力，此时如再憋气就可能产生不良反应。

④练习用狭窄的声带进行呼气，也可以达到与憋气训练同样大的力量指标。因此，做最大用力练习时可采用慢呼气来协助练习的完成。

5. 要采用大负荷与循序渐进递增负荷进行练习

大负荷是指练习的负荷强度大和重量大，一般要采用某人所能承受的最大负荷或接近最大负荷来进行练习。因此采用大负荷能迫使肌肉进行最大收缩，能刺激人体产生一系列的生理适应变化，从而增强肌肉力量。为了达到大负荷，练习者要保持较大的强度，或者要保持较大的数量（次数或组次）。当力量增强后，练习者就必须循序渐进地递增负荷。

6. 练习时要使肌肉充分拉长和收缩，练习后要使肌肉充分放松

每次练习时应使肌肉充分伸展拉长，然后再收缩，动作幅度要大，因为肌肉被拉长后可以增强收缩力量，同时又可以保持肌肉良好的弹性和收缩速度。力量训练后肌肉会出现充血僵硬状况，这时应该注意一些与力量训练动作相反的拉长动作，或者做些按摩和抖动，使肌肉充分放松，这样既可以加速消除疲劳，又有助于保持肌肉良好的弹性和收缩速度。

7. 力量素质训练要系统科学安排、不间断

研究表明，力量增长快但停止训练后消退得也快。如果停止力量训练，已获得的力量将会按正常速度的三分之一消退。通过训练获得的力量，停止训练后虽然会逐渐消退，但一部分力量会保持很久，甚至会永远保持下来。发展力量素质的训练不宜在疲劳的状态下进行。这种状态下的训练不是发展肌肉力量，而是发展耐力。实验证明，对刚开始训练的人，每周3次力量训练要比每周1～2次或5次的效果更好。

二、速度素质训练

（一）主要手段

1. 位移速度练习

30～60 m 快速跑；下坡跑、上坡跑；扶肋木或墙后蹬跑、高抬腿练习等。

2. 专项技术速度练习

俯撑直臂快速击掌，俯卧撑10 m 快速爬行，靠墙摆快速倒立，快速仰卧起坐或俯卧快

速背屈伸；连续侧手翻、后手翻，连续快速的前手翻、后手翻等。

（二）注意事项

①依据时间、练习内容和运动负荷三个方面来确保速度素质训练的有效性。选择学生掌握熟练的运动技术动作，以最快的速度来重复完成。

②由于速度素质不易转移，因此要尽可能地选用专项动作本身的动作来练习。

③速度素质训练应多样化和多元化，要以游戏或竞赛的形式来提高体操运动员中枢神经的兴奋水平。

三、耐力素质训练

（一）主要手段

1. 一般耐力

发展心肺功能耐力时，可用 300 m、400 m 跑等锻炼无氧耐力，用 1500 m 及以上的有氧耐力跑或计时跳绳等锻炼有氧能力。发展力量耐力时，可用多组重复力量动作，如摆动双臂屈伸、肋木举腿、仰卧两头起、俯卧两头起、靠墙倒立等进行练习。

2. 专项耐力

发展专项耐力时，可用基本动作的多次重复和基本难度动作的多次重复进行练习。例如，双杠支撑摆动手倒立，连续支撑摆动后倒屈伸上，技巧的前手翻、连续后手翻，以及联合动作或成套动作多组重复练习。

（二）注意事项

①一般耐力与专项耐力的训练比例应根据不同训练内容和不同对象而不同。

②一般情况下，专项耐力应从有氧训练开始，训练应达到或超过比赛的量和强度。

四、柔韧素质训练

对一般人来讲，柔韧性下降主要出现在躯干和下肢，因此，坐位体前屈是测定柔韧素质的主要方法。体操运动员应着重发展肩、胸、腰、髋、腿、腕、踝等部位的柔韧性。

（一）主要手段

柔韧练习有主动拉伸和被动拉伸两种不同的方式。主动拉伸是指主要依靠收缩肌的力量，而不是其他外力使动作保持在某一特定位置。被动拉伸是指利用自身体重或器械以及同伴使肢体保持一定的伸展位置。

根据体操项目的特点和要求，体操运动员主要发展肩、胸、腰、髋、腿、腕、踝部的柔韧性。

1. 肩、胸部柔韧

①体前屈压肩：面对肋木站立，两手握肋木体前屈向下压肩（两人或多人体前屈压肩）。

②弓步拉肩：背对肋木站立，两手后举反握肋木，弓步向前拉肩。

③俯卧外力拉肩：练习者俯卧在垫子上，两臂屈肘交叉放在肩上，同伴双手拉其肘关节处，膝关节控制背部，帮助练习者开肩。

④吊肩：在肋木或杠上正握吊、反握吊、交叉臂吊，利用身体重心发展柔韧性。

⑤转肩：两手握把杆、低杆或双杠做向前或向后的转肩动作，双手距离因人而异。

2. 腰部柔韧

①体前屈：站立或坐位体前屈，尽量用下巴去够脚；把脚垫高的分腿坐体前屈等。

②体后屈：仰卧成桥、站立向后下桥、甩腰等。

3. 髋关节、腿部柔韧

髋关节、腿部柔韧练习主要指单腿向前、侧、后三个方向的运动幅度，它与髋关节周围的肌肉、韧带有很大关系，主要练习手段有劈叉、压、搬、踢等。

4. 踝部柔韧

跪坐压脚背、直角坐外力压脚背。

5. 腕部柔韧

常见的练习手段有自扳手腕使手腕充分拉伸、撑地重心前移手腕充分拉伸等。

（二）注意事项

1. 发展柔韧素质与力量素质相结合

发展柔韧素质与力量素质相结合，不仅可以避免或消除两者之间不良转移，而且有利于两种素质的协调发展。柔韧性练习后要十分注意放松练习，使肌肉柔软而不软、韧而不僵。

2. 注意柔韧性练习与温度和时间的关系

外界温度过高或过低，都会影响肌肉的状态和伸展能力。一般来说，当外界温度在18℃时，有利于柔韧性的表现。在一天之内，早晨的人体柔韧性明显要低，10～18℃时可表现出较好的柔韧性。但这不等于早晚不能进行柔韧性练习，只要做好准备活动，一天之内任何时候都可以进行柔韧性练习。

3. 柔韧性练习应保持经常性

柔韧性发展快，消失也快，停止练习时间稍长一些，就会消失，因此，柔韧性练习要保持经常性。如果处于专门提高关节活动幅度阶段，每天都要安排发展柔韧性的练习。在全年训练的任何一个时期，都要安排发展或保持柔韧性的练习。

4. 柔韧性练习应循序渐进

进行柔韧素质训练时，特别要注意循序渐进，动作幅度要由小到大，用力要柔和，防止肌肉撕裂和拉伤。在训练中还要注意与放松练习交替进行，防止肌肉因拉伤而失去弹性和收缩能力。在大运动量后或在疲劳的情况下，不宜做柔韧性练习。

5. 采用多种手段发展柔韧性

不能把拉伸练习作为柔韧性练习的唯一手段，在很多情况下，持续慢跑结合一些动力性柔韧性练习也是很好的练习方法。

6. 儿童柔韧性练习的注意事项

①发展儿童的柔韧性较为容易，这是因为儿童与成年人相比关节面角度大、关节面的软骨厚、关节内的韧带较松弛等。一般来说，要抓紧在 7 岁前进行柔韧性练习，力争在 12 岁前使柔韧性得到较好的发展。

②儿童柔韧性练习应多用"缓慢式"和"主动"活动。这是因为儿童关节牢固性差，骨骼易弯曲变形，长时间用手掰、压等，容易造成关节、韧带损伤和骨骼变形，不利于促进儿童的健康成长。

③儿童在 3～6 岁生长发育较快，身高、体重明显增加，柔韧性下降，骨骼能承担的负荷较弱，易出现骨骼损伤。因此，要避免过分扭转肌肉和骨骼的活动，以免造成损伤。16 岁以后，可逐渐加大柔韧性练习的负荷量和负荷强度。

五、灵敏素质训练

（一）主要手段

1. 发展体操运动员一般灵敏素质的手段

①让体操运动员在跑、跳中迅速、准确、协调地完成各种动作，如在跑步中做迅速改变方向、快速急停、迅速转体等动作。

②集体跳大绳、双人跳绳、双摇跳绳、转体跳绳；立卧撑跳转体、跳起转体、屈体跳等。

③各种变换方向的追逐性游戏和对各种信号刺激做出正反应答动作的练习，如叫号追人、喊数抱团成组、反口令练习等。

2. 发展体操运动员专项灵敏素质的手段

①各种滚翻、手翻、空翻练习。

②技巧动作组合练习。

③各种器械动作练习。

（二）注意事项

①灵敏素质要从儿童时期开始培养。灵敏素质的生理学基础是在中枢神经系统指导下，将身体各种能力包括力量、速度、协调、柔韧等综合地表现出来。神经系统是人体发育最早、最快的系统，儿童具有发展神经系统的优越条件，正常到 12 岁时就具有良好的反应能

力，6～12岁节奏感较强，7～11岁具有良好的空间定向能力等，这些都为发展灵敏素质提供了良好的条件。女孩进入青春期后，由于体重增加、内分泌系统发生了变化，因此会影响灵敏素质的训练与表现。

②应根据不同运动项目的要求采用不同手段，运用不同方法，发展灵敏素质。

③灵敏素质训练一般安排在训练课的前半部分，在运动员体力充沛、精神饱满时进行。

④在进行灵敏素质训练时，教师应采用多种手段，消除学生恐惧心理或紧张状态，以保证训练取得良好的效果。

第三节　力量素质训练方法

一、上肢及肩带力量

（一）引体向上（正握引体向上）

目的：发展肩部、臀部和上背肌群的力量与爆发力。

方法：正握略宽于肩，屈臂向上拉引体（图9-1）。如需降低难度，可在杠前放置一个高物，使身体成斜向悬垂（图9-2）。

要求：向上引体时下颌应超过单杠，不摆动。

 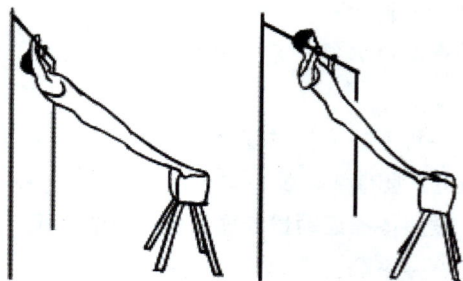

图9-1　　　　　　　　　　图9-2

（二）双杠双臂屈伸（摆动与静止）

目的：发展肩带力量。

方法：直臂静止支撑在双杠上，向下屈臂，向上推直手臂成支撑，连续重复多次，也可以摆动完成（图9-3）。

要求：协调用力，做摆动屈伸时应适当控制摆动幅度。

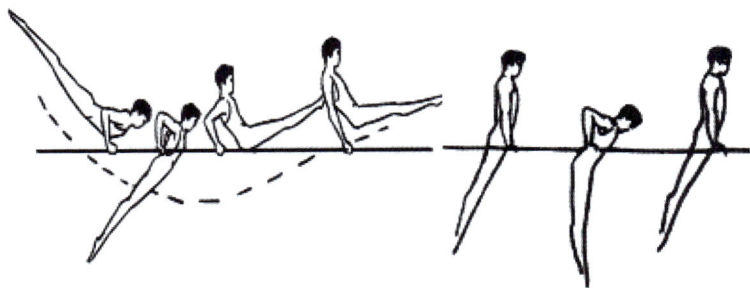

图 9–3

（三）双杠支撑摆动

目的：发展肩部、臀部和上背肌群的力量。

方法：跳上成支撑，摆动幅度由小逐渐加大，前摆时尽量拉开肩角，后摆要根据练习者的能力逐步摆至手倒立（图9–4）。可连续做，并逐渐增加摆动次数。

要求：摆动时身体伸直、紧腰、夹臀，前摆时尽量少屈髋。

图 9–4

（四）支撑行进

目的：发展大臂肌群的力量。

方法：直臂支撑在双杠的一端，身体保持一条线，左右手交替向前"走"（图9–5）。

要求：控制好身体的姿势。

（五）倒立（靠墙）

目的：发展肩部、臀部和上背肌群的力量。

方法：面对墙站立，两手与肩同宽撑地，一脚蹬地，一脚后摆成背对墙，手倒立（图9–6）。

要求：倒立时两臂伸直，肩角顶开，身体伸直、紧腰、夹臀、稍抬头。初学时要注意掌握正确的身体姿势。

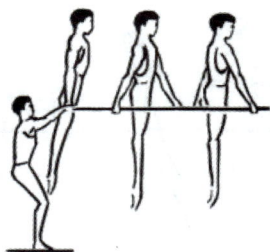

图 9-5   图 9-6

（六）双球支撑扩胸

目的： 发展胸部、肩部肌群力量，以及身体的支撑和稳定能力。

方法： 把两个瑞士球左右相邻放在地上，俯撑，两前臂支撑体重，约与地面呈30°夹角。将两球向外侧滚动，打开双臂，直到自己能够控制的动作幅度为止。收回双臂，将球滚回原来的位置（图9-7）。

要求： 身体完全伸直。肩部有伤时勿做此动作。

图 9-7

（七）瑞士球俯卧撑

目的： 发展上臂后部和肩部肌群的力量。

方法： 单脚或双脚脚掌撑地，双手撑在球上，身体成一条斜线；屈肘时使前臂"包"在球上，然后撑起身体，重复练习（图9-8）。如果要加大难度，可以双手撑地，双脚放在球上进行动作练习（图9-9）。

要求： 以肘部下降引导身体下降，全身充分伸展，保持平衡。

图 9-8

图 9-9

（八）俯卧推手击掌

目的：发展胸部及肩带肌群的力量。

方法：俯撑，屈肘，然后用爆发力用力推地，使身体在地面的反作用力下腾空，在最高点击掌，回落后，屈肘缓冲（图9-10）。

要求：身体不能松懈，身体伸直、紧腰、夹臀，回落后一定要屈肘缓冲。如需增加难度，可将瑞士球置于脚下进行练习。

图 9-10

（九）俯撑爬行

目的：发展上肢、肩带肌群和腰腹肌群的力量。

方法：练习者含胸、梗头、紧腰俯撑，保护与帮助者抓住其双脚跟随练习者一同前行（图9-11）。

要求：身体保持成一条直线，不能松懈。保护与帮助者要紧跟练习者前行。

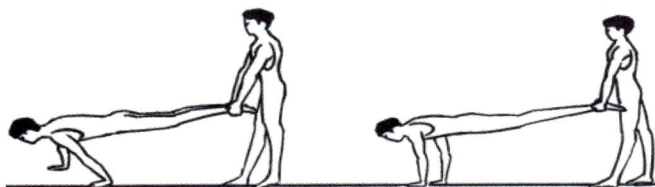

图 9-11

（十）直臂侧举（上拉橡皮筋）

目的：发展肩部肌群外展的力量。

方法：立正姿势，把橡皮筋踩在脚下，两手握橡皮筋的两头，做两臂经侧举至上举的动作（图9-12）。

要求：直臂快速用力。

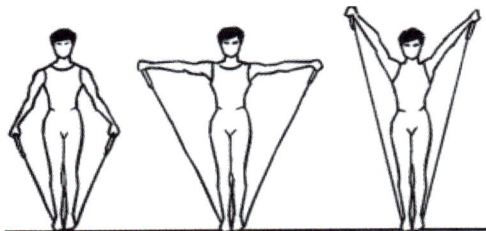

图 9-12

（十一）直臂下压、侧拉（纵拉橡皮筋）

目的：发展前臂、上臂和肩关节内收肌群的力量。

方法：把橡皮筋挂在把杆高处，直臂下压或侧拉，可以变换方向做（图9-13）。

要求：含胸直臂下压，逐步增加负重力量。

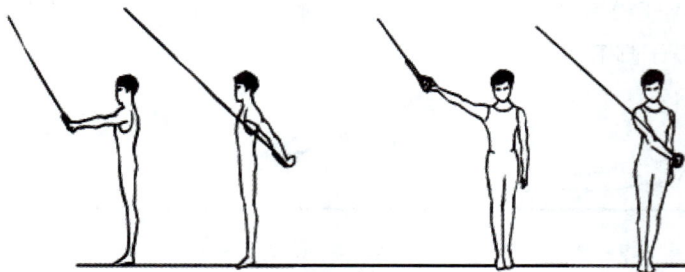

图9-13

（十二）肱二头肌、肱三头肌力量练习（弹力带）

目的：发展肱二头肌、肱三头肌的力量。

方法：①两腿前后开立成弓步，后脚踩弹力带，同侧手直臂拉弹力带至前平举。②立正姿势，把弹力带踩在脚下，一手握弹力带经后背上举。左右手交替重复进行（图9-14）。

要求：直臂快速用力。

图9-14

（十三）夹肘俯卧撑

目的：发展腹部、胸部和背部肌群的力量。

方法：双手略宽（或略窄）于肩，肘部打开与地面平行（图9-15）。

要求：练习者的身体保持脚高、手低状态，脚可以放在矮凳、床沿上，手撑地，手脚不在同一平面。

（十四）屈臂推

目的：发展上肢肌群力量。

方法：面对墙（或保护与帮助者）站立，两手与肩同宽撑地，一脚蹬地，一脚后摆成背对墙（或保护与帮助者），手倒立，屈臂推臂，重复练习（图9-16）。

要求：倒立时两臂伸直，肩角顶开，身体挺直。

图 9-15　　　　　　　　　　　　　　　　　　　　　　图 9-16

（十五）爬绳

目的：发展上臂肌群的力量。

方法：练习者沿着悬垂的绳向上攀援。爬绳的方法一般有两种：一种是手足并用，即双手握绳直臂悬垂，然后收腹屈腿夹绳，两腿蹬直，同时屈臂引体上升；另一种是只用上肢，即双手握绳，两腿悬空，双臂用力向上引体，借助惯性，双手及时交替向上换握，使身体不断上升（图9-17）。

要求：爬绳下降时可用两腿夹绳，不要快速下滑，以防擦破手掌，也不要离地很高时松手跳下，以免摔伤。

图 9-17

（十六）双手推雪球滚动支撑扩胸

目的：发展腹部肌群的力量。

方法：两腿交叉跪撑，双肘撑于弹力球上，背部挺直，双肘向前推动弹力球，两臂成前平举，胸部贴于弹力球上，两腿伸直（图9-18）。

要求：腹部用力。

图 9-18

二、躯干力量

（一）仰卧起坐

目的：发展腹部肌群的力量。

方法：仰卧在垫子上，双手放在脑后，连续快速提起上体（图9-19）。

要求：用腹部发力，不用手发力。

图 9-19

（二）仰卧屈伸

目的：发展臀大肌和腰腹肌的力量。

方法：上体仰卧在垫子上，双脚置于瑞士球上，然后向上挺髋至身体充分伸展，再慢慢把臀部放下（图9-20）。

要求：挺起速度快，放下速度慢。

图 9-20

（三）仰卧两头起

目的：发展腹部肌群的力量和爆发力及身体协调性。

方法：仰卧在垫子上，身体充分拉伸，双臂贴在头两侧伸直，用腹部肌群力量快速屈体（图9-21）。

要求：四肢充分伸直，快速完成动作。如需加大难度，可以躺在瑞士球上做动作，或者双手和双脚夹球接力。

图 9-21

（四）弹力球抱头起

目的：发展腹部和躯干两侧肌群的力量与爆发力。

方法：仰卧于弹力球上，臀部和大腿后部支撑体重，采取适宜的方式固定双脚，双臂抱头（或胸部），起身垂直于地面（图9-22）。

要求：从腹部、腰部发力开始，大幅度快速完成动作。

图 9-22

（五）仰卧脚夹球转髋

目的：发展转体和转髋肌群及腿部内收肌群的力量。

方法：仰卧于垫子上，双臂向体侧方向发展。屈膝90°夹住瑞士球，身体进行左右方向的转动练习（图9-23）。

要求：双臂和双脚相对固定，身体快速左右转动。

图 9-23

（六）弹力球侧卧顶髋

目的：发展侧腰肌群的力量。

方法：侧卧单臂撑地，双脚夹弹力球撑地，向上侧摆髋至身体最大幅度伸展，停留一段时间，向下侧摆髋，上下交替进行（图9-24）。

要求：身体不能松懈，做时梗脖子。

图 9-24

（七）弹力球俯撑收腹

目的：发展腹部肌群的力量。

方法：双手撑地，双脚放在弹力球上，身体成一条直线，推掌屈腿收腹，然后腿伸直，重复练习（图9-25）。

要求：身体充分伸展，保持平衡。

图 9-25

（八）弹球背部练习

目的：发展后背肌群的力量。

方法：单脚或双脚撑地，屈肘含胸，身体"包"在球上，然后撑起身体，使身体成一条直线，重复练习（图 9-26）。

要求：以肘部下降引导身体下降，保持平衡。

图 9-26

（九）仰卧"睡硬人"

目的：发展腰腹肌群的力量。

方法：练习者的脚和肩背分别置于体操凳上或由两人搬抬（"睡硬人"），身体伸直，保持一定时间。腹上、背上可负重（图 9-27）。

要求：身体保持挺直。

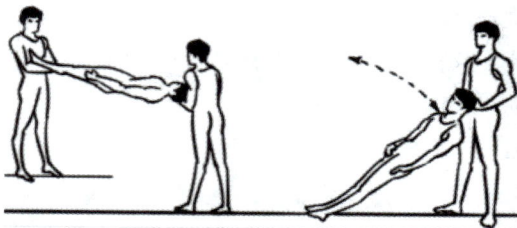

图 9-27

（十）收腹举腿

目的：发展腹部肌群的力量和爆发力。

方法：①仰卧举腿。仰卧两手抱头后开始，直腿上举（图 9-28）。②悬垂举腿。自然悬垂开始，用腹部肌群、髂腰肌和股四头肌的力量快速收腹举腿（图 9-29）。③悬垂旋腿。直角悬垂，以脚尖带动腿左右旋转，脚尖绷直，两腿伸直（图 9-29）。

要求：两腿伸直，膝盖处不要弯曲，尽力使腿抬得更高。

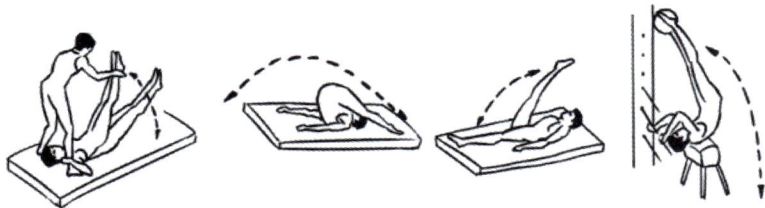

图 9-28

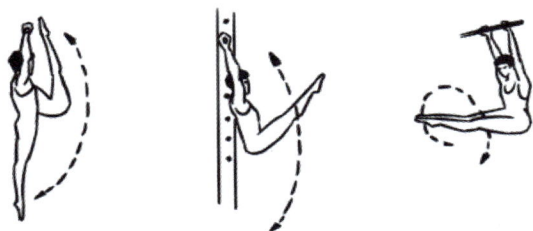

图 9-29

（十一）夹球收腹举腿

目的：锻炼腹直肌、髂腰肌、股直肌的力量。

方法：仰卧，两腿并拢夹弹力球，抬起与地面垂直（图 9-30）。

要求：抬起时球要夹紧，防止落下，放下时动作要慢。

图 9-30

（十二）两人一组仰卧举腿

目的：发展腹部肌群的力量。

方法：仰卧，手握住同伴踝部。当练习者直腿上举时，同伴向前下方推压练习者脚背（图 9-31）。

要求：①初练时可减小膝关节弯曲角度和运动幅度，以降低难度。②两脚接近地面时，双脚跟不要触地，以保持腹肌持续的张紧力。

图 9-31

（十三）俯卧两头起

目的：发展背部、臀部和大腿后部肌群的力量。

方法：俯卧平躺于垫子上，身体充分伸展，双手贴在耳两侧伸直，用背部、腿部和大腿后部肌群快速做两头翘起，两臂和两腿同时离开地面，头和颈部保持自然姿势（图9-32）。

要求：将背部和下肢作为整体进行练习，如需增加难度，可以躺在瑞士球上做动作。

图 9-32

（十四）单腿两头起

目的：发展腹部肌群的力量及身体协调性。

方法：仰卧，头部略微抬高，双腿水平伸直，双臂向头上方伸直，身体成水平的"一"字形。抬起时一手向前伸出，一手侧平举，肩部也随之离开地面，同时单腿向上抬起，双手触摸小腿，交替进行（图9-33）。

要求：在最高点稍停片刻，然后向下还原到起始姿势。呼气时坐起，吸气时还原。不屈膝，直腿，不要依靠惯性迅速完成动作，而是以腹部慢节奏、有控制地完成动作效果最好。

图 9-33

（十五）平板支撑

目的：发展腹部肌群的力量。

方法：俯卧，双肘弯曲支撑在地面上，肩膀和肘关节垂直于地面，双脚踩地，身体离开地面，躯干伸直，头部、肩部、胯部和踝部保持在同一平面，腹肌收紧，盆底肌收紧，脊椎延长，眼睛看向地面，保持均匀呼吸（图9-34）。

要求：肘关节和肩关节与身体保持直角。在地板上做出俯卧姿势，用脚趾和前臂支撑体重。手臂呈弯曲状，并置放在肩膀下。任何时候都要保持身体挺直，并尽可能长时间地保持这个姿势。如需增加难度，手臂或腿可以抬高。肩膀在肘部上方，保持腹肌的持续收缩发力（控制住），保持臀部不高于肩部，两脚与肩同宽。

图 9-34

（十六）俯卧控体

目的：发展腹部肌肉群的力量。

方法：双肘撑地，双脚背置于球上，身体控制成一条直线（图9-35）。

要求：身体不能松懈，做时梗脖子。

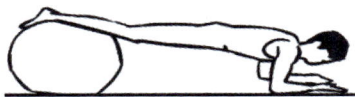

图 9-35

（十七）平板敲地

目的：主要发展腰部、腹部和臀部肌群的力量。

方法：俯卧，双肘撑地，身体成一条直线后单肘撑地，一手敲地，重复练习（图9-36）。

要求：任何时候都应保持身体挺直，并尽可能长时间保持这个姿势。如需增加难度，腿可以提高。

图 9-36

（十八）俯卧"睡硬人"

目的：发展腰腹肌群的力量。

方法：脚和肩分别置于体操凳上，身体伸直保持一定时间，腹上可负重（图9-37）。

要求：身体保持挺直。

（十九）俯卧肘撑摆髋

目的：发展腰腹肌群的力量。

方法：双肘撑地俯卧，开始练习时，侧向摆髋至最大幅度，接着向另一侧摆髋，左右交替进行（图9-38）。

要求：膝盖要伸直。

图 9-37

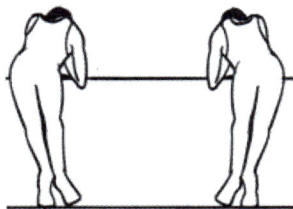

图 9-38

（二十）侧卧身体控腿

目的：发展腰侧肌群的力量。

方法：单肘撑地，身体侧撑于地面，手臂侧举，腿抬起（图9-39）。

要求：身体不能松懈，做时梗脖子。

（二十一）侧卧抬上体

目的：发展腰侧肌群的力量。

方法：身体侧卧于垫子上，练习者身体充分伸直，双手放在耳侧，同伴按住其腿部，练习者用腰侧肌群快速抬上体（图9-40）。

要求：身体不能松懈，做时梗脖子。

图9-39 图9-40

（二十二）两人一组：高座位抱头起

目的：发展背部肌群、侧腰肌群的力量和爆发力。

方法：身体坐（或侧卧）于高垫上，双腿平放，双手放在耳侧，同伴按住其腿部，练习者用腹部（或侧腰）肌群快速抬上体（图9-41）。

要求：身体不能松懈，做时梗脖子。

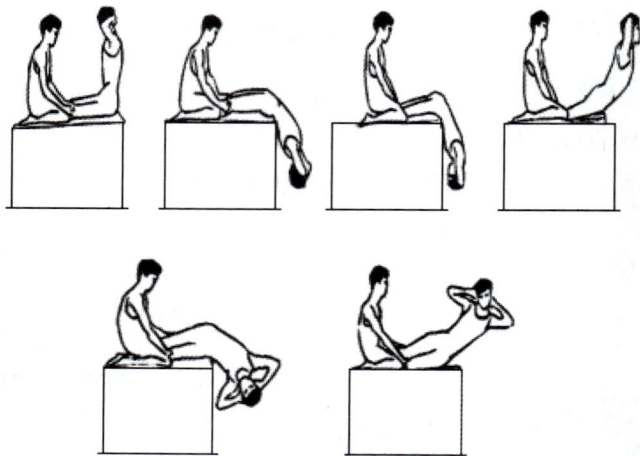

图9-41

（二十三）侧卧摆髋

目的：发展躯干两侧深层肌群的力量。

方法：侧卧单臂撑地，用一只脚外侧撑地，向上侧摆髋至身体最大幅度，停留一段时间，向下侧摆髋，上下交替进行练习（图9-42）。

要求：膝盖要伸直。

图9-42

（二十四）直角支撑

目的：主要发展大腿和腰腹的力量。

方法：①双手支撑整个身体，手臂撑于身体两侧，只允许双手触地。②屈髋，双腿收紧平行于地面（图9-43）。

要求：加强上肢及腰腹、髋部力量的训练。臀部着地，双腿并拢举起，胸部尽力往膝关节处靠拢，在极限位置保持不动，然后做简单的分腿支撑和直角支撑练习。不能完成者，可用脚尖着地先撑起臀部，当能够完成该动作后可继续训练支撑转体的动作。先练习分腿或直角支撑左右手交换重心，再由脚尖摆动带动腿转动，然后左右手倒重心完成支撑转体，在此基础上发展新难度动作。

（二十五）分腿支撑

目的：发展腹部肌群和腿部及上肢肌群的力量。

动作方法：①双手支撑整个身体，手臂撑于两腿之间，只允许双手触地。②屈髋，双腿成分腿平行于地面（图9-44）。

训练方法：①提腿：臀部着地，双腿分开举起，胸部尽力往膝关节处靠拢，在极限位置保持不动，然后做简单的分腿支撑练习。②提臀：脚尖着地先撑起臀部，大腿被撑起至肘关节处。③当能够完成分腿支撑动作后可继续训练支撑转体的动作。先练习分腿支撑，两手交换撑地，保持身体重心，再由脚尖摆动带动两腿和身体转动，然后左右手交换撑地完成支撑转体。

保护与帮助：①将保护带绑在脚踝部和颈部做分腿支撑。②保护与帮助者站在练习者前面，手托其脚踝，帮助其控制分腿支撑的姿势。

重难点：推换手移位及身体重心的控制。

易犯错误：转体不足360°；膝盖弯曲；重心不稳，失去平衡；多次推换手。

图 9-43   图 9-44

三、下肢力量

（一）蹲起

目的：发展腿部肌群的力量。

方法：两脚平行站立，保持一定时间的半蹲姿势，膝关节的垂直线不超过脚尖（图9-45）。

要求：上体尽量直立，不能向前趴。

（二）把杆控腿（前、侧）

目的：发展股四头肌及腿部外侧肌群的力量。

方法：一手扶把杆，一腿前举（侧举）与地面平行，保持一段时间（图9-46）。

要求：尽量控制好腿的位置。

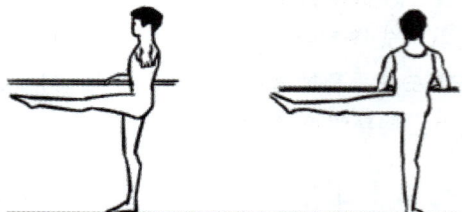

图 9-45   图 9-46

（三）手扶把杆提踵

目的：发展小腿肌群的力量。

方法：身体平行面对把杆，双手扶住把杆，提踵，保持一定的时间（图9-47）。

要求：身体保持直立。

（四）分腿坐举腿

目的：发展股四头肌的力量。

方法：分腿坐于地面，双手一前一后使上体保持正直，利用腿部肌群举腿，并保持一定时间（图9-48）。

要求：膝盖要伸直，抬起一定的高度。

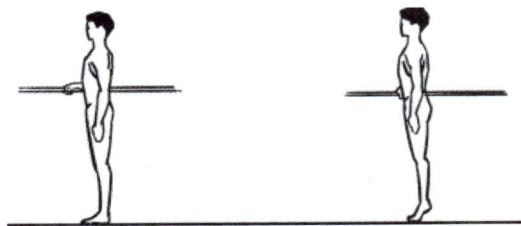

图 9-47

图 9-48

（五）原地高抬腿

目的：发展腿部肌群的力量。

方法：两腿依次抬高并配合摆臂动作（图 9-49）。

要求：快速做动作。

（六）仰卧蹬腿

目的：发展腿部肌群的力量。

方法：练习者平躺于垫子上，收腹举腿，保护与帮助者身体保持直立，手扶练习者踝部，练习者做屈收蹬伸练习（图 9-50）。

要求：保护与帮助者身体不能松懈，练习者要做到最大幅度。

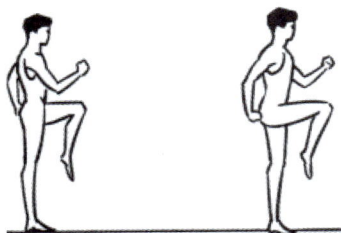

图 9-49

图 9-50

（七）负重蹲起

目的：发展腿部肌群的力量及腰腹的控制力。

方法：保护与帮助者坐在练习者肩上，练习者依次做下蹲、直立动作（图 9-51）。

要求：练习者在下蹲过程中不能弓背，在直立过程中不能先抬起臀部。

（八）单腿蹲起

目的：发展股四头肌的力量。

方法：双手侧平举，单腿直立，另一侧腿前平举，依次做下蹲、直立动作（图 9-52）。

要求：保持身体平衡。

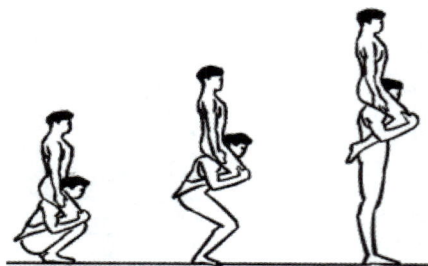

图 9-51　　　　　　　　　　　　　图 9-52

（九）弹力带俯卧撑向后踢腿

目的：锻炼臀部、大腿、腹部及上背肌群，同时提高腿部的弹性，使腿脚更灵活，更有力量。

方法：两臂伸直，身体跪撑于地面，躯干挺直，单腿蹬伸弹力带（图 9-53）。

要求：保持躯干稳定，练习腿的膝盖保持微屈，然后将膝盖向身体靠拢后快速蹬直。

图 9-53

（十）两人一组脚踝力量训练：背人提踵

目的：发展小腿肌群力量。

方法：保护与帮助者坐在练习者肩上，练习者身体正对把杆，双手扶住把杆，提踵，保持一定的时间（图 9-54）。

要求：身体保持直立。

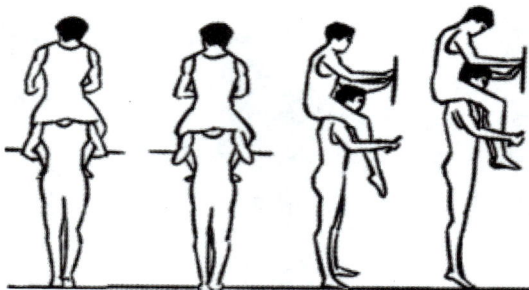

图 9-54

（十一）两头俯撑跳起

目的：发展全身肌肉的力量和身体协调性。

方法：由身体俯撑开始，用腰腹力量控制躯干成一条直线，用腹部带动大腿向前跳，上肢抬起后纵跳，重复练习（图9-55）。

要求：俯撑身体成一条直线，腰腹不能松懈。

图9-55

（十二）台阶单腿交换腿跳

目的：发展大腿肌群的力量和灵活性。

方法：正对台阶，双腿交替跳台阶（图9-56）。

要求：动作迅速，大腿尽量与地面平行。

图9-56

（十三）台阶双腿跳

目的：锻炼大腿肌群的力量和爆发力。

方法：正对台阶，双腿交换跳上台阶，双臂自然摆动（图9-57）。

要求：台阶高度因人而异，动作要快。

图9-57

（十四）台阶左右交换腿跳

目的：发展大腿肌群的力量和灵活性。

方法：左右腿交替跳起，腾空时腿外展（图9-58）。

要求：动作迅速，大腿尽量与地面平行。

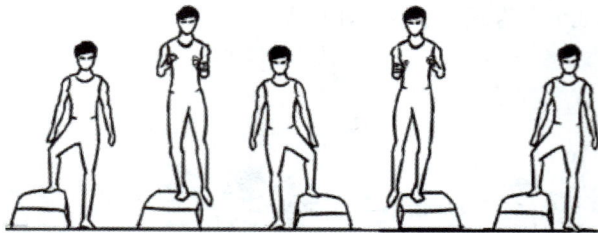

图 9-58

（十五）台阶左右双腿跳

目的：锻炼大腿肌群的力量和爆发力。

方法：侧对台阶，双腿同时跳上台阶，双臂自然摆动（图 9-59）。

要求：台阶高度因人而异，动作要快。

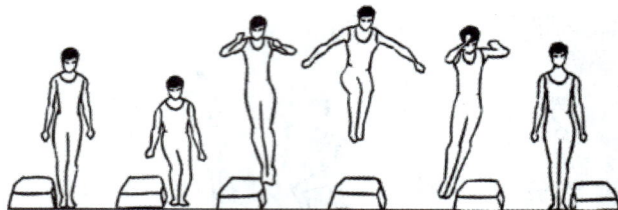

图 9-59

（十六）跳方格

目的：锻炼腿部肌肉，发展身体灵敏性。

方法：单腿跳入方格中，双腿交叉进行（图 9-60）。

要求：不能踩线，身体姿势要正确。

图 9-60

（十七）海绵包纵跳

目的：主要发展腿部肌群的力量和弹跳能力。

方法：站稳脚跟，双臂合理摆动，摆动双臂是跳海绵包的准备姿势，双臂要伸直由下往上摆动，双腿同时起跳，下落缓冲（图 9-61）。

要求：先用前脚掌使劲蹬离地面，然后向上跳出。

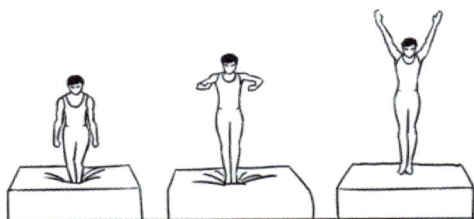

图 9-61

（十八）原地深蹲跳

目的：发展臀腿肌肉力量和核心稳定性。

方法：①屈膝深蹲，整个身体向后下蹲坐，至臀部低于髋关节之后腿部用力，快速向上跳起。②落地后迅速顺势下蹲，身体快速起立，如此反复练习（图9-62）。

要求：下蹲坐时速度稍慢（深吸气），站立时快速（呼气），在身体将要站直时突然呼气并有意识地将双脚跟抬起（脚前掌着地），身体成冲天而起之势。除起始下蹲动作外，在跳起接下蹲动作时，尽量做到只用前脚掌着地。

图 9-62

（十九）行进间深蹲跳

目的：发展臀腿肌肉的力量和核心稳定性。

方法：①屈膝深蹲，整个身体向后下蹲坐，至臀部低于髋关节之后腿部用力，快速向前上方跳起。②落地后迅速顺势下蹲，身体快速起立并向前跳起，如此反复练习（图9-63）。

要求：同"原地深蹲跳"。

图 9-63

（二十）一分钟高台跳

目的： 发展腿部肌群力量和弹跳能力。

方法： 站稳脚跟，双臂合理摆动，摆动双臂是高台跳的准备姿势，双臂要伸直，由高到低匀速地摆动，同时身体要伴随着起伏。当双臂由下往上摆动时，刚过腿部就可以起跳，这样可以利用双臂的摆动做助推力，双腿同时起跳，缓冲落下，连续练习一分钟（图9-64）。

要求： 先用前脚掌使劲蹬离地面，然后向上跳出。要保证前脚掌有足够的推力，在平常可以多练习脚尖着地的站立方式，以加强脚掌的张力。

图 9-64

（二十一）原地绕圈

目的： 锻炼腿部力量和前庭功能。

方法： 一手捏着鼻子，另一只手从捏鼻子的手弯曲的臂前穿过，自然下垂，然后弯腰原地转圈（图9-65）。

要求： 场地安全，转的圈数因人而异。

图 9-65

（二十二）蹬车轮

目的： 发展腿部及腹部肌群的力量。

方法： 仰卧在地板上，下背部紧贴地面。双手放在头侧，手臂打开。将腿抬起，缓慢进行蹬自行车的动作（图9-66）。

要求： 身体仰卧，按已形成的正确动作概念，双腿在空中交替做蹬车轮动作，注意动作要准确，以形成快速车轮跑动力定型。

图 9-66

第四节　柔韧素质训练方法

（一）肩、腰部柔韧

1. 压肩（侧、前、后）

目的：发展肩关节的柔韧性和灵活性。

方法：两手或两臂放在把杆上，两脚左右分开，与肩同宽或稍宽，上体前伏、挺胸、塌腰、收髋，做下压、振肩动作。或双人做侧、前、后的拉肩动作（图9-67）。

要求：两臂、两腿要伸直，力量集中于肩部。下压的振幅逐渐加大，力量逐渐加强。肩压到极限时，静止不动，压肩片刻。压肩与拉肩交替练习。练习时注意尽量沉肩、伸臂。

图9-67

2. 振肩

目的：伸展三角肌前束、中束，胸大肌外侧，背阔肌，保持肌肉弹性。

方法：两手握住，两臂伸直，上下振肩。或者两臂前平举，经侧向斜后上方运动（图9-68）。

要求：两臂伸直，尽量向后振。

图9-68

3. 转肩

目的：发展肩部肌肉的柔韧性和灵活性。

方法：可握棍、绳或橡皮筋带等物，两手间的距离因人而异，随着柔韧性的提高逐渐缩短距离，直至两手相握，可向前或向后做转肩动作（图9-69）。

要求：两臂要伸直。

图 9-69

4.胸肩拉伸

目的： 提高肩、上臂胸部肌群的伸展性，防止肩部酸胀。

方法： ①俯卧地上两臂向颈后交叉，保护与帮助者用一膝盖抵住练习者的背部，用手向后拉其肘关节。②双人压肩：两人面对面站立，双手伸直互搭对方肩上，双脚开立，上体下压，双肩伸直振动。③跪立压肩：练习者跪立在地毯上，双手贴耳，前举撑地，保护与帮助者分腿站在练习者背后，轻轻地压在练习者的双肩上，后逐渐加大压力。④两脚左右开立略宽于肩，成体前屈姿势，两手交叉，两臂伸直，向外上方推臂。⑤右手从肩后侧摸对侧肩胛骨，左手握住右手肘部向同侧拉伸，上体挺直，拉到最大范围，保持5～30秒，两臂交换重复练习（图9-70）。

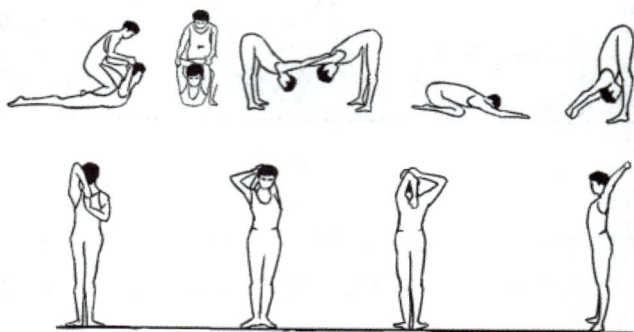

图 9-70

（二）腰部

1.下腰

目的： 增加腰部肌肉的柔韧性，塑造腰部线条，拉伸脊椎。

方法： 由分腿站立开始，向后下腰成桥。随着训练水平的提高，手脚间的距离可逐渐缩短直至手可握两踝，停住，头触臀部（图9-71）。

要求： 动作要准确，避免腰部损伤。

图 9-71

2. 腰部拉伸

目的：增加腰部肌肉的柔韧性，塑造腰部线条，拉抻脊椎。

方法：①练习者俯卧跪撑于地上，抬头、塌腰，保护与帮助者用双手抵住练习者的背部，用手向下按压其腰部。②双人拉腰：练习者俯卧于地上，抬头、塌腰，保护与帮助者用双手抵住练习者的双手，用力向后拉伸其腰部。③跪立拉伸：练习者跪立在地毯上，抬头向后拉腰，双手摸踝关节。④俯卧拉伸：两脚左右开立略宽于肩，抬头向后拉腰，双手摸踝关节。⑤侧对把杆：一手经侧向把杆靠近，拉伸侧腰肌群韧带（图9-72）。

要求：逐步加大幅度，动作要准确。

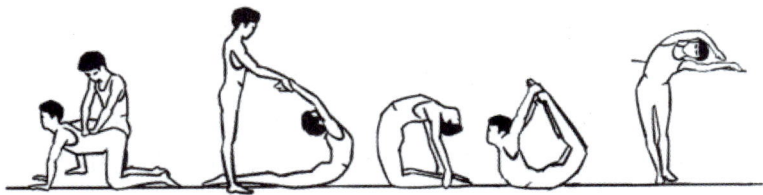

图 9-72

（三）髋关节、腿部

1. 把杆压腿（前、侧、后）（图9-73）

（1）正压腿

目的：发展腿部后侧肌肉的柔韧性。

方法：面对横木（或一定高度的物体）站立，一腿提起，把脚跟放在横木上，脚尖绷紧，两腿伸直，腰背挺直髋关节摆正，上体前屈并向前、向下做振压动作。两腿交替进行。

要求：两腿都要伸直，上体向前、向下振压时腰背要直。振压幅度由小到大，直到能用下颌触及脚尖。

（2）侧压腿

目的：发展腿部内侧肌肉的柔韧性。

方法：侧对横木（或有一定高度的物体），一脚支撑，另一脚抬起，腿跟放在横木上，脚尖绷紧；两腿伸直，腰背保持直立，髋关节侧对前方，然后上体向放横木的腿侧倾倒振压。左右腿交替进行。

要求：上体保持直立向侧、向下压振。振压幅度逐渐变大，髋关节一直侧对着前方。

（3）后压腿

目的：发展腿部前侧肌肉的柔韧性。

方法：背对横木（或有一定高度的物体），一腿支撑，另一腿后举起，脚面放在横木上，腿和脚面都要伸直，上体直立、髋关节正对前方，上体向后仰并做振压动作，左右腿交替进行。

要求：两腿伸直、挺腰，支撑腿直立且全脚着地站稳；挺胸、展髋、腰后屈；振压幅度逐渐加大。

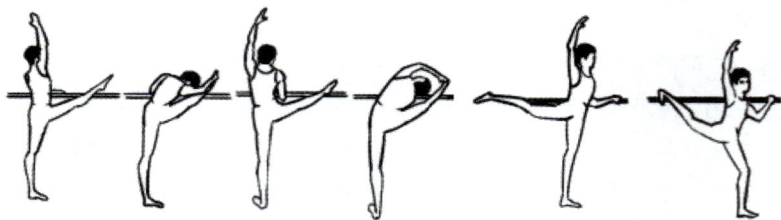

图 9-73

2. 踢腿（正、侧、后）

目的： 发展腿部后侧、内侧、前侧肌肉的柔韧性。

方法： ①正踢腿：支撑腿伸展直，全脚着地，另一腿膝盖挺直、脚尖绷紧上踢，动作要轻快有力。上体保持正直。（注：刚开始练习时不要勾脚尖，用力向上踢，支撑腿千万不能离地）。②侧踢腿：脚尖绷紧，经体侧向头上方踢腿。左右腿交替进行。其他同正踢腿。③后踢腿：并步站立，练习时一腿支撑，另一腿向后上直腿摆动（图 9-74）。

要求： 起腿要轻，踢腿要快，落腿要稳。

图 9-74

3. 搬腿（正、侧、后）

目的： 发展腿部后侧、内侧、前侧肌肉的柔韧性。

方法： ①正搬腿：练习者一手扶杆一腿支撑，另一腿抬起，一手紧握脚踝，向上搬，腹部贴大腿，胸部贴膝盖。练习时，左右交换进行。②侧搬腿：身体背向把杆站立，右臂贴把杆右腿支撑，左腿抬起。左手紧握脚跟向上搬起。③后搬腿：练习者一手扶把杆一手侧平举，一腿支撑，一腿向后抬起。练习时，同伴可以用肩部扛住练习者抬起的大腿，双手按住练习者的臀部，练习者手下按，身体往上抬起，到最痛点时保持一段时间（图 9-75）。

要求： 头顶、颈直、胸挺、腰立、腿直。

图 9-75

4. 控腿（前、侧、后）

目的：发展髋关节的柔韧性以及动力腿在空中的控制能力。

方法：直膝，立腰，胯上顶，可向前、侧、后三个方向做（图9-76）。

要求：脚背绷直，控腿时间尽量长。

图 9-76

5. 外摆腿

目的：提高关节的灵活性，改善关节周围软组织的功能以及肌肉、韧带、肌腱的伸展性。

方法：支撑腿自然伸直，全脚掌着地，另一腿从面部踢起经体侧向外做扇面摆动落下动作，左右腿交替进行（图9-77）。

要求：正踢腿踢到最高点时向外摆腿。挺胸、展髋，外摆幅度要大，成扇形。

图 9-77

6. 里合腿

目的：提高关节的灵活性，改善关节周围软组织的功能以及肌肉、韧带、肌腱的伸展性。

方法：支撑腿自然伸直，全脚掌着地，另一腿从体侧踢起经面部向里做扇面摆动落下，左右腿交替进行（图9-78）。

要求：正踢腿踢到最高点时向内摆腿。侧起斜落，弧高齐头，横向加速。

图 9-78

7. 劈叉拉伸

（1）横叉拉伸

目的：练习大腿内后侧和髋关节的柔韧性。

方法：两腿左右一字伸开，两手可辅助支撑；两腿内侧紧压垫子，两脚脚跟着垫，两脚脚尖向左右侧伸展或勾紧胯充分打开成"一"字形。可上体前俯，拉长腿后侧肌肉并充分开胯，也可上体向左右侧倒，充分拉长大腿内后侧肌肉并增大胯的活动幅度（图9-79）。

要点：①挺腰立背，开胯沉髋，挺膝绷脚，前俯倾倒。②仰卧于地上，两腿打开，保护与帮助者按压其膝盖，拉伸练习者大腿内侧肌群。③练习者分腿坐，向前趴，手臂伸直，两腿向后画弧。④两腿打开坐位，身体向一侧倾斜，手经侧握住脚踝。

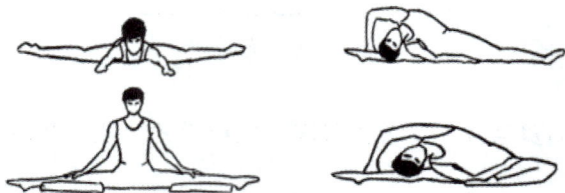

图9-79

（2）纵叉拉伸

目的：练习大腿前后侧和髋关节的柔韧性。

方法：两腿前后分开成一条直线，前腿的脚后跟、小腿腓肠肌和大腿后肌群压紧垫子，脚尖绷紧；后腿的脚背、膝盖和股四头肌压紧地面，脚尖指向正后方；髋关节摆正与两腿垂直，臀部压紧地面，上体正直（图9-80）。

要求：挺腰直背，沉髋挺膝，前俯绷脚，后屈伸踝。

图9-80

8. 大腿后侧韧带拉伸

目的：练习大腿后侧和髋关节的柔韧性。

方法：①仰卧于垫子上，一腿向后上方摆起，减小大腿与身体之间的夹角，保护与帮助者可握其脚踝向下压。②直立体前屈，两腿并拢伸直，两手握踝或腿后抱拢，保持一定时间。③双人面对面平坐，相互顶住脚掌，两臂伸直，保护与帮助者拉练习者双手使其被动地做体前屈。④平坐于垫子上，膝盖伸直，一脚勾住弹力带，两手向身体方向拉伸（图9–81）。

图9–81

9. 坐位体前屈

目的：提高髋关节的灵活性，改善髋关节周围软组织的功能以及肌肉、韧带、肌腱的伸展性。

方法：练习者平坐在地上，两腿并拢，膝关节保持伸直状态，脚绷直，上体向前下方下压，躯干与腿尽量相贴，双手放在脚上，保护与帮助者可用力压其背部、逐步垫高臀部或脚的高度的情况下练习（图9–82）。

要求：背部挺直。

（四）踝部拉伸

压脚背

目的：韧带拉伸，让身体更柔软。

方法：跪坐，双膝并拢，脚跟并拢，臀部坐在脚跟上，双手在腿的两侧支撑，将膝盖抬离地面，用自身的体重给脚背加压（图9–83）。

要求：脚面绷直，切不可勾着脚背压脚趾，脚跟一定要并拢。

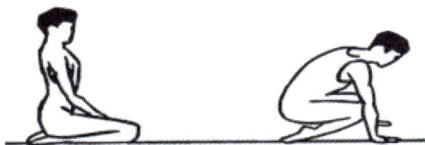

图9–82　　　　　　　　　　　图9–83

本章小结

　　本章主要介绍了采用体操方式进行身体素质训练的基本知识与基本方法，包括运用体操器械进行力量与柔韧素质训练的方式与方法，运用基本体操动作进行力量和柔韧素质训练的方式与方法，以及如何通过体操身体素质训练改善身体素质状况及塑造良好形体的方式与方法，培养运用体操方式进行身体素质训练的兴趣和习惯。

回顾与思考

1. 力量素质训练有哪些常用方法？
2. 你在力量素质训练中采用了哪些方法？
3. 柔韧素质训练应注意哪些事项？
4. 上肢力量训练有哪些主要方法？
5. 塑造优美的形体需要进行哪些力量练习？

参考文献

[1] 全国体育学院教材委员会. 体操 [M]. 北京：人民体育出版社，1989.

[2] 《体操大辞典》编辑委员会. 体操大辞典 [M]. 北京：人民体育出版社，1999.

[3] 黄燊，梁慈民，周亚琴. 体操 [M].3 版. 桂林：广西师范大学出版社，2000.

[4] 朱光辉. 体操 [M]. 济南：山东大学出版社，2001.

[5] 黄燊. 体操 [M].3 版. 北京：高等教育出版社，2000.

[6] 田赐福. 体操 [M]. 北京：高等教育出版社，1989.

[7] 孟宪林，封官声，黄燊. 体操 [M].2 版. 桂林：广西师范大学出版社，1995.

[8] 柳光植，李德孝. 体操 [M].2 版. 北京：高等教育出版社，1995.

[9] 伍人. 中学器械体操教学法 [M]. 北京：人民教育出版社，1959.

[10] 童昭岗. 体操 [M]. 北京：高等教育出版社，2005.

[11] 张涵劲. 体操 [M].3 版. 北京：高等教育出版社，2015.

[12] 韩宏飞. 现代体操教学理论与方法 [M]. 北京：北京体育大学出版社，2001.

[13] 全国中小学体育教师全员培训教材编委会. 体育（中学版）（上、下册）[M]. 北京：高
    等教育出版社，2000.

[14] 乌美娜. 教学设计 [M]. 北京：高等教育出版社，1994.

[15] 樊临虎. 体育教学论 [M]. 北京：人民体育出版社，2002.

[16] 体育与健康课程标准研制组. 普通高中体育与健康课程标准（实验）解读 [M]. 武汉：
    湖北教育出版社，2004.

本书拓展知识